세계일주로
배우는
사회탐구

김정렬 저

박영사

Contents

Chapter 03

66일 간의 세미 세계일주 후반부: 유럽 ················· 105

Chapter 04

서유럽과 북아프리카 기행 ····························· 139

Chapter 05

Chapter 06

우리가 여행을 떠나는 이유

여행이란 사고와 시야를 넓히는 기회의 창이다. 세계적인 철학자 사르트르가 "20세기 가장 완전한 인간"으로 논평한 체 게바라는 중남미 각지를 여행하며 제국주의가 초래한 왜곡된 사회현실에 공감했기에 혁명가의 길을 선택하였다. 17~18세기 영국 귀족가문의 자제였던 존 로크나 애덤 스미스는 프랑스와 이탈리아를 일주하는 '그랜드 투어(Grand Tour)'에 참여해 정치경제학의 태두로 성장하는 인생지성을 획득하였다. 그리고 안정된 직장을 박차고 나온 아일랜드 청년 코너 우드먼이 소설가 쥘 베른이나 투자자 짐 로저스를 벤치마킹해 「80일간의 거래일주」를 출간한 일도 변화와 혁신을 선도할 우리 젊은이들이 정면교사할 우수사례이다.

창의적 혁신보다 실용적 학습이 중시되던 시대에는 발전된 국가의 정부나 기업을 재빨리 벤치마킹해 민주화나 산업화라는 발전목표를 달성할 수 있었다. 메이지 유신 이후 일본에서는 후쿠자와 유키치와 같은 개화파가 선도하는 방식으로 서구 따라잡기(catch-up)에 성공하였다. 하지만 창의적 혁신과 모험적 도전이 핵심 성공요소로 부상한 '지식혁명'이나 '자본없는 자본주의' 시대에는 교실보다 여행이 유용하다.

우리가 여행을 떠나는 이유는 다양하다. 일상의 스트레스를 한방에 날려버리는 재미와 일탈을 비롯해 힐링과 미식, 취재와 견학, 성찰과 교훈 등이 많은 사람들이 공감하는 여행의 가치이다. 크게 일상탈출과 자극추구로 구분되는 여행의 가치는 일상의 공간을 벗어나 낯선 곳에서 나를 힐링하거나 깨우친다는 점이 유용하다.

물론 여행이 제공하는 가치와 효용에도 불구하고 욜로(YOLO: You Only Live Once) 열풍에 편승한 젊은이들의 과시욕이나 과소비 행태는 성찰이 필요하다. 미래의 안정된 생활기반인 주택, 예금, 주식 등 자산축적을 포기하는 대신에 기호품, 장신구, 자동차 등의 과소비에 몰입하는 일은 개인과 사회 모두에 바람직하지 않다. 물질적 소유나 막연한 미래보다 정신적 체험과 순간의 행복을 중시하는 욜로의 가치는 생활안정이 시급한 청년세대보다 일중독에 시달렸던 신중년 세대에게 절실한 덕목이다.

해외에 나가면 자신만의 독창적인 시각으로 새로운 것을 느끼고 배워야 한다. 요즘 해외 관광지에 나가면 한국인들과 자주 접하게 된다. 아무래도 우리 한민족은 강력한 여행 유전자를 지니고 태어난 모양이다. 하지만 양적 확대와 병행하여 질적 발전이 수반되는 여행 패턴이 확립되었는가의 여부는 회의적이다. 우리들의 여행이 일회성 힐링이나 개인적 유랑으로 그친다면 그 효과는 반감된다.

최근 부상한 '다크 투어리즘(dark tourism)'이나 '그린 투어리즘(green tourism)'은 단순히 먹고 즐기는 여행이 아니라 학습과 성찰을 중시한다. 다크 투어리즘은 역사적 재난의 현장을 방문해 그 의미를 되새기는 여행이다. 뉴욕의 그라운드 제로, 폴란드의 아우슈비츠 수용소, 러시아의 체르노빌 등이 국제적 명소이고 국내에는 제주4·3평화공원, 국립5·18민주묘지, 거제포로수용소 등이 유명하다. 그린 투어리즘은 농촌의 자연경관과 전통문화, 생활과 산업을 매개한 체류형 여가활동을 지칭한다. 참고로 일본은 재배·가공·체험을 결합한 6차산업의 활성화를 표방하며 지방창생의 모티브를 제공해 왔다. 물론 이러한 여행패턴과 관련해 일부에서는 협소한 민족주의나 과도한 지역주의라는 부작용을 우려하기도 한다.

여행의 목적은 학생, 선생, 작가, 기자, 피디, 주부, 직장인, 은퇴자 등 떠나는 사람의 직업에 따라 달라진다. 여행을 활용한 글쓰기는 저자가 전공한 사회과학보다 인문학이나 예술학에서 활성화되어 있다. 그리스 철학기행, 중국 한시기행, 북인도 종교기행, 동유럽 음악기행 등이 대표적이다. 또한 여행하며 체험소설을 출간한 무라카미 하루끼나 어니스트 헤밍웨이 및 '객주'를 집필한 김주영도 유사한 경우이다. 하지만 자신이 정립한 굿거버넌스를 전파하기 위해 천하를 주유한 공자는 사회과학자의 전형이다.

일반적으로 여행은 때와 장소를 불문하고 우리를 몰입시키는 매력이 있다. 여행은 지루하거나 복잡한 일상에서 탈피해 새로운 자극과 진정한 휴식을 선사한다. 하지만 여행이 제공하는 창의적 발상과 충분한 힐링은 각자의 역량이나 준비에 따라 달라진다. 예술가나 공학자들이 여행을 통해 작품이나 제품을 창출하듯이 사회과학자도 국가와 시장 및 시민사회의 미래에 대한 통찰을 제시할 수 있다.

서양배우기에 올인한 일본은 비서구권 국가로는 처음으로 선진국 대열에 합류했다. 네덜란드와 제한적 수준의 무역을 채택하고 미국 군함의 위협에 개항한 일본이지만 개화파가 봉건영주와 사무라이로 대표되는 보수파를 제압하면서 근대화가 진전되었다. 선진국으로 도약한 이후에는 외견상 한국이나 중국에 비해 서양배우기가 약화된 것으로 보이지만 특유의 번역문화를 활용해 외부의 지식을 안정적으로 흡수하고 있다.

나의 여행스타일은 선생의 자격으로 사회탐구 지식을 발견해 학생이나 대중에게 제공한다는 점에서 지식추구적이다. 물론 교훈적인 장소를 선택해 글쓰기 자료를 수집하는 취재의 형식도 병행한다. 더불어 일간지에 칼럼을 기고하거나 잡지사에 여행기를 게재한다는 점에서 기자나 작가의 역할도 병행하고 있다.

이 책은 여행기 스타일 교양서를 표방하면서 중고생이나 일반인들이 쉽게 접할 수 있도록 기획하였다. 대학입시를 준비하는 중고생들이 한국사는 물론 광의의 사회탐구에 포함되는 사회문화, 한국지리, 세계지리, 윤리, 정치경제, 법, 세계사 등을 통합적이고 실체적으로 이해하는 기회를 마련하였다. 또한 이 책은 대학에서 현장중시 실용교육을 추구하는 교양 교재로 활용이 가능하다. 여행을 통해 포착한 세계 각국의 굿거버넌스 사례들은 국가나 도시의 발전을 촉진하는 유용한 학습자료이기 때문에 공무원이나 직장인들의 일독을 권유한다.

세계일주는 「그랜드 투어」나 「80일간의 세계일주」처럼 부자나 마니아의 전유물이 아니다. 항공료 가격이 내려가고 카우치서핑(couchsurfing.com)이나 에어비앤비(airbnb.co.kr)를 활용한 저렴한 숙소가 늘어나면서 일반인들도 약간의 열망과 자금을 투입하면 얼마든지 도전가능한 보편적 기회로 전환되었다. 특히 지도, 내비게이션, 공유, 만남, 사진, 정보, 검색, 저장 등이 가능한 스마트폰의 보급은 초보 여행자들을 양산하는 계기로 작용하고 있다. 물론 사진이나 검색에 대한 과도한 몰입이 여행의 본질을 위협하지만 다양한 장점을 상쇄할 정도는 아니다.

40대 후반에 본격화된 나의 세계일주는 스마트폰을 장만하면서 도약의 전기를 마련하였다. 나는 카카오톡을 활용한 실시간 여행기를 표방해 왔다. 이러한 글쓰기는 현장의 느낌을 생생하게 전달하기에 유리할 뿐만 아니라 여행의 부산물인 대기시간을 활용하기에 유용하다. 현지에서 작성한 여행기의 핵심 구절은 몇 장의 배경사진과 함께 곧바로 지인들에게 전송된다. 이들의 반응이 나를 자극하는 피드백 기제이다. 여정에서 틈나는 대로 입력한 내용은 나의 카톡 계정에 보관했다가 숙소에서 컴퓨터 카톡 버전을 활용해 편집한다. 참고로 카톡 메시지의 컴퓨터 버전 재생기간은 3일이기 때문에 오래전에 저장한 내용을 재활용하기 위해서는 폰에서 동일 내용을 복사해 전송하는 수고를 들여야 한다.

이러한 글쓰기 습관에 부응하기 위해 나는 해외에 나갈 때마다 국내 통신사의 데이터 서비스를 즐겨 사용한다. 일명 '롱패스' 또는 '바로'라는 메뉴를 선택해 몇 만원의 추가요금을 지불하면 한 달에 2기가 바이트 내외의 데이터 사용권이 부여된다. 제한된 분량이지만 카톡 소통과 정보 검색 및 구글지도 활용에 손색이 없다. 물론 숙소에 들어오면 데이터 로밍 서비스를 차단하고 무료 와이파이를 활용한다. 이러한 과정이 번거롭다면 현지 유심이나 포켓 와이파이를 활용하는 것도 유용하지만 호환성이나 편의성에서 문제가 있다.

나는 그동안 본업인 대학교수로서 학교에서 강의와 연구에 매진했다. 이 과정에서 몇 권의 연구서와 수십 편의 논문을 출판했다. 하지만 이러한 지식들을 가공해 일반인들과 공유할 기회는 신문 칼럼 정도였다. 따라서 여행기 형식을 빌려 사회탐구에 대한 이해를 촉진하는 일은 새로운 도전이자 봉사이다. 익숙하지 않은 목표설정이라 많은 곳에서 미흡하지만 앞으로 계속 분발해 더 나은 결과물을 제시하겠다는 약속을 드리며 서문에 대신하고자 한다.

이 책을 출간하는 과정에서 많은 분들의 도움을 받았다. 우선 책의 출간을 지원해 주신 박영사의 장규식 과장님과 전채린 과장님께 감사드린다. 또한 책의 초고를 검토해 주신 대구대학교 동료 박원석과 고동우 교수님께 인사드린다.

2019년 11월
김정렬

세계일주가 사회탐구에 얼마나 유용할까?

사회탐구는 우리가 사는 세상의 인간과 조직에 대한 이해를 추구한다. 정치경제, 사회문화, 지리, 역사, 윤리 등은 인간과 조직의 다층적이고 누적적인 상호작용을 통해 점진적으로 진화해 왔다. 반면에 뉴턴의 물리학, 아인슈타인의 상대성 이론, 양자역학 등과 같은 자연과학은 차원을 달리하며 혁명적으로 변화한다. 이러한 이유로 사회현상에 대한 탐구는 외부와 차단된 과학적 실험이 아니라 치열한 삶의 현장으로 들어가는 체험이 유용하다.

세계일주를 통해 다른 나라의 생활방식이나 문화유산을 체험하는 일은 자신이 생활하는 사회나 정부에 대한 이해를 촉진한다. 만약 공간이동을 수반하는 여행이 여의치 않다면 인간관계나 조직혁신의 노하우를 수록한 논어, 성경, 코란, 사기, 탈무드, 플루타르코스 영웅전 등과 같은 고전도 유용하다. 일례로 석유왕 록펠러가 1890년 설립한 시카고 대학은 20세기 초반 고전 교육을 강화하는 방식으로 세계의 명문대학으로 도약하였다. 즉, 여행과 독서가 우리 학부모들이 열망하는 사회천재나 '공신'을 양성하는 최고의 비결이라는 것이다.

우리나라 방송의 여행프로그램이 선호하는 소재인 '먹방'을 통해 각국의 음식문화를 비교하는 일도 유용하다. 유목지대를 경계로 서양에서는 육식문화가 발전한 반면에 동양에서는 채식문화가 번성했다. 동양에서는 부족한 단백질을 보충하기 위해 콩 요리를 선호해 왔다. 두부의 경우 중국에서는 발효한 취두부를 선호하지만 일본에서는 기름에 튀긴 유부가 인기다. 반면 우리나라에서는 자연적인 생두부나 순두부를 애용하고 있다. 서양인의 눈에는 유사하지만 한·중·일 간에 존재하는 차이점을 발견한 일도 여행에서 배우는 묘미인 것이다. 이러한 이유로 본서에서는 사과와 사과는 물론 사과와 바나나를 포함하는 다양한 비교 방법을 활용하고자 한다.

최근 우리는 여행의 가치를 위협하는 대안적 기제를 활용해 왔다. 현장의 생생한 느낌을 담아 전달하는 영화나 다큐멘터리는 우리의 발품을 대신하는 수단이다. 실제로 국내에서는 예능을 결합한 여행프로그램이 대중의 인기를 끌고 있다. 실화에 기반한 재난영화 '얼라이브(Alive: The Miracle Of The Andes, 1993)'는 거대한 안데스 산맥의 고봉에 추락해 불굴의 의지로 탈출하는 인간의 모습을 그리고 있다. 남미 파타고니아에서 내가 올랐던 피치로이 설봉과 유사한 영화의 풍광은 현장의 분위기를 생생하게 전달하는 간접체험이다.

사실(fact)을 다루는 과학탐구와 달리 가치(value)와 사실이 혼재된 사회탐구는 빙산의 일각처럼 보이는 현상(제도)이 전부가 아니다. 우리 눈에 보이는 빙산의 상층부는 아름답지만 수면 아래 잠긴 거대한 얼음 덩어리는 '타이타닉'을 침몰시킬 정도로 위협적이다. 또한 대기 온도의 상승보다 심해 해류의 변화가 빙하를 녹이는 주범이다. 따라서 우리는 여행에서 마주친 단편적인 대상이나 사건을 초월해 내면의 작동원리를 체득해야 한다. 물론 주마간산 스타일 여행 패턴도 문제이지만 특정한 부분에 집착하면 전체를 조망하기 어려워진다.

여행을 떠나기 전에 이루어지는 과도한 사전준비는 영화나 소설의 스포일러(spoiler)처럼 여행의 재미를 반감시키는 부작용이 있다. 이러한 이유로 나는 도시를 여행할 때에는 준비에 공을 들이지만 자연을 느끼는 여행에는 별다른 준비 없이 오감에 의존한다. 또한 대중교통이 완비된 도시를 둘러볼 때에는 일정이나 예약 없이 여기저기를 누비며 우연한 발견의 재미를 만끽하기도 한다.

사회현상에 대한 해안과 통찰은 개인의 발전은 물론 국정의 혁신과도 직결된 문제이다. 협의의 이상론으로서 거버넌스는 정부−시장−시민사회의 협력적 통치(협치)를 의미한다. 하지만 광의의 현실론으로서 거버넌스는 특정한 분야의 문제해결을 촉진하거나 저해하는 가시적·비가시적인 제도적 틀을 총칭한다. 이때 좋은(나쁜) 거버넌스는 파이만들기의 비유처럼 총체적 국가경쟁력을 구성하는 3대 요소인 국부(파이키우기), 국질(파이나누기), 국격(파이다듬기)을 원용해 역동성과 정태성, 포용성과 배제성, 이타주의와 이기주의 등으로 대비된다.

우리스타일 파이만들기의 순서와 관련해 기존에는 파이키우기에 우선순위를 부여해 왔다. 하지만 압축성장을 통해 국부가 증진된 상황에서 국민행복, 국가안전, 사회통합, 국가품격 등이 시급한 과제로 부상하였음을 계속 외면하기는 어렵다. 파이키우기 역시 고도성장이나 창조경제와 차별화된 지속가능발전과 상생경제를 추구해야 한다. 이러한 국가발전 목표에 부응하기 위해서는 국정의 활력을 충전하는 국가혁신의 논리와 방향을 제대로 잡아야 한다. 이 책은 행복의 나라로 떠나고 싶다는 시민들의 열망을 담으려 노력했다. 우리가 살고 싶은 도시는 샹그릴라나 엘도라도와 같은 이상향이 아니라 일상에서 접하는 치열한 삶의 현장이기에 굿거버넌스가 제대로 작동하는 도시형 행복특구여야 한다.

사회탐구의 대상이자 학문분과인 정치경제나 사회문화가 한 나라의 경쟁력을 좌우하는 경우가 많다. 여기에 대한 접근방법은 거시적인 망원경과 미시적인 현미경 및 중범위적인 다초점 렌즈로 유형화가 가능하다. 조망하는 망원경을 활용하여 환경이나 문화를 파악하는 반면에 관찰하는 현미경을 활용해 개인이나 시장에 접근한다. 더불어 신축적인 다초점 렌즈는 정책이나 경영을 파악하기에 유리하다.

지리학(geography)에서는 지구상의 산, 강, 바다, 물, 기후, 생물, 인구, 도시, 교통, 산업, 정치 등의 상태를 설명하는 데에 역점을 둔다. 특히 사물의 공간배치와 지도를 작성하고 지역의 특성을 발견하는 일에 주력한다. 우리가 지정학의 유용성에 착안해 항구, 반도, 사막, 석유, 정글, 델타, 국경 등 지도상의 특징을 제대로 파악하면 '거대한 흐름(megatrends)'을 포착하기가 그만큼 용이해진다. 때와 장소를 가리지 않은 나의 지도보기 습관도 사회탐구를 촉진하는 유용한 수단이다. 정부가 결정하는 핵심 정책도 산, 강, 바다 등과 같은 지리적 요소의 제약을 받는다. 따라서 지리를 모르고 국정의 큰 그림을 그리는 일은 불가능에 가깝다. 한반도 대운하와 같이 설익은 정책결정을 미연에 방지하기 위해서는 고도와 강수의 편차가 심한 우리나라의 지리적 특성을 충분히 인식하고 있어야 한다.

역사의 발전(진보)을 거부하는 사람은 미래를 준비하기 어렵다. 주기적으로 순환하는 역사의 법칙을 언급하지 않더라도 우리는 역사에서 다양한 지혜를 체득해 왔다. 원명교체와 조선건국, 임진왜란과 병자호란, 청일전쟁과 러일전쟁, 냉전과 세계화 등에 대한 이해는 우리가 추구할 외교나 국방정책의 방향타이다. 역사의 격변은 우연의 산물이 아니라 축적의 결과이다. '클레오파트라의 코'가 조금만 낮았다면 로마의 역사가 달라졌을 것이라는 주장은 지도자의 자질(영웅론)에 연연하는 과도한 비약이다. 1914년 어느 여름날 오스트리아 황태자가 암살을 모면했다면 제1차 세계대전이 발생하지 않았을 것이라는 주장은 역사의 흐름과 배치되는 무리한 추론이다.

우리가 역사를 공부하는 이유는 세상을 제대로 알기 위함이다. 역사 지식에 해박할수록 인간에 대한 이해가 깊어지고 자신이 추구할 목표도 올바로 자각한다. 역사관은 크게 "과거를 사실대로 서술하는 일이 역사가의 책무"라고 주장한 독일 역사가 레오폴트 랑케(Leopold von Ranke)의 객관주의(방법론적 개인주의) 역사관과 "역사는 과거와 현재와의 끊임없는 대화"라고 정의한 영국 역사가 에드워드 카(E. H. Carr)의 주관주의(방법론적 총체주의) 역사관으로 구분된다. 하지만 여기에서는 보수의 기득권 유지에 동조한 객관주의 역사관의 과오에 주목하고자 한다. 일례로 산업화와 민주화의 시너지에 착안한 서구의 근대화론이 남반부의 특수한 현실을 왜곡하고 무시한 일이 대표적이다. 제국주의 침략을 피하기 위해 국가발전의 동력을 내부에서 찾고자 했던 종속이론이나 공동체 유지를 중시하는 대항발전(줄이는 발전)의 가치는 아직도 북반부에서 제대로 평가받지 못하고 있다.

역사의 발전은 보수와 진보를 떠나 미래지향적인 혁신을 통해 창출된다. 최근 우리는 역사의 진보를 거부하는 수단으로 객관적 증거가 악용되는 현상을 목격하고 있다. 이영훈을 비롯한 뉴라이트 계열의 경제사학자들이 식민지 근대화론을 표방하면서 다수 국민의 역사인식을 미개한 종속이나 무리 본능으로 비하한 일이 대표적이다.

현재 우리가 직면한 문제상황은 매우 심각하다. 강대국의 패권경쟁을 비롯해 자본의 권력화와 노동의 정치화, 성장의 정체와 분배의 왜곡, 외생적 발전과 환경의 파괴, 진영의 강화와 공동체의 붕괴, 막가파 정치와 법조 카르텔, 종교의 극단화와 언론의 편향성 등이 대표적이다. 이에 본서는 이러한 문제를 해결하는 전략으로 공공부문의 선도적 역할에 주목하고자 한다. 정부의 재발견, 자치분권의 활성화, 도시의 창의성, 공동체의 부활 등이 내가 세계일주를 통해 발견하거나 학습하려는 핵심적 주제이다.

나의 사회탐구 여행은 자연유산보다 인간의 욕망과 문화가 농축된 도시기행을 선호한다. 국가보다 오래된 역사를 가진 다양한 도시에는 우리가 추구할 참발전의 지혜가 담겨 있기 때문이다. '신은 인간을 만들었고, 인간은 도시를 만들었다'라는 18세기 영국 시인 윌리엄 쿠퍼(William Cowper)의 말처럼 도시는 4대 문명의 탄생 이후 인류발전의 기관차 역할을 수행해 왔다. 또한 도시는 인간이 만들어낸 창조물 가운데 가장 위대하다. 인간이 상상하고 꿈꾸는 세계를 진흙과 나무에서 시작해 벽돌, 강철, 콘크리트, 유리 등으로 구체화한 것이니 말이다. 하지만 인간이 만든 도시는 우리들 삶의 형태나 미래의 변화까지 제약한다는 점에도 유의해야 한다. 특히 우리나라는 인구의 90%가 도시에 거주한다는 점에서 그 영향력이 지배적이다.

걷기는 도시를 이해하는 가장 좋은 방법이다. 어떤 도시를 제대로 이해하려면 발바닥으로 훑어보아야 한다. 최근 중견 탤런트가 도시를 탐방하는 '김영철의 동네한바퀴'라는 TV 프로그램이 인기를 끌고 있는 비결도 유사한 이치이다. EBS의 세계테마기행도 분야별 전문가들이 출연해 세계 각국의 도시를 걸어서 소개하는 형식을 취하고 있다. 이러한 나의 도시기행은 세계도시는 물론 슬로시티의 경쟁력에도 주목하고자 한다.

슬로시티는 보존에 초점을 부여하는 내생적 지역발전전략을 추구한다는 점에서 성장에 주목하는 세계도시의 외생적 지역발전전략과 구별된다. 내생적 지역발전전략은 지역 내부에서 발전에 필요한 자원을 찾는다. 즉, 지역적으로 동원이 가능한 자원의 활용을 중시하기 때문에 국가적 통일성보다는 지역적 특수성을 추구할 때 채택하는 발전전략이라고 볼 수 있다. 또한 경제성장이나 산업의 발전보다 주민의 복지 증진에 우선순위를 둔다는 점에서 사회적 형평성을 중시한다.

Chapter 01

66일 간의 세미 세계일주 전반부: 영미

런던행 비행기에서 치른 출정식

> **"나의 여행은 언제나 떠나는 비행기 안에서 시작된다"**

나의 여행은 언제나 떠나는 비행기 안에서 시작된다. 항공사가 제공하는 운항지도와 내 눈으로 확인한 상공의 풍광을 결합해 글쓰기 주제를 발굴하기 때문이다. 인천을 출발해 런던으로 향하는 66일간의 세미 세계일주를 시작하면서 나는 미세먼지의 심각성을 포착했다. 내가 탑승한 항공기는 초겨울 인천 상공에 빼곡히 자리한 먼지층을 뚫고 이륙하였다. 이 과정에서 저고도에 밀집한 먼지층과 그 너머의 파란 하늘을 확연히 구분할 수 있었다. 그리고 한 시간 가량 날아 중국 다롄 상공에서 다시 마주한 먼지층은 일반적 기대와 달리 우리나라 하늘만큼 심각하지 않았다. 실제로 최근 중국에서는 정부의 강력한 환경규제와 병행하여 전기자동차 보급과 같은 규제대안을 활용해 미세먼지를 절감하고 있다고 한다. 이제는 남의 탓을 탈피해 자구책을 마련할 때가 도래한 것이다.

동북아 지역에서 목격되는 미세먼지의 원인은 석탄이나 경유 같은 화석연료의 과다 사용에 기인한다. 그리고 1960년대에 영국의 스모그가 북유럽 산성비의 원인으로 작용한 것처럼 글로벌한 문제로 부상한 상태이다. 세계화 추세를 반영하는 글로벌 문

한국 인천 상공의 공기층   중국 다롄 상공의 공기층

제란 온실효과, 기근, 산불, 화산, 조류독감, 에이즈, 황열, 지카 등 어느 한 나라의 노력만으로는 해결하기 어려운 복잡하고 광범위한 문제상황을 의미한다. 물론 우리나라의 미세먼지도 일정 수준 중국발 황사나 오염물질의 월경에 기인한다. 따라서 미세먼지 공포를 해소하기 위해서는 국내의 자구 노력과 병행하여 동북아 각국의 공조를 유도해야 한다.

비행기가 만리장성 넘어 베이징 북쪽의 산악지대를 지나자 고비사막이 보였다. 겨울철 사막의 백미는 얼어서 색깔이 변한 오하시스와 눈발이 가볍게 터치한 평원이다. 웅장한 산세로 확인가능한 알타이 산막을 넘어서면 유럽의 평원이 시작된다. 북해를 가로질러 서유럽에 다다르자 간척지와 델타로 유명한 네덜란드의 풍광이 눈에 들어왔다. 새만금을 연상시키는 거대한 방조제가 새로운 간척지의 원천이라는 점을 확인할 수 있었다. 더불어 강 하구 안쪽에 깊숙이 자리한 로테르담 항구는 네덜란드가 내륙과 바다를 연계하는 해운활동에서 경쟁력을 확보한 이유를 설명하기에 충분했다.

비행기가 런던 상공에 다다르자 영국 특유의 변덕스런 비바람이 하늘길의 정체를 가중시켰다. 우리 비행기도 세 번을 선회하다 예정보다 20분을 넘겨 착륙했다. 이처럼 비바람은 영국을 찾는 여행자들에게 골칫거리이지만 현지인들에게는 일상이다. 더욱이 북해에 부는 강한 바람은 석유를 대체할 발전의 동력으로 작용하고 있다.

런던 히드로 공항에 도착하자 겨울철 고위도 지방의 짧은 해는 오후 4시를 넘기며 사라졌다. 여기에 겨울철 난류가 북상하며 뿌리는 비바람도 음산한 분위기를 고조시킨다. 오래전 연구년으로 미국에 체류하며 경험했듯이 겨울철 시애틀을 경유하는 서부행 비행기 표가 쌌던 것처럼 런던을 경유하는 항공료가 저렴한 이유를 실감하는 순간이다. 실제로 동절기 영국항공 특가를 활용하면

북미와 남미를 경유하는 세계일주 비용이 저렴해진다. 참고로 나의 구매경험에 따르면 다구간 항공권은 세계일주항공권이, 왕복 항공권은 스카이스캐너(skyscanner.co.kr)나 트립닷컴(https://kr.trip.com)이 상대적으로 유리하다.

나는 남미 리마로 향하는 항공여정의 경유지인 런던과 뉴욕에 각기 일주일가량 체류하기로 정했다. 늦가을과 초겨울이 공존하는 11월 말 영국과 미국의 분위기를 느끼며 벤치마킹의 보고인 세계도시를 탐방하고 싶었기 때문이다. 사실 자연경관보다 사회탐구를 중시하는 나의 여행스타일상 선진국 도시가 제격이다.

바스에서 학습한
빅토리아의 유산과 공공서비스 혁신

❝보수의 나라 영국답게 이곳은 많은 것들이 생소하다.❞

런던 히드로 공항에 도착한 나는 잉글랜드 서쪽에 위치한 바스를 먼저 들르기로 결정했다. 교통편은 우리의 고속버스와 유사한 내셔널 익스프레스를 예매해 두었다. 바스로 향하는 시외버스는 중간에 중소도시 서너곳을 경유해 3시간 만에 도착하였다. 나는 바스가 초행이라 버스터미널 인근에 숙소를 예약하였지만 두터운 비구름의 방해로 구글지도의 방향잡기가 어려웠다.

소규모 분지인 바스는 대부분의 주거지가 구릉지대에 자리하고 있다. 그리고 내가 예약한 소규모 부티크 호텔도 낮은 언덕 위에 자리하고 있다. 빅토리아 건축양식으로 지어진 주택을 개조한 호텔은 구름낀 밤이라 잘 보이지 않았지만 운치가 있어 보였다. 어렵게 좁은 계단을 돌아 다락방 형태의 객실에 여장을 풀자 바로 문제가 발생했다. 좀처럼 사용하지 않던 하드 캐리어의 번호키를 설정해 두었는데 열리지 않는 것이다. 아마도 외부충격으로 고장난 모양이다. 프런트 직원에게 드라이버를 빌려 강제로 잠금장치를 해체한 이후에야 가방을 열었다. 세계일주를 표방한 장거리 여정의 시작부터 드라이버에 손까지 긁히는 난관에 직면하였지만 이번 여행의 액땜으로 치부했다.

보수의 나라 영국답게 이곳은 많은 것들이 생소하다. 일단 일본과 마찬가지로 차로의 방향이 반대이기 때문에 교통안전에 유의해야 한다. 오래된 부티크 호텔의 내부는 전기 스위치나 콘센트의 모양이 특이하고 우리와 반대로 돌리는 욕실의 수도꼭지도 좀처럼 적응하기 어렵다. 오래된 전통을 유지하려는 이들의 노력은 집의 외관은 물론 내부에서도 확인할 수 있었다.

나는 시차와 피로에도 불구하고 긴장한 탓인지 일찍 일어났다. 오늘의 아침은 언덕 아래로 시내 전경이 보이는 멋진 식탁에서 나홀로 영국식 아침정식(English Breakfast) 메뉴를 주문해 먹는 호사를 누렸다. 물가가 비싼 영국에서 10만 원 미만의 저렴한 요금에 하얀 식탁보와 예쁜 꽃까지 제공하는 부티크 호텔의 경쟁력이 빛을 발하는 순간이다. 식사를 마치고 호텔의 작은 정원으로 나가자 이른 시간에 등교하는 학생들이 보였다. 미국과 마찬가지로 대중교통이 불편한 영국에서 스쿨버스의 가동률을 높이기 위해 등교시간을 당긴 것으로 보인다.

바스는 도시명을 통해 알 수 있듯이 로마시대의 목욕탕 유적을 간직한 역사도시이자 산업혁명을 통해 축적한 영국의 부를 확인할 수 있는 전원도시이다. 원거리 무역으로 부를 창출한 부자들이 낙향해 모여 사는 도시로 각인되었기 때문이다. 도시의 아름다운 풍광에 매료되어 세면과 양치도 생략하고 밖으로 나온 나는 산보삼아 주택가와 도심지 탐방을 시작하였다. 언덕에 자리한 주택가를 따라 10여 분을 걸어 내려와 하천을 건너면 도심지로 진입하게 된다. 바스 도심의 대표적인 명소는 로만 바스(Roman bath)를 비롯해 대규모 성당을 의미하는 바스사원(Bath abbey), 초승달 모양의 고급 아파트인 로얄 크레센트(Royal crescent), 영화 '레미제라블'의 배경인 펄트니 브리지 등이 유명하다.

산업혁명으로 창출한 부를 토대로 지어진 18~19세기 빅토리아 양식의 건축물들은 영국의 궁전이나 주택은 물론 미국이나 영연방 국가로 폭넓게 확산되었다. 서양의 건축양식은

빅토리아 건축양식의 바스 주택가

파르테논 신전처럼 기둥을 중시하는 그리스 양식에서 시작해 고딕, 이탈리아 고전주의, 비잔틴, 로마네스크 등으로 발전하였다.[*] 빅토리아 양식은 이처럼 다양한 전통을 계승하는 한편 일본이나 인도의 오리엔탈 양식이나 유리나 철을 사용하는 현대식 양식까지 결합한 복고풍 절충주의 양식에 해당한다. 부연하면, 남성적인 고딕을 건축물 외관에 차용, 화려한 내부 장식에 정교한 로코코 활용, 동양적 요소를 서구 디자인에 차용 등이 주요한 특징이다.

사원이나 수도원으로 번역되는 'abbey'는 일반 성당의 상위 개념이다. 물론 성당의 기능도 수행하지만 성직자들을 교육기능이나 국가적 의전수행을 겸하는 경우가 많다. 특히 웨스트민스터사원은 고유명사 'The abbey'로 지칭될 정도로 왕실 사원으로서의 권위를 인정받고 있다. 공지영의 수도원 기행에도 소개된 프랑스의 몽생미셸이나 그리스의 메테오레 및 포르투갈의 파티마도 영국의 애비와 유사한 위상을 확보하고 있다. 우리나라의 경우 서울 도심에 위치한 개운사가 중앙승가대학 기능을 겸하고 있고 고려시대에는 대규모 사찰들이 범국가적 축제인 팔관회를 주관하기도 했다.

오전 일찍부터 식후 산보를 겸해 바스의 명소를 섭렵한 나는 오후에는 산정의 고지대에 위치한 바스대학을 둘러보았다. 고품격 휴양지를 연상시키는 대학 캠퍼스는 조용히 공부에 몰입하기에 최적의 장소로 보였다. 특히 오래된 건축물과 도시계획을 선도한 바스시에 자리한 대학답게 부동산학과 건물이 아담한 단독 건물로 자리하고 있어 유사 전공자인 나에게 친숙하게 다가왔다.

영국의 도시발전은 산업화 도시 런던의 팽창과 오염을 해소하는 과정에서 이루어졌다. 런던 외곽에 전원도시(garden city)를 건설하여 도시와 농촌을 혼합하려는 시도가 대표적이다. 전원에 둘러싸인 도시의 규모는 너무 커서는 안 되고, 토지는 공유나 신탁으로 한다는 것이다. 20세기 초 전원도시 구상은 레치워스(Letchworth)와 웰윈(Welwyn)의 건설로 실현되었다. 이러한 전원도시의 유사

---

[*] 그리스에서 시작해 로마에서 서구스타일로 정착한 그리스 건축 양식은 기둥의 모양에 따라 3가지로 분류된다. 첫째, 도리아식은 그리스 북부 마케도니아 지방에서 유래한 양식으로 기둥의 세로에 홈이 20여 개 파인 초기 형태로 파르테논 신전이나 링컨 기념관처럼 원형 기둥이 간소하고 중후하다. 둘째, 이오니아식은 터키의 아나톨리아 반도에서 태동한 양식으로 아테네 신전이나 대영박물관처럼 기둥에 세로 홈이 많고 상단에 양뿔 모양 장식을 배치해 우아한 여성미가 풍긴다. 셋째, 코린트식은 운하로 유명한 코린트 지방에서 태동한 그리스 건축의 전성기 양식으로 제우스 신전처럼 기둥 상단에 아칸서스 잎을 새겨 화려하게 장식한 점이 특징이다.

사례가 압축도시이다. 압축도시는 대중교통 중심지를 대상으로 토지이용의 집적을 통해 토지의 이용가치를 높이는 개발방식이다. 일반적으로 영미권 도시들이 다운타운에 오피스 빌딩을 비롯해 주거와 상업시설을 집약해 배치한 방식이 여기에 해당한다. 하지만 일본에서는 지방소멸의 대안으로 농어촌 지역의 주거밀도를 향상시키는 압축도시 구상이 제시되어 관심을 끌기도 했다.

나는 외국의 대학을 방문하면 도서관보다 식당에 들르곤 한다. 도서관 방문은 시내 서점에서 최신 서적을 살피는 것으로 대체가 가능하지만 저렴한 대학 식당에서 활기찬 젊은이들과 만날 기회는 제한적이다. 유럽의 대학 식당은 뷔페식이라 메뉴 선택이 용이할 뿐만 아니라 식당의 코너로 마련된 바에서 주류를 판매하기 때문에 맥주나 양주를 즐기는 이색적 체험도 가능하다. 주말이나 방학에는 바비큐 서비스를 제공하기도 한다.

학교 일주를 마치고 시내 중심가로 내려온 나는 우연히 익숙한 'one stop shop'이라는 간판을 발견하고 들어가 보았다. 몇 년 전 행정개혁론 교과서를 집필하며 영미식 행정개혁의 주요한 수단으로 소개한 명칭이었기 때문이다. 이 기관의 정당성은 우리나라가 동사무소를 주민센터로 개편한 이유와 유사한데, 민원인들의 편의를 위해 행정서비스를 한 곳에서 통합해 제공한다는 취지이다. 실제로 '바스 및 노스이스트 서머셋 의회'는 일선 행정조직이 관민합동 통합민원실(one stop shop)이라는 간판을 달고 여러 개의 상담실까지 구비한 상태에서 세무, 경찰, 주차, 복지 등과 같은 다양한 행정서비스를 제공하고 있다. 그리고 사무실 액자가 아니라 민원창구 곳곳에 비치된 행정서비스헌장은 공무원과 자원봉사자를 포함한 서비스 제공자의 의무를 명시하고 있을 뿐만 아니라 감정노동 수행자에 대한 배려 차원에서 민원인들의 적절한 행태와 주의를 당부한 점도 선진적이다. 우리나라도 복지나 소방공무원들이 피로 누적과 스트레스 과다로 자살하는 불상사를 예방하기 위해서라도 적절한 벤치마킹이 요구된다.

영국은 미국과 마찬가지로 대처와 레이건이 시작한 작은정부론를 앞세워 공공성보다는 효율성을 중시하는 행정개혁을 추구해 왔다. 행정구역의 설정이나 명칭도 역사적 도시를 제외하고 동서남북을 결합한 방위표시를 선호할 정도로 단순하다. 집행부와 의회를 별도로 선출하는 우리나라의 기관분리형 지방자치와 달리 의회만 주민이 구성하고 정책결정과 집행을 모두 의회가 주관하는 기관통합형 지방자치 방식을 채택하고 있다. 더불어 우리나라의 도와 유사한

바스의 관민합동 통합민원실(one stop shop)

중개형 광역자치단체를 설치하지 않는 대신에 도농통합형 의회(council)나 카운티(county)를 운영하고 있다. 참고로 영국에서 도와 유사한 추가적 기능은 중앙정부의 지방출장소에 해당하는 특별지방행정기관의 통합사무소나 광역개발공사가 담당하고 있다. 그리고 미국은 교육, 하천, 문화 등과 같은 특수한 분야의 광역행정 서비스를 제공하기 위해 특별구(special district)를 운영하고 있다.

최근 우리나라의 헌법개정 논의에서 권력구조 개편이 핵심이듯이 지방자치 발전에서 지방권력구조 개편도 중요한 문제이다. 우리와 달리 영국은 중앙과 지방 모두 의회가 집행부를 선출하는 의원내각제와 기관통합형 지방자치제를 채택하고 있다. 그리고 광역과 기초로 이원화된 우리의 다층제 구조와 달리 지방자치 계층이 간소한 편이다. 따라서 우리가 단층제의 구현을 의도한다면 광역화 추진의 인센티브로 영국식 지방자치를 도입하는 방안도 유용하다. 일례로 서너 개의 기초자치단체를 통합해 일본의 현과 유사한 규모로 광역화를 추진할 경우 영국식 지방의회처럼 단체장을 간선하거나 전문가를 특채하는 방안이 우리 지방에 팽배한 소지역주의를 극복하기에 유리할 것이다. 또한 특·광역시 진입장벽을 완화하는 방식으로 중개형 자치단체인 도의 재편을 유도해야 한다. 따라서 도는 단층제 전환을 대비해 물, 환경, 복지 등과 같은 광역행정 기능을 전담하는 특별지방자치단체를 신설하는 것이 바람직하다.

산업혁명의 기상이 넘치는 실용도시 맨체스터

바스 일정을 마치고 내가 선택한 다음 목적지
는 맨체스터이다. 바스 인근에 위치한 웨일스의 대
표도시 카디프나 영국풍 전원도시 코츠월드를 두고
고민을 하다 선정한 도시이다. 뉴욕행 항공기를 타
기 위해 런던으로 돌아가야 하는 여정을 감안할 때
카디프와 코츠월드가 무난하지만 역사나 경제에 관
심이 많았던 나는 맨체스터의 상징성에 주목했다.

맨체스터는 산업혁명의 발생지이자 도시재생의
선구자로 조명을 받고 있다. 하지만 내가 사전에 준
비한 도시정보는 절대적으로 부족한 상태였다. 바스
를 떠난 시외버스가 여러 도시를 경유하면서 정차시
간이 길었기 때문에 늦은 밤이 되어서 다운타운에
도착했다. 시내중심 터미널 인근의 중저가 호텔체인
은 1층 복합공간에서 식사와 주류 및 수속을 모두
담당하고 있었다. 호텔 수속을 이동식 단말기를 통
해 처리하기 때문에 별도의 사무공간 없이도 운영이
가능했다. 영국 특유의 실용주의 정신을 실감하는
대목이다.

아침 일찍 찾아간 피커딜리역 인근은 다소 쌀
쌀한 날씨에도 불구하고 출근하는 인파로 활기가 넘
쳤다. 오래된 적벽돌 건물이 포진한 도심은 산업혁

명이 태동한 곳이라는 분위기를 느끼기에 충분했다. 대리석이 도시 전체를 화려하게 장식한 바스와 구별되는 대목이다. 멘체스터가 젊은 노동자의 도시라면 바스는 늙은 자본가의 도시라는 은유도 가능하다.

트램과 공공시설이 혼합된 맨체스터 도심

맨체스터 인근에는 셰필드, 버밍엄 등 산업도시들이 포진하고 있다. 맨체스터는 세계 최초의 공업도시로 전성기를 구가하던 1931년에는 인구가 76만여 명에 달했지만 경제적 영향력이 쇠퇴한 2001년에는 39만여 명으로 감소했다. 하지만 최근 규제개혁을 앞세운 기업도시를 표방하면서 부활에 성공하였다.

맨체스터는 영국에서 세 번째 규모를 자랑하는 도시답게 트램, 기차, 도서관, 박물관, 공용버스 등이 잘 구비되어 있다. 제조업의 침체를 대신해 축구, 음악, 관광, 미디어 등과 같은 서비스 산업의 활성화를 주력하고 있다. 맨유로 대표되는 스포츠 마케팅이나 우리의 상암DMC와 유사한 디지털미디어시티 조성에도 공을 들이고 있다. 얼마 전 국내에서 윤도현과 이소라가 출연한 버스킹 프로그램도 이곳을 다녀가기도 했다.

맨체스터의 부활에는 대학도 앞장서고 있다. 맨체스터대학 북부 캠퍼스 10만 5,218㎡에 연구, 상업, 주거 등 복합시설을 짓는 대형 부동산 프로젝트 'ID 맨체스터'를 추진하고 있다. 지방자치단체의 후원하에 맨체스터대가 투자자를 유치해 공동 조인트벤처를 설립하고 해당 법인에 부지를 250년 동안 빌려주는 방식이다(동아일보, 2019.06.25자).

증기기관차가 최초로 운행된 교통의 중심지답게 맨체스터에는 버스와 철도는 물론 항공노선도 다양하다. 시내는 전철을 이용해 신속한 이동이 가능하다. 열성적인 축구 팬은 아니지만 맨유 구장을 찾아가 보았다. 맨유 구장은 시 외곽에 위치한 관계로 전철을 타고 가면서 적벽돌로 지어진 오래된 공장지대를 목격할 수 있었다. 더욱이 맨유 구장 인근 전철역은 미디어를 테마로 조성된 신도시 권역에 포함되어 있었다.

미디어 시티 인근에는 호수와 하천이 어우러져 전원도시나 클러스터처럼

시원한 풍광을 제공했다. 맨유 구장까지
는 상당한 거리였지만 산보삼아 다녀오기
에 무리가 없었다. 경기가 없는 날임에도
불구하고 구장을 투어하며 분위기를 느끼
려는 축구 관광객들로 붐볐다. 구장의 공
식 기념품 매장에는 선수별로 유니폼을
판매하는 판매대도 마련되어 있었다.

맨체스터 미디어시티에 입주한 언론사 빌딩

　　맨체스터 도심에는 대규모 공연시설
인 아레나를 비롯해 다양한 문화시설들이 자리하고 있다. 한창 학기가 진행중인
대학의 분위기도 활력이 넘쳤다. 도심의 오피스 빌딩 입구에는 간단하게 아침식
사를 해결하려는 회사원들을 위한 식당도 성업중이다. 관광객들이 넘쳐나는 유
럽의 다른 도시들과 달리 활발한 업무의 현장을 목격한 일이 기억에 남았다.

　　이러한 맨체스터의 변신은 집중에서 분산으로, 대량생산보다 유연생산을
추구하는 포스트모더니즘의 확산을 반영한다. 근대적 의미의 발전 프레임을 극
복하려는 포스트모더니즘의 기원은 1960년대 미국과 프랑스에서 시작된 문화
운동으로 당시 학생운동, 여성운동, 흑인민권운동, 제3세계운동 등과 연관되어
있다. 이러한 문화운동의 영향으로 도시발전 패러다임도 성장제일주의를 비판
하면서 개성, 자율성, 다양성 등에 주목하게 되었다. 이에 부응한 저탄소 녹색
도시로는 스웨덴 함마르뷔, 아랍에미리트 마스다르, 캐나다 닥사이드 그린, 덴
마크 티스테드, 영국 베드제드 등이다. 또한 건강도시는 타이완 타이난, 캐나다
토론토, 전북 무주군 등이 있다.

　　맨체스터에는 도시의 경제적 가치 제고에 주목하는 도시재개발에서 도시
의 사회적 가치 증진을 중시하는 도시재생 패러다임으로의 변화도 부각되고 있
다. 먼저 전통적 의미의 도시재개발이란, 정비기반시설이 열악하고 노후·불량
건축물이 밀집한 지역에서 주거환경을 개선하거나 상업지역·공업지역 등에서
도시기능의 회복 및 상권활성화 등을 위하여 도시환경을 개선하기 위한 사업을
말한다. 우리나라의 「도시 및 주거환경정비법」은 정비사업의 수단으로 재개발
사업은 물론 정비의 필요성이 더욱 큰 주거환경개선사업과 보다 작은 재건축사
업을 포함하고 있다.

　　더불어 최근에 우리 정부도 관련 법률을 제정한 도시재생이란, 인구의 감

소, 산업구조의 변화, 도시의 무분별한 확장, 주거환경의 노후화 등으로 쇠퇴하는 도시를 지역역량의 강화, 새로운 기능의 도입·창출 및 지역자원의 활용을 통하여 경제적·사회적·물리적·환경적으로 활성화시키는 도시발전의 전략을 지칭한다. 도시재생의 양대 유형 중 하나인 도시경제기반형은 산업단지, 항만, 공항, 철도, 일반국도, 하천 등 국가의 핵심적인 기능을 담당하는 도시·군계획시설의 정비 및 개발과 연계하여 도시에 새로운 기능을 부여하고 고용기반을 창출하기 위한 것이다. 또 다른 유형인 근린재생형은 생활권 단위의 생활환경 개선, 기초생활인프라 확충, 공동체 활성화, 골목경제 살리기 등을 위한 것이다. 2019년 10월 우리 정부는 도시재생 뉴딜사업 대상지역으로 서울 홍릉 일대의 '바이오 클러스터', 부산 영도 일대의 '수리조선 센터' 등 76곳을 발표해 주목받았다.

글로벌 거버넌스의 무대 브뤼셀로 향하다

> ❝영국은
> 브렉시트를
> 선택하였다.❞

　　짧았던 맨체스터 일정을 마무리한 나는 저녁 비행기를 타고 유럽연합의 무대인 벨기에 브뤼셀로 이동했다. 브뤼셀의 저렴한 호텔 요금과 비수기 교통 요금이 상승작용을 일으켜 나를 그곳으로 유인한 것이다. 여기에 더해 유럽의 소국이지만 유럽연합을 선도한 벨기에의 저력을 직접 확인하고 싶었다. 우리가 알고 있는 베네룩스 3국은 과거 종교적·지리적 이유로 분리되었지만 20세기 중반 EU 출범의 촉매제로 작용한 3국 협력체제를 출범시켰다.

　　나는 맨체스터 못지않게 브뤼셀에 대해서도 무지했다. 비오는 늦은 밤 공항에 내렸는데 저가항공이 착륙한 공항은 시내까지 한 시간 넘게 시외버스로 이동할 정도로 멀리 떨어져 있었다. 브뤼셀 시외버스 정류장에서 올드타운의 호텔이 멀지 않다는 것이 위안거리였다. 늦은 밤이라 호텔까지 택시를 이용하였는데 골목을 장식한 루미나리에(luminarie) 조명이 인상적이다. 낮은 가격에 이끌려 선택한 호텔은 욕실이 없는 협소한 방이었다. 샤워는 다음날 체크아웃한 손님의 방을 이용하는 방식이었으니 저렴했던 것이다. 오래전 홍콩과 싱가포르에서 경험한 고시원 규모 미니객실을 연상케 한다.

브뤼셀 그랑플라스 지역의
대표 건축물인 시청사

브뤼셀 올드타운의 수려한 건축과 인파

아침 일찍 일어나 둘러본 브뤼셀 올드타운은 기대 이상이었다. 언덕 위의 왕궁에서 바라본 도심지는 파리를 연상시킬 정도로 고대와 현대의 조화가 매력적이다. 벨기에는 프랑스의 영향력이 작용하는 불어권이고 파리도 지척이니 이해가 되었다. 하지만 브뤼셀의 아름다운 왕궁이나 공공시설이 19세기 말 뒤늦게 제국주의 대열에 동참한 레오폴드 2세가 '콩고자유국'을 자신의 사유지로 만들어 원주민을 착취한 자금으로 조성했다니 씁쓸하다.* 더불어 구도심 곳곳에서 성업중인 벨기에 와플을 눈으로만 확인하고 돌아온 일도 아쉽다.

네덜란드 왕국에 포함되어 있다가 가톨릭을 신봉하는 종교적 이유로 1830년 분리 독립한 벨기에는 스위스처럼 불어와 독일어를 사용하는 사람들이 많다. 유럽 최초의 국제전에 해당하는 '30년전쟁(1618~1648)'에서 시작해 나폴레옹 전쟁과 양차 세계대전에 이르기까지 자신들의 의사와 상관없이 전화에 휩쓸린 비운의 역사는 우리와 유사하다.

1958년 원자력을 주제로 전후 최초의 국제박람회를 개최한 일을 계기로

---

* 레오폴드 2세(1835~1909)는 고무 생산을 늘리기 위해, 콩고 원주민에게 할당량을 지정하고 이를 맞추지 못하면 손목을 잘랐다. 1831년 중립국 지위로 독립을 선언한 벨기에 의회가 식민지 경영에 소극적이자 그는 공익재단 '국제 아프리카 협회'를 조직해 1885년 콩고자유국가(Congo Free State)를 건설하였다. 제국을 꿈꾼 군주답게 그는 수익금으로 과시적인 건축에 몰두했다. 덕분에 벨기에는 19세기 아르누보의 중심지로 부상했다.

브뤼셀에서는 국제회의가 자주 열리고 있다. 무엇보다 중립과 타협에 기초한 평화공동체 창설이라는 국민적 여망을 결집해 유럽연합과 북대서양조약기구 (NATO) 본부를 유치한 점도 인상적이다. 해양세력과 대륙세력을 충돌하는 한반도가 평화의 가교 역할을 제대로 수행하기 위해서는 중립적 견지에서 글로벌 거버넌스라는 공동체 창설에 적극적으로 나서야 한다.

나의 브뤼셀 방문도 유럽연합이 크게 작용했다. 유럽연합이라는 공동체를 창설하기 위한 지난한 과정을 학습하는 일은 독일의 통일만큼이나 우리에게 유용한 학습기회를 제공할 것으로 기대된다. 단순히 분단된 국가의 통일을 초월해 지방자치단체 간의 협력이나 통합에도 유용한 단서를 제공하기 때문이다.

지구본에서 살펴본 유럽연합의 영토는 왜소하다. 아프리카 대륙이나 러시아 영토에 필적하기 어려울 뿐만 아니라 이슬람 지대인 중동에 비해서도 지정학적 우위를 장담하기 어렵다. 이러한 한계를 실감한 서유럽 국가들은 양차 대전과 냉전 시대를 거치며 미국과 소련에 필적하는 연합체를 갈망해 왔다. 하지만 이들의 꿈이 실현된 것은 냉전의 약화와 동구권이 소멸된 1993년 11월이다.

유럽연합 출범의 목적은 무엇보다 단일시장을 구축하고 단일통화를 실현하여 유럽의 발전을 촉진하는 것이다. 아울러 공동방위정책을 포함하는 공동외교안보정책을 추진하는 방식으로 국제무대에서 유럽의 이해를 제고하기 위함이다. 유럽연합은 또 유럽시민권 제도를 도입하여 회원국 국민의 권리와 이익 보호를 강화하는 한편 '자유·안전·정의'를 공동의 영역으로 확대 발전시키고자 한다.

유럽연합의 출범을 전후한 주도권은 독일과 프랑스가 행사해 왔다. 반면에 전통적으로 대륙국가보다 미국이나 영연방과의 유대 강화에 주력해 온 영국은 얼마 전 브렉시트를 선택하였다. 또한 이슬람 이민자 유입이나 스페인의 카탈루냐 독립을 비롯한 회원국 내부의 복잡한 문제들도 연합체의 결속력을 위협하고 있다.

유럽연합의 안정적 발전을 위해서는 브뤼셀에 위치한 집행기구도 중요하지만 각기 정치와 경제를 대표하는 유럽의회나 유럽중앙은행의 역할도 중요하다. 참고로 유럽의회는 프랑스 영토인 스트라스부르에 있으며, 유럽중앙은행은 독일 권역인 프랑크푸르트에 자리하고 있다.

먼저 유럽의회는 유럽연합의 입법기관으로 5년마다 회원국 시민들의 직접

선거로 선출된다. 물론 주요한 입법기능은 각료 이사회가 행사하지만, 1991년 마스트리흐트 조약 이후로 수정요구나 거부권 행사를 비롯한 정치적 영향력이 강화되었다. 유럽연합이 향후 회원국의 연합체라는 소극적 의미를 탈피해 시민의 대변자라는 적극적 의미를 구현하기 위해서는 유럽의회의 감시나 통제기능 강화가 필수적이다.

다음으로 유로화 개혁방안과 관련하여 마크롱 대통령은 유로존이 집중화되지 않아서 문제라고 주장한다. 따라서 유로존은 자체 재무장관과 의회를 가져야 한다는 것이다. 수천억 유로의 예산을 꾸려서 실업률이 높은 나라의 재정 지출을 늘리고 투자를 활성화해야 한다는 주장이다. 반면 메르켈 총리는 유로존이 너무 집중화돼 있고 회원국이 책임을 너무 지지 않아서 문제라고 본다. 따라서 양국이 모두 수용가능한 방법은 '은행동맹'을 완성해야 한다. 유럽은 현재 유럽중앙은행이라는 단일 감독자를 갖고 있지만 예금보험 체제는 갖추고 있지 않다. 독일이 자국 은행들이 낸 돈으로 다른 나라 예금자를 보호해줘야 할까봐 우려하기 때문이다.

브뤼셀은 유럽연합 본부가 위치한 도시답게 교통이 편리한 편이다. 나의 경우 영국 방문길에 브뤼셀에 잠시 들렀기 때문에 유로스타를 이용해 런던으로 돌아가기로 했다. 이러한 여정은 개인적으로 시간과 비용 모두에서 만족스러웠다. 더불어 유럽의 소국인 벨기에 브뤼셀에 1958년 이후 공동체 본부가 위치한 배경에는 프랑스와 독일의 상호견제에 부가해 교통과 문화의 중심지라는 강점이 크게 작용하였다.

나는 오래전 공공개혁에 관한 저서나 보고서를 작성하면서 유럽연합이나 OECD의 자료들을 자주 활용한 경험이 있다. 분야별로 체계화된 보고서들이 유럽연합 회원국들은 물론 세계 각국의 유용한 참고자료로 활용되고 있기 때문이다. 따라서 이번 방문에서도 인터넷에서 접하기 어려운 관련 자료에의 접근을 시도하였으나 개인적 역량과 준비의 한계로 실패하고 말았다.

재도약에 성공한 세계도시 런던의 저력

**" 런던은
해가 지지 않는
제국의
수도였다 "**

여행 초반 런던에 두 번이나 입성했다. 한 번은 히드로 공항이고 다른 한 번은 브뤼셀에서 고속철도를 이용해 킹스크로스역으로 진입했다. 나중에 기회가 된다면 배낭여행자들이 선호하는 배편으로 도버해협을 건너고 싶다. 도버해협은 제2차 세계대전 당시 프랑스 덩케르크에서 영국으로 철수하던 군인들의 절박한 심정이나 함포 전술을 활용해 스페인 무적함대를 격파한 영국 해군의 영광을 반추하기에 적합한 장소이기 때문이다.

히드로 공항에 착륙하는 과정에서 목격한 런던은 네덜란드의 로테르담 항구와 유사한 오래된 항구도시였다. 하지만 지리상의 발견에서 시작해 19세기 말 빅토리아 시대까지 전성기를 구가하던 런던항(Dockland)은 20세기 중반 이후 선박의 대형화에 따라 항구의 기능을 상실하게 되었다. 이로 인해 도크랜드는 심각한 수준의 침체와 실업을 경험하게 된다. 이에 1976년 재개발 계획을 수립하고 1981~2000년까지 사업을 추진하였다. 도크랜드 개발이 완료되자 중심부에 해당하는 카나리 워프(Canary Wharf) 지역엔 50층 규모 금융센터 빌딩을 비롯해 업무시설과 위락시설이 입주하였다. 인근에는 런던시티공항이 건

템즈강 하구 항구지대를 재생한 런던 도크랜드

설됐고 대규모 주거단지도 조성되었다.

대처가 주도한 재개발 사업의 대명사인 런던도크랜드도 지금은 인접한 런던 금융가 시티의 기능을 분담하는 대규모 상업지구로 변모한 상태이다. 단지 그곳에 위치한 역사박물관이 이곳이 오래된 항구라는 사실을 일깨워주는 정보센터의 역할을 수행하고 있다. 물론 런던에는 도크랜드와 달리 원주민 공동체를 중시하는 노동당 스타일 도시재생도 활발한 편이다. 더불어 이와 유사한 도시창조의 사례로는 구겐하임 미술관을 유치한 문화도시 빌바오나 대전광역시의 도시재생 전략인 '무지개프로젝트'를 들 수 있다.

우리의 한강은 남북분단으로 하구에 휴전선이 그어지며 항구의 기능을 상실하였지만 조선시대에는 지방의 곡물이나 특산물이 들고 나는 포구를 품고 있었다. 과거 오세훈 서울시장이 한강르네상스 사업을 추진하면서 용산이나 마포의 재개발을 항구화 구상과 연계한 것도 이와 무관하지 않다. 더불어 이명박 대통령은 야당과 환경단체의 극렬한 반대에도 불구하고 한반도 대운하 구상을 실현하기 위해 김포 굴포천을 운하로 개조하는 한편 정서진 해안에는 조수간만(潮水干滿, low tide and high tide)의 차이를 극복하는 도크까지 설치했지만 애물단지로 전락하고 말았다. 그나마 보를 설치한 4대강 사업의 부산물인 자전거 도로가 마니아들의 사랑을 받고 있을 뿐이다.

런던은 산업화와 민주화를 선도하는 방식으로 현대 국가의 전범을 제시했을 뿐만 아니라 해가 지지 않은 제국의 수도였다. 하지만 지금의 영국은 그레이트 브리튼과 북아일랜드 연합왕국이라는 명칭처럼 서유럽의 조그만 섬나라로 귀환한 상태이다. 더욱이 잉글랜드나 웨일즈와 달리 북아일랜드와 스코틀랜드에서 연합왕국을 탈퇴하려는 시도까지 포착되고 있다. 하지만 영국의 민주화는 청교도혁명, 명예혁명, 정당정치, 선거혁명을 거치며 느리지만 안정적으로 진화해 왔다.

런던에서 18세기 말 증기기관을 중심으로 1차 산업혁명이 발생한 이래 인류는 19세기 말 전기에너지를 활용한 2차 산업혁명, 1960년대 이후 컴퓨터와 인터넷이 주도한 3차 산업혁명, 1990년대 이후 인공지능을 앞세운 4차 산업혁명을 경험해 왔다. 이에 산업도시의 대명사 런던도 변신을 위해 부심하고 있다. 런던의 여기저기에는 낙후한 지역을 재개발하거나 재생한 사례들을 어렵지 않게 마주할 수 있다. 하지만 이윤을 중시하는 재개발은 서울시의 고밀도 개발이나 뉴타운 건설처럼 임대료와 주거비 상승으로 원주민들이 쫓겨나는 젠트리피케이션 문제를 유발할 위험성이 크다.

이에 런던시는 약자를 보호하는 사회적 가치를 표방하면서 해당 지역의 공동체를 보존하는 도시재생에 주목해 왔다. 이를 반영하는 대표적인 사례가 코인스트리트이다. 영국 런던의 템스강 남쪽 사우스뱅크는 문화의 중심지다. 시민들이 사랑하는 미술관 테이트모던이 있고 밤이면 야경을 보러 사람들이 몰린다. 강가에 솟은 뾰족한 옥소타워도 이곳의 상징이다. 런던에서도 '금싸라기 땅'으로 꼽히는 옥소타워에는 1주일 임대료가 80파운드(약 15만원)밖에 되지 않는 주택이 70여 채가 있다. 어떻게 이윤을 중시하는 자본주의 도시 런던에서 이런 일들이 가능했던 것일까(경향신문, 2015.03.02자).

템스강 일대를 지금의 모습으로 만든 주인공은 비영리단체 '코인스트리트 공동체를 만드는 사람들'(CSCB)이다. 1984년부터 주민들이 만든 CSCB가 사우스뱅크 항구 도시재생을 주도하면서 이곳은 작은 가게와 공원 및 임대주택이 어우러진 곳으로 부활했다(한겨레신문, 2017.10.19자). 지금까지 220채의 조합주택을 지었고 1,000명 정도가 살고 있다. 강변의 버려진 차고에는 '가브리엘 워프'라는 상점가를 만들어 동네상인들이 가게를 열었다. 코인스트리트의 모든 결정은 여전히 주민들에 의해 이뤄진다. 이사회 구성원 18명 중 14명이 거주자인데, 1980년대 주민운동에 참여했던 5명이 아직도 활동 중이다(경향신문, 2015.03.02자).

런던 도심의 골목길과 공공자전거

런던 도시재생의 사례인 옥소타워

대영 제국의 영광이 지속되는 이유

"국왕의 권위와 귀족의 특권이 유지되고 있는 나라, 영국 "

영국 일정을 마무리하고 대서양 건너 북미로 향하는 영국항공 기내에서 '빅토리아와 압둘'이라는 영화를 감상했다. 빅토리아 여왕(1819~1901)은 19세기 후반기 내내 집권하며 영국을 세계의 공장이자 제국으로 부상시킨 상징적 존재이다. 영화의 배경은 여왕 즉위 50주년을 의미하는 쥬빌리를 기념해 당시 최대의 식민지 인도의 관료 압둘이 기념품을 전달하러 오는 장면으로 시작된다. 최고의 예우와 충성을 보여 여왕의 눈길을 사로잡은 압둘은 여왕에게 인도의 문화를 전수하는 교사이자 시종으로 활동한다. 특히 인도 북부의 무슬림 출신인 압둘은 타지마할을 건설한 샤자한 왕이, 왕비의 사후 보여준 극진한 사랑을 여왕에게 스토리텔링 하는 과정에서 둘의 관계는 각별해진다. 이에 위기감을 느낀 친척과 시종의 견제에도 불구하고 빅토리아 여왕은 임종의 순간에도 압둘과 교류했다.

이러한 상황은 노년기에 접어든 여왕의 돌출 행동으로 치부되는 일화이다. 하지만 압둘의 종횡무진이 영국 왕실에 팽배한 오만과 오리엔탈리즘의 완화를 시사하는 대목은 고무적이다. 무슬림의 고유 문화인 일부다처제, 금주, 기도예절, 히잡 등을 수용하려는 여왕의 전향적 태도가 표출되었다. 실제로 보다 완전하고 오래가는 식민통치를 위해서라도 해당 국가의 특이한 풍습을 이해하려는 노력이 요구된다. 이처럼 외국 문화에 대한 지도자의 개방적 태도는 현대 외교에서 가장 중요한 덕목의 하나로 간주되고 있다.

더불어 1837년부터 64년 동안 계속된 빅토리아 여왕의 재위기간은 양당제와 민주주의 발전에 헌신한 디즈레일리와 글레드스톤 총리가 집권한 시기이기도 하다. 특히 노동, 교육, 보건, 선거권 등은 대륙에서 불어온 혁명의 기조에서 영국의 입헌군주제를 지켜낸 결정적 요인으로 평가되고 있다. 아직도 영국의 통치자인 엘리자베스 2세도 빅토리아 여왕과 유사하다. 1926년 출생해 1953년부터 군림한 그녀는 일단 재위기간에서 빅토리아를 넘어선 상태이다. 전후 광대한 제국 영국의 식민지들이 독립하였지만 엘리자베스 2세가 통치한 영국은 평온했고 영국인들에게 마음의 여왕(Queen of Heart)이 됐다. 또한 영연방이라는 느슨한 통치연합도 영국의 자존심을 지켜주는 요인이다. 일례로 영국으로부터 독립한 미국과 달리 아직도 영연방의 일원으로 남아있는 캐나다는 모자이크 스타일 다문화 국가를 추구해 왔다. 캐나다에는 아직도 몬트리올이나 퀘벡 같은 불어권 도시들이 존재하며 미국과 달리 사회주의 쿠바를 비롯해 카리브 국가와의 교류도 활발하다. 더불어 용광로 문화를 표방한 미국에 비해 이민이나 유학의 문호도 넓은 편이다.*

영국은 국왕의 권위와 귀족의 특권이 유지되고 있는 나라이다. 물론 노동당을 중심으로 왕실과 상원이 과도한 특권을 누리고 있다는 문제제기가 이루어지면서 개혁 작업에 착수한 상태이다. 하지만 우리가 보기에 답답할 정도로 여전히 점진적인 영국식 개혁 방식을 고수하고 있다. 군림하되 통치하지 않는 영국 왕실의 전통은 유럽 대륙에서 시작된 혁명의 불길이 영국으로 번지는 것을 예방한 주요 원인으로 작용했다.

오늘날 행정의 경쟁력이 높은 나라로는 미국과 싱가포르가 자주 언급된다. 하지만 자타공인 국가경쟁력 평가의 상위권에 랭크된 이들 국가의 행정역량은 영국 행정의 창의성에 기인하는 바가 크다. 양국은 오랫동안 영국의 식민지를

---

* 용광로를 연상시키는 현대 미국의 문화는 캐나다와 달리 다양한 이민자들을 새로운 하나의 색깔로 결집시켜 왔다. 차에서 커피, 럭비에서 미식축구, 야구·농구와 같은 독창적 스포츠, 컨트리·재즈·블루스·로큰롤과 같은 특유의 대중음악은 미국이 창조한 새로운 결과물이다.

경험하면서 영국 행정의 장점을 계승하였고, 동시에 단점을 보완했다. 그리고 이러한 노력은 양국이 영국으로부터 독립한 이후에도 계속된 것으로 평가되고 있다. 더욱이 최근에는 영국이 미국이나 싱가포르의 행정을 벤치마킹하는 경우가 늘고 있다고 한다. 오랜 역사를 자랑하는 영국 행정의 전성시대는 아직 진행 중이다. 단순히 과거를 계승하는 일에 부가해 지속적 혁신을 추구하고 있기 때문이다.

창의적 혁신보다 실용적 학습이 중시되던 시대에 우리는 선진국의 정부나 기업을 빨리 벤치마킹하는 방식으로 민주화나 산업화 목표를 달성할 수 있었다. 메이지 유신 이후 일본은 후쿠자와 유키치나 니시 아마네토와 같은 선각자들이 각기 미국과 네덜란드의 선진 문물을 차용하는 방식으로 선진국 따라잡기에 성공할 수 있었다. 하지만 창의적 혁신과 모험적 도전이 최고의 성공요인으로 부상한 자본없는 자본주의 시대에서는 과거의 방식으로 생존하기 어렵다. 미국은 1980년대 제조업의 선두주자 자리를 일본과 독일에 내주고 경기침체를 경험했지만, 마이크로소프트, 애플 등 IT 기업에 이어 아마존, 페이스북 등 벤처기업의 덕으로 세계를 석권했다. 최근에는 테슬라모터스, 스페이스X 등 하드웨어 산업에서 세계 최강의 위치를 복원하고 있다. 전기자동차 업체 BYD, 인터넷 검색 업체 바이두, 종합 정보통신업체 화웨이 등을 앞세운 중국의 상승세도 무서운 실정이다(매일경제, 2018.01.17자).

결국 19세기 말 빅토리아 시대에 최고조에 달한 대영 제국의 영광은 아직 끝나지 않았다. 그렇다면 제국주의의 원조이자 입헌군주제를 표방한 영국이 로마나 몽골처럼 역사에서 사라진 제국들과 달리 아직도 영향력을 유지하는 비결은 무엇인가?

일단 영국(The United Kingdom of Great Britain & Northern Ireland)이라는 국가의 명칭을 통해 알 수 있듯이 다양한 민족을 포용하는 연합국가 형식을 취하고 있다는 점이 중요하다. 영국은 브리튼 섬에 위치한 잉글랜드·스코틀랜드·웨일스는 물론 식민통치의 유산인 북아일랜드를 포괄한다. 영국인이 개척한 호주, 뉴질랜드, 캐나다 등은 아직도 영연방의 일원이다. 싱가포르, 홍콩, 조지타운 등에서는 아직도 영국에 대한 향수가 남아 있다.

영국의 이러한 통치방식은 후발 제국주의의 대표 주자인 일본이나 독일과 비교된다. 1945년 해방 이전의 대한민국은 일본과 하나였기 때문에 사실상 배상이 성립하기 어렵다는 일본 극우파나 한국 친일파의 주장은 한국이라는 민족 공동체를 미개한 무리로 치부하는 야만의 극치이다. 중국 본토가 착취하던 속국 한국과 대만을 자신들이 독립시켰다는 주장에서는 약탈자의 비열함까지 느껴진다. 더불어 일본이나 독일은 인간성을 파괴하는 다수의 전쟁범죄를 저질렀다는 점에서 용서받기 어렵다.

양차에 걸친 세계대전이 종결된 이후 영국은 노동당과 보수당이 번갈아 집권하며 뉴거버넌스로 지칭되는 미래의 국정관리를 제시해 왔다. 노동당 토니 블레어가 사회민주주의와 신자유주의로 대표되는 좌와 우의 사잇길을 개척하기 위해 제안한 '제3의 길'이나 보수당 캐머런이 보수의 약점인 사회적 가치를 고양하기 위해 주장한 '빅 소사이어티(Big Society)'는 굿거버넌스의 대표적 사례로 평가되고 있다.

문재인 정부의 출범을 전후해 부상한 사회적 가치란 '사익을 초월해 공공의 이익과 공동체의 발전에 기여하는 복지, 안전, 봉사, 연대, 협력, 균형, 생태, 윤리, 인권, 공정 등의 가치'를 의미한다. 따라서 사회적 가치의 구현은 고도성장 과정에서 소외된 분야나 배제된 사람을 지원하는 일에 최고의 우선순위를 부여해야 한다. 그리고 사회적 가치의 추구는 공공과 민간을 망라해 모든 부문의 동참을 유도해야 한다.

전통적으로 유럽에서는 자원봉사단체나 사회적 기업이 사회적 가치를 선도해 왔다. 영미에서는 민간기업이나 부자들의 기부 활동을 통해 사회적 가치를 창출하기도 했다. 하지만 사회적 기업의 활동공간이 제한적이고 민간기업의 공익재단 출연효과가 의문시되는 한국적 현실에서는 상대적으로 정부나 공공기관의 역할이 중시되어 왔다. 우리나라의 사회적 가치도 공공과 민간이 협력하는 굿거버넌스의 제도화와 직결된 문제이다. 거버넌스를 형성하는 정부, 공공기관, 비영리단체, 민간기업의 자기혁신도 요구된다. 각각의 행위자 모두가 공적 조직이라는 인식의 전환을 토대로 역동적으로 헌신해야만 공공마인드가 배양될 것이기 때문이다.

세계의 수도로 부상한 뉴욕의 무한질주

**❝ 마천루의
천국, 뉴욕 ❞**

런던 히드로 공항을 이륙한 나는 한인민박 체크인이 불가능한 자정을 넘겨 뉴욕 JFK 공항에 도착했다. 맨해튼에 위치한 한인민박 대신에 임시로 한인타운 플러싱의 호스텔을 하루만 예약했다. 그곳은 예상한 대로 관광객들이 선호하는 숙소라기보다 현지 노동자들이 머무는 간이숙소에 가까웠다.

초창기 이민자들이 자유의 여신상을 바라보며 배로 도착해 출입국 수속을 하던 엘리스 섬과 국제공항이 위치한 뉴욕의 서쪽 지역은 미국의 대표적인 관문이다.

미국의 중심이자 세계의 수도인 뉴욕은 방문하는 것만으로 많은 이들의 가슴을 설레게 한다. 특히 제2차 세계대전 이후 창설된 국제연합(UN)은 뉴욕을 미국의 50개 주를 압도하는 제국의 수도에서 세계의 수도로 각인시키는 계기로 작용하였다. 다양한 국적의 이민자들이 건설한 뉴욕은 창의와 열정이 시들지 않는 미래 도시의 보고이다. 일례로 베이글과 소울푸드를 비롯해 다양한 민족들이 추가한 뉴욕의 음식도 세계인들의 입맛을 사로잡은 상태이다.

2010년 여름, 연구년을 보내기 위해 가족과 함께 뉴욕에 처음 왔을 때에는 모든 것이 낯설었다. 따라서 현지 패키지의 가이드를 따라다니며 가장 기본적인 관광 메뉴인 라이온킹 뮤지컬 관람, 타임 스퀘어 둘러보기, 센트럴파크 산보, 자유의 여신상과 월스트리트 찾아가기 등에 만족해야 했다. 하지만 한층 여유가 생긴 2017년 두 번째 방문은 브로드웨이 인근에 한인 민박집을 정하고 여유롭게 뉴욕의 내면을 탐구해 나갔다.

마천루의 천국 뉴욕에는 바빌론의 스카이라인 바벨탑을 연상시키는 다양한 전망대들이 있다. 오랫동안 마천루의 상징으로 자리해 온 엠파이어스테이트 빌딩을 비롯해 록펠러 센터, 원월드트레이드센타 등이 대표적이다. 이 중에 나의 선택은 록페러 센터의 탑오브락 전망대였다. 더불어 마천루는 아니지만 브루클린 다리나 배터리 파크에서 각기 맨해튼과 뉴저지를 조망한 일도 기억에 남는다. 특히 지하철을 타고 덤보로 이동해 무한도전 인증사진을 찍고 브루클린 다리를 걸어서 건너는 경험은 한국인들이 선호하는 뉴욕 여행의 백미이다.

뉴욕의 자연사박물관은 공룡의 뼈를 비롯해 동식물들의 표본을 입체적으로 전시하기 때문에 유익했다. 하지만 요즘은 서울에도 구청에서 자연사박물관을 운영할 정도로 대중화된 상태이기 때문에 특별한 감동을 얻기는 무리다. 나의 경우 2시간 정도 남은 폐관시간에 맞추어 빠르게 관람했기 때문에 애당초 잔잔한 감동을 기대하기는 어려웠다. 참고로 이곳의 입장료는 무료인 영국과 유료인 유럽과 달리 자신이 원하는 만큼의 금액을 기부하는 방식인데 달랑 1달러를 기부하는 경우보다 입구에 표시된 권장금액인 학생 12달러와 성인 25달러를 내는 경우가 많았다.

뉴욕시의 자비투스 전시컨벤션센터 로비에는 왕의 글로브 모형을 전시하고 있다. 오늘날 지식인들의 축제인 TED를 연상시키는 지식의 향연이 과거 왕조시대 영국에서도 개최된 일을 기념해 컨벤션 센터가 만들어진 것이라고 한다. 센터 인근에는 철도 기지창으로 진입하는 고가철로를 바빌론의 공중정원 방식으로 재생한 하이라인과 허드슨강이 자리한다. 최근에는 허드슨 야드라는 도시재생사업의 일환으로 고층빌딩 신축공사가 한창이다.

오늘은 여행 3일차 12월이 시작되는 청명한 날씨이다. 네이버가 제공하는 한국의 날씨 정보와 비교하니 이곳이 서울보다 10도 이상 높은 온화한 날씨다. 바람만 심하지 않다면 걸어서 여행하기에 충분할 것이다. 어제 마지막 일정인 자연사박물관에서 무리했음에도 불구하고 시차로 인해 새벽 4시에 일어났다.

여행기를 작성하느라 3시간을 보내고 지인들과 카톡을 하느라 다시 2시간을 소비했다. 식빵과 서양 배로 간단히 아침을 해결한 다음 쪽잠을 청해 보았다. 쉽지 않았지만 식후의 포만감 때문인지 한 30분은 비몽사몽을 경험했다.

뉴욕에 오면서 별도로 준비한 여행 정보나 일정은 마땅히 없는 상태였고 과도할 정도로 친절했던 런던 민박과 달리 여기에서는 여행 책자를 비롯해 부가서비스가 전무한 상태인지라 네이버 검색과 최근 뉴욕을 다녀간 지인이 제공한 카톡 메시지를 활용하였다.

오늘의 일정은 부실했던 아침을 만회하기 위해 점심에 저렴하다는 첼시마켓 앞의 올드홈스테드라는 스테이크 전문점을 찾아갔다. 구글맵을 검색하니 이번에는 버스를 타고 가란다. 맨해튼의 지하철 노선은 번화가인 중심부에 집중된 관계로 동서 해안지대는 대중교통의 사각지대이다.

변두리 지역을 순회하는 버스인지라 손님들도 노인이나 백수로 보이는 흑인들이 대부분이다. 그제 하이라인에서 민박집을 찾아올 때 구글맵이 제대로 작동하지 않아 교통정보가 없었지만 공간지각 능력을 발휘해 걸어서 찾아왔던 길을 오늘은 버스를 타고 다시 가고 있다. 스테이크 하우스 앞에는 19달러 스페셜 메뉴가 게시되어 있지만 오늘은 서비스하지 않는다고 한다. 본의 아니게 비싼 립 스테이크를 선택해야 했다. 야채나 부가 메뉴도 없고 술도 주문하지 않았지만 고기와 감자만으로 배를 채우기에 충분했다.

식사 후에는 인근에 위치한 도시재생의 명소인 첼시마켓에 들어가 보았다. 쇼핑 문외한이라 1층에 즐비한 식당가만 간단히 살펴보고 2층은 제대로 살펴보지 않고 어제 미처 관람하지 못한 하이라인의 하부 지역을 둘러보았다. 하부 지역은 단순히 직선 철로 구간이라 그다지 인상적이지 않았다. 이에 지하철을 이용해 오늘의 메인이벤트가 시작되는 덤보 지구로 출발하였다.

나를 감동시킨 오늘의 절경은 브루클린 다리를 도보로 건너가면서 마주한 맨해튼의 풍광이었다. 문제의 2층 다리는 21세기에 보아도 명품의 풍모가 가득하다. 게다가 맨해튼에는 전망대로 유명한 고층빌딩이 즐비했으니 구 소련의 경쟁심리를 자극하기에 충분했다. 이에 스탈린은 1957년 스프트닉 인공위성을 세계 최초로 발사해 미국을 놀래키더니 고딕양식의 고층건물을 모스크바 요지마다 건설하였다. 이른바 모스크바대학 본관 건물을 비롯한 7자매 빌딩이 이래서 탄생한 것이다.

내가 브루클린 다리를 건너
는 동안 의정부에 사는 친구는
술마시며 나의 사이버 길동무
역할을 담당했다. 실시간으로 사
진 전송하며 카톡으로 설명했던
내용들이 앞서 작성한 문장들이
다. 여기에 더해 몇 가지 질문도
받았는데 어학연수를 다녀온 자
기 딸이 그러는데 뉴욕에는 실

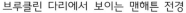

브루클린 다리에서 보이는 맨해튼 전경

제로 쥐와 거지가 많냐는 것이었다. 관광객들은 화려한 뉴욕에 몰입하지만 골
목이나 역사에는 노숙자가 즐비하다. 오래된 지하철 역사는 수리하지 않은 상
태로 방치되어 지린내를 풍긴다. 부자들이 내는 세금은 도심의 화려한 치장에
쓰이고 서민의 무대는 적당히 방치하는 것이 미국의 법칙이다. 특히 서양 특유
의 유료 화장실 문화도 도심지의 냄새를 유발하는 주요 원인이다.

브루클린 다리를 건너자 시청과 구청 및 경찰청 건물이 눈에 들어왔다. 구
청 건물에는 운하의 도시 맨해튼의 별칭이 뉴암스테르담이라는 설명이 소개되
어 있다. 구청에 비해 왜소한 시청사와 범죄의 도시답게 구치소를 구비한 경찰
청 건물이 인상적이다. 행정기관 옆에는 법원 건물이 위치하는데, 좋은 정부를
추구한다는 문구가 인상적이다. 세종특별자치시에 국회 분원을 설치해야 한다
는 문제제기처럼 행정부와 입법부는 공존할 필요가 크지만 법원은 서울에 남아
도 무리가 없다는 생각을 해 보았다.

맨해튼의 관공서 지대에서 다시 지어진 세계무역센터 건물로 이동했다.
9.11의 충격이 워낙 컸기 때문인지는 몰라도 원월드트레이드센터 자체보다는
그라운드 제로라는 참사의 현장에 모든 이들의 이목이 쏠린다. 두 개의 사각형
지하 분수대 조형물이 무너진 건물의 자리를 대신하고 있었다.

해는 저물어가지만 그래도 스테이크의 힘이 남아 있었던 관계로 평소에는
포기했을 마지막 일정을 소화하기로 결정하였다. 런던의 도시재생 자료를 부동
산학과 박교수님에게 카톡으로 송신했더니 뉴욕의 도시재생은 '서울로7017'이
벤치마킹한 '하이라인(HIGH LINE)파크와 배터리파크'라는 것이다.* 세계무역센

---

* 뉴욕의 도시재생(Urban regeneration)은 끊임없이 진행 중이다. 1626년 네덜란드가 원주민들

좋은 정부를 표방한 법원 청사

1812년 개관한 뉴욕시청 청사

터에서 걸어서 5분 거리인 배터리파크는 런던 도크랜드나 싱가포르 보트키의 축소판이다. 하지만 배터리파크에는 경쟁도시들을 능가하는 반전을 간직하고 있었다. 뉴욕의 청명한 초겨울 하늘과 어우러진 저녁노을이다. 배터리파크에서 조망가능한 뉴저지의 스카이라인과 자유의 여신상은 아름다운 저녁노을과 어우러져 내가 목격한 최고의 비경을 연출했다.

내가 묵는 민박집 주변에는 다민족 음식(ethno food)의 성지 뉴욕답게 다양한 메뉴들을 접할 수 있다. 하지만 한식마니아인 나의 선택은 언제나 그랬듯 한식의 차선인 일식이나 중식이다. 일식 프랜차이즈 하나비와 중화요리 패스트푸드 식당은 컵밥 형태의 테이크 아웃 방식이라 가격이 저렴하고 쉽게 찾을 수 있다는 점에서 자주 애용하였다.

음악과 미술로 대표되는 예술은 수학과 영어만큼이나 일반인들이 범접하기 어려운 고차원 무대이다. 뉴욕의 메트로폴리탄 미술관은 보스턴 미술관(Boston Museum of Fine Arts), 파리의 루브르, 상트페테르부르크의 에르미타주 등과 함께 '세계 4대 미술관'으로 손꼽히는 곳이다. 이곳을 경유해 다음 여정인 콜롬비아대학으로 직접 가는 교통편은 할렘입구 버스정류소가 유일했다. 흐린 날씨에 날도 저물자 긴장한 상태에서 대학캠퍼스로 발걸음을 재촉했다. 할렘의 악명은 최근 강화된 슬럼가 재정비 사업으로 완화된 상태지만 대낮에도 방문하기를 꺼리는 사람들이 많다. 이런 이유로 할렘 관광은 일요일에 도심을 단체로

로부터 매입해 '뉴암스텔담(Nieuw Amsterdam)'으로 명명했던 도시는 1664년 영국이 점령하면서 '뉴욕'이란 이름으로 바뀌었다. 상업도시로 성장한 뉴욕은 19세기 초 미국 최대의 도시로 부상했다. 1970년대 도심의 슬럼화가 진행되면서 위기를 맞이하기도 했지만 1994년부터 2001년까지 시장으로 재직한 루돌프 줄리아니가 반전의 계기를 마련했다. 9·11테러에도 불구하고 하이라인파크, 첼시마켓, 미트패킹 등을 앞세운 도시재생은 순항중이다. 최근에는 트롤리(무궤도 전차)터미널을 태양광 기술과 공공 디자인을 적용해 재생한 로우라인 프로젝트, 즉 '지하공원' 조성도 추진하고 있다.

철도기지창 인근 허드슨야드

첼시마켓 인근 하이라인파크

둘러보고 교회성가대 공연을 관람하는 방식으로 이루어진다.

뉴욕을 대표하는 아이비리그 대학인 콜롬비아는 외관과 내부 모두에서 역사와 전통을 느끼기에 충분했다. 대학의 체육관에서는 동부 명문대학 동아리들이 참여해 스포츠댄스 또는 사교댄스로 지칭되는 볼룸댄스(ballroom dance) 경진대회가 열리고 있었다. 다양한 종류의 춤과 음악이 어우러진 역동적 움직임이 인상적이었다.

미국의 인적자원관리에서 배우는 교훈

> **" 인적자원관리
> 의 형성과
> 발전은 미국이
> 선도해 왔다. "**

인적자원관리란 조직의 유효성을 위해 우수한 인재를 채용해 배치하는 한편 개발하고 유지한다는 의미를 담고 있다. 최근 국내외의 인적자원관리는 다양한 기회와 위협요인에 직면해 있다. 우선 인간의 지적 능력과 감성이 과학기술과 결합해 인류의 지속가능발전에 기여할 수 있다는 지식혁명의 태동은 물적 자원을 중시하는 산업혁명보다 인적 자원의 중요성을 환기시켰다. 반면에 직접 고용을 대치하는 외주의 확산은 조직 내 인적자원관리 기능을 약화시켰다.

인적자원관리의 형성과 발전은 미국이 선도해 왔다. 미국 정부의 인적자원관리는 정실주의에서 엽관주의를 경유해 실적주의로 변화해 왔다. 건국 초기 미국에는 관직을 세습하거나 매매하는 영국식 귀족주의 전통이 남아 있었다. 하지만 미국의 영토가 동부 연안의 13개 주에서 남부와 중부는 물론 서부까지 확장되면서 개척민들의 권리를 보장해야 했다. 이에 1828년 취임한 잭슨 대통령은 공직을 주기적으로 교체하여 시민들에게 개방하는 엽관주의를 고안하였다. 1931년 프랑스 판사였던 토크빌이 미국을 시찰하며 칭송한 '미국식 민주주의'도 엽관주의가 이룩한 성취이다. 하지만 관직교체를 둘러싼 정쟁으로 1881년 가필드 대통령이 암살되고 전문적 관료제의 유용성이 부각되자 미국은 1883년 펜들톤공무원법을 제정해 능력을 중시하는 실적주의로 전환하였다. 그러나 카터 대통령은 1978년 공무원개혁법을 활용해 소극적인 직업공무원제를 보완하고 적극행정을 촉진하는 개방형임용제와 고위공무원단을 도입했다.

미국 기업의 인적자원관리는 20세기 초에 부상한 GM, 포드, 보잉 등 대기업들의 관리체제가 과학적관리론에서 인간관계론으로 전환된 일과 관련이 있다. 1914년 헨리 포드는 매년 400%에 달하는 이직률을 해소하는 체계적 고용관리를 위해 1일 8시간으로 노동시간을 1시간 단축하는 한편 최저임금도 100% 이상 인상한 일급 5달러를 지급하였다. 이후 고용이 안정되고 소비가 촉진되자 포드사는 국민적 칭송을 받았다. 더불어 노동조합 확대와 최저임금제 시행 및 노동관계법 정비로 인적자원관리의 중요성은 배가되었다.

현대적 인적자원관리의 목표는 효율성과 공공성으로 구분된다. 미국은 유럽에 비해 약한 인적자원관리의 공공성을 제고하기 위해 1964년 민권법을 제정해 약자우대조치로 대표되는 공정인사의 중요성을 환기시켰다. 특히 신자유주의가 본격화된 1991년에 개정된 민권법은 평등고용기회위원회(EEOC)나 연방계약이행절차사무국(OFCCP)과 같은 추진체제를 정비하는 한편 여성의 고용차별 금지와 평등임금에 관한 유리천장법, 장애인의 고용차별 금지와 공공서비스 접근성을 보장하는 미국장애인법 등과 같은 정책수단을 구비했다. 이후 미국은 채용과 승진 및 보상에서 차별이 이루어지는 공공과 민간조직에 수백만 달러의 벌금을 부과하는 강력한 규제와 더불어 공정인사가 사회적 가치를 창출하는 첩경이라는 설득을 병행해 왔다.

우리나라의 인적자원관리도 문재인 정부 출범이후 변화를 시작하였다. 청년고용 친화정책 강화, 기간제나 계약직의 정규직 전환, 근로시간 단축과 워라벨 확산, 지역인재 우대 등이 대표적인 우수사례이다. 하지만 공공 일자리의 양적 확대에 부응하는 신규업무 발굴과 임금체계 조정, 성희롱 기준을 둘러싼 남녀 간 갈등의 해소, 장애인 친화적인 조직문화 유도, 대기업과 중소기업의 임금격차 해소, 고용보조금의 효과성 제고 등에서 분발이 요구된다.

❝ 보스턴 가는 길에 보이는 정겨운 영국 도시명 ❞

　오늘은 5일간의 뉴욕 일정을 마무리하고 보스턴으로 이동하는 날이다. 자비투스 전시컨벤션센터 옆에서 출발하는 메가버스를 우연히 발견하고 그제 예매해 두었다. 뉴욕에서 구입한 7일짜리 교통패스는 3일이나 남아있어 민박집 사장님께 드렸기 때문에 장거리버스 정류장까지 걸어갔다. 언제 다시 만날지 모르는 뉴욕인지라 20여 블록을 걸으면서 작별인사를 나누는 것도 나쁘지 않았다.

　오전 10시 40분 출발한 버스 안은 구름 낀 초겨울 날씨답게 대부분 승객들은 잠을 청하기 바빴다. 하지만 비행기는 물론 버스에서도 지도보고 글쓰는 것이 여행습관인지라 나는 졸린 눈을 비벼가며 창밖의 풍광과 구글지도 확인에 여념이 없었다. 영국여행을 마치고 미국에 왔기 때문에 보스턴 가는 길에 보이는 멘체스터, 브리스톨, 햄튼 등과 같은 영국 도시의 이름이 정겨웠다. 또한 하트퍼드의 트리니티대학이나 캠브리지의 하버드대학처럼 지명과 학교명이 혼재된 곳도 이색적이다. 우리나라도 모화사상을 신봉하던 조선시대에 함양, 하동, 청주 등 중국의 고도를 차용해 지명으로 사용했다.

　보스턴으로 대표되는 뉴잉글랜드 지역은 종교의

자유를 찾아 메이플라워호를 타고 북미로 이주한 영국의 청교도들이 건설한 영국 식민지였다. 이주 초기 개척자들은 가혹한 생존환경에 적응하기 위해 원주민들과의 공생을 채택하였다. 또한 17세기 중반 이후 본격화된 북미의 영국 식민지들은 인접한 퀘벡의 프랑스 세력권과 경쟁하는 방식으로 지배권을 확립하였다. 나아가 1776년 미국 독립을 전후해 13개로 늘어난 식민지 개척은 미국의 독립을 가능케 한 원동력으로 작용하였다. 지금도 보스턴의 프리덤 트레일을 비롯해 뉴잉글랜드 일원에는 당시의 생활이나 역사가 담긴 명소들이 남아 있다. 건국 초기 보스턴이 행사한 영향력은 필라델피아를 비롯해 새로운 정치의 중심지가 부상하면서 순위를 넘겨준 상태이지만 아직도 도시의 규모를 넘어서는 존재감을 과시하고 있다. 메사추세츠의 주도이자 뉴잉글랜드라는 별칭이 이를 대변하는 사례이다.

보스턴에 도착해 남역 인근의 버스터미널에서 나오자 대만과 미국 국기가 나란히 걸려있는 차이나타운 관문이 눈길을 끌었다. 단순히 상가나 식당 중심의 차이나타운이 아니라 한족들이 입구의 공공회합 장소에 둘러앉아 마작에 열중하는 모습이 수년 전 윤동주의 고향 용정을 찾아가는 길에 마주쳤던 중국 마을의 풍경을 연상케 한다. 보스턴의 관문이자 상징이라는 거대한 시민공원(Common) 앞에 자리한 차이나타운은 영국인, 아일랜드와 이탈리아, 중국 등으로 이어진 보스턴 이주사를 환기하기에 충분했다. 참고로 보스턴은 아일랜드와 이탈리아 이민자들의 영향으로 개신교를 제치고 가톨릭이 제1의 종교로 부상한 특이한 지역이다. 그리고 내가 민박집을 찾아가는 지하철 옆자리 청년은 아이리쉬 이민자 신문을 보다가 두고 내리는 바람에 나도 보스턴 이민사회의 동향을 접할 기회가 생겼다.

보스턴에서 가족과 함께 20년 이상 거주하셨다는 민박집 아주머니에 따르면 한인민박도 이제는 쇠퇴하고 있다고 한다. 박근혜 대통령 탄핵을 계기로 한국인들의 미주관광 수요가 감소했을 뿐만 아니라 민박의 대안으로 급부상한 에어비앤비(Airbnb)가 젊은층의 인기를 끌

보스턴 시청 인근에 자리한 광활한 시민공원

면서 문을 닫는 민박집들이 속출한다는 것이다. 여기에 더해 최근에는 북한의 핵과 미사일로 고조된 한반도 위기가 교민들을 마음고생을 가중시켰다. 2019년 이루어진 국적기의 보스턴 직항 개설을 계기로 교류가 활성화되기를 기대해 본다.

보스턴의 안락한 민박집은 그동안 부족했던 잠을 보충하기에 최적의 장소였다. 하지만 숙면을 취하고 일어나서가 문제였다. 학술지 심사청구논문 수정과 세무서 과세자료 보완이라는 숙제가 도착해 있었다. 일단 오전 여행은 포기하고 싱가포르와 말레이시아의 혁신성장을 비교한 심사청구논문의 수정작업에 주력하였다. 다행히 심사자의 요구가 심각한 문제가 아니라서 반나절 만에 임무를 완수하였다.

점심도 거르고 오후 두시쯤 민박집을 나선 관계로 오늘은 보스턴이 자랑하는 프리덤 트레일(Freedom Trail)의 절반만 걸어보기로 했다. 나의 여행스타일은 정해진 경로와 달라지는 경우가 많다. 프리덤 트레일의 초반부에서 마주한 성당이나 묘지가 지루해지자 라인에서 일탈해 항구에 위치한 보스턴 차 사건의 현장으로 직행했다. 이후 남역에서 북역까지 보스턴 다운타운을 반원형으로 감아도는 그린웨이도 발견했다. 보스턴 아이리쉬의 자랑인 케네디 대통령을 비롯해 많은 형제를 키운 장한 어머니 로즈 케네디 여사에게 헌정한 그린웨이(Rose Kennedy Greenway)는 향후 보스턴을 대표할 또 다른 명소이다. 그린웨이는 대로 중간에 위치한 관계로 한적한 찰스강변 산책로에 비해 번잡했지만 보스턴 다운타운의 아름다운 경관을 파노라마로 감상하는 강점이 있었다.

북역에 도착해 오늘의 여정을 마무리한 나는 인근 피자집으로 들어갔다. 어제 저녁 숙소 인근에서 딱딱한 피자를 먹었던 아픈 기억이 떠올랐지만 다시 속는 심정으로 피자와 맥주를 주문했다. 이탈리아 이민자들의 영향 때문인지 닭고기 피자와 보스턴 라거의 맛은 기대 이상이었고 어둠이 내리고 온도가 내려간 상태에서 차이나타운 볶음밥을 찾아 떠나지 않아도 된다는 생각에 몸과 마음이 푸근해졌다. 피자집에서 서빙하는 스텝들이 착용한 녹색 티셔츠에 클로버 문양이 들어간 것으로 보아 인근에 거주하는 아이리쉬의 단골 식당인 모양이다. 아니나 다를까 조금 지나니까 역시 파란색인 보스턴 셀틱 응원복을 착용한 꼬마들이 자주 눈에 들어왔다. 감자대기근을 피해 도미했던 19세기 중반 이민 초창기 흑인 못지않게 천대받던 켈트족의 후예들은 이제 보스턴 레드삭스를

비롯해 지역 스포츠 시장을 좌우할 정도
로 성장한 것이다.

도심에서 근접한 보스턴 레드삭스 구장

　아일랜드는 영국에 근접한 지리적
특성에도 불구하고 정서적으로 혈연과
유대를 강조하는 남유럽 스타일에 가깝
다. 물론 산업화가 지연되면서 상대적으
로 길었던 농업사회의 전통이 이러한 모
습을 각인시켰을 것이다. 물론 최근의 아
일랜드는 고속성장으로 과거의 식민지배자 영국까지 추월하였지만 오래된 문화
까지 청산한 것은 아니다. 시장을 비롯해 아이리쉬들이 장악한 보스턴시 행정
은 연고주의와 부정부패로 몸살을 앓아 왔다.

　어제와 달리 밀린 숙제에서 해방된 나는 아침을 먹고 일찍 나섰다. 미션힐
에 위치한 숙소에서 하버드까지는 66번 버스를 이용하였다. 보스턴에 도착해서
뉴욕과 마찬가지로 일주일 동안 사용가능한 교통카드를 구매하였는데 전철은
물론 버스도 이용이 가능했다. 버스를 타고 하버드로 이동하는 중간에 서너 개
의 식당이 밀집한 소규모 한인타운을 발견하고 오늘의 식사 장소로 점찍었다.

　찰스강 넘어 펼쳐진 하버드 캠퍼스의 전경은 미국 최고의 대학답게 격조가
있었다. 오랜 역사를 자랑하는 명문대학답게 캠퍼스 곳곳에서 하버드가 배출한
역대 대통령의 흔적을 발견할 수 있었다. 아일랜드 이민자 집안에서 태어난 케
네디 대통령을 기념해 하버드 행정대학원을 케네디스쿨로 명명하였는데 지금은
미국을 대표하는 대통령스쿨로 성장한 상태이다. 특히 싱가포르 리콴유를 비롯
해 각국의 지도자들을 재교육하는 프로그램에서 강점이 있다.

　케네디의 하버드 선배로 1880년에 학교를 졸업한 테어도어 루즈벨트 대통
령은 대접이 박한 편이다. 쿠바미사일 위기를 비롯한 케네디 기록물이 하버드
교내 박물관의 대부분을 차지한 반면에 루즈벨트는 만화 상징물 몇 장이 전부
이다. 만화의 내용도 미국의 제국주의를 선도한 대통령이라는 부정적인 이미지
가 강하다. 실제로 그가 재임한 20세기 초는 중남미나 태평양에 대한 미국의
진출이 본격화된 시기이다. 특히 일본과 미국의 외무장관인 가쓰라와 테프트가
각기 조선과 필리핀에 대한 지배권을 양해한 밀약도 당시에 체결되었다. 하지
만 국내적으로 루즈벨트는 산업화의 부작용인 독점 대기업에 대한 규제를 강화

하고 정부의 부정부패를 척결하는 일에서 성과를 창출하기도 했다.

한국의 중장년 세대에게 하버드는 킹스필드 교수가 열강하던 로스쿨 드라마 '하버드의 공부벌레들'로 유명하다. 이러한 향수가 한국에서는 다소 퇴색한 상태이지만 대국굴기의 묘수찾기에 한창인 중국인들은 아직도 하버드 배우기에 열심이다. 미국내 명문대학에 중국계 학생들이 대거 입학했을 뿐만 아니라 중국인들의 단기연수나 관광수요도 활발하다.

뉴잉글랜드를 대표하는 보스턴은 예술을 제외한 모든 분야에서 막강한 하버드를 비롯해 다양한 대학이 포진해 있다. 공학과 경영학으로 유명한 MIT, 재즈로 유명한 버클리음대, 터프트 의대, 노스이스턴 대학 등이 각기 자신의 분명한 색깔을 가지고 존재감을 과시하고 있다. 이 밖에 공학, 공예 등 전문분야별 칼리지들이 보스턴의 학문적 명성을 대내외에 알리는 일에 일조하고 있다. 특히 보스턴에 위치한 3개의 대학병원들은 아랍의 부자들을 비롯해 국내외 환자들이 몰려드는 명소이다.

헨리 에츠코위츠 스탠퍼드대 교수는 1990년대 미국 보스턴의 매사추세츠공대(MIT) 사례에 착안해 '삼중 나선 혁신 모델(Triple helix model of innovation)'을 만들었다. 대학, 기업, 지자체 등이 상호작용하는 방식으로 혁신클러스터를 조성하여 경제성장을 이끈다는 이론이다. MIT 경영대학원이 들어선 보스턴 켄들스퀘어 일대도 대학이 경제성장 엔진 역할을 했다. 과거 켄들스퀘어는 양조장, 발전소, 비누 공장 등이 있었던 산업시설이었으나 대학, 연구소, 상업시설, 주택 등이 들어서면서 활력을 잃었던 도심이 생기를 찾기도 했다.

보스턴을 떠나는 마지막 날은 특별한 관광일정을 마련하지 않은 상태였기 때문에 어제 점찍어 두었던 보스턴중앙도서관 창가에 자리를 잡았다. 창 밖이 내다보이는 전망이 좋은 곳에서 여행기를 쓰니 세상과 소통하는 느낌도 들고 지루하지 않았다. 요즘 한국의 젊은이들 사이에 카페에서 과제하고 공부하는 문화가 유행이라는데 아마도 카페스타일을 추구한 미국 도서관이 원조가 아닐까 싶다. 여기에서는 옆에서 조용히 토론해도 참고 넘어가지만 한국의 도서관은 아직 대화를 허용하지 않는 분위기이기 때문이다. 우리도 유대인들의 토론식 학습방법이 미국 사회 전반으로 확산된 일에 주목할 필요가 있다. 나아가 미국의 도서관이 인근 지역을 포괄하는 문화특구의 역할을 수행하고 있다는 점도 교훈적이다.

오대양을 누비는 서양스타일 해양개척사

❝ 광활한 바다를 누빈 서양의 영웅들 ❞

임진왜란과 정유재란의 영웅 이순신과 마찬가지로 서양에도 전함을 이끌고 광활한 바다를 누빈 영웅들이 존재한다. 근대국가의 등장 이전에는 북유럽의 바이킹들이 지중해에서 북미까지 넘나들며 자신들의 세력권을 확립하였다. 청해진의 장보고나 쓰시마의 왜구들이 무역과 약탈을 혼합하는 방식으로 세력권 강화한 사례와도 유사하다.

북유럽의 선진 조선과 항해술은 근대 이후 스페인과 포르투갈을 경유해 네덜란드와 영국으로 전해졌다. 15세기를 전후해 각기 동인도와 서인도 항로를 발견한 콜럼버스나 바스코 다 가마 같은 민간 탐험가들이 해양개척을 주도했던 방식이다. 하지만 신항로의 경제적 가치가 확인되면서 민간위탁에서 절대군주가 직영하는 방식으로 전환되었다. 즉, 17세기를 전후해 서구 각국의 해군과 민간 주도의 해적이 경합하는 해양개척의 시대가 열린 것이다.

신대륙이 발견된 이후 설탕과 노예무역이 활성화된 중남미 해안에는 경제적 이윤을 지키거나 침탈하기 위해 다양한 배들이 몰려들었다. 마스터 앤드 커맨더(Master and Commander: The Far Side of the World, 2003)나 캐리비언의 해적(Pirates of the Caribbean: 1

편~6편)이 당시의 상황을 알려주는 영화들이다. 특히 여기에서는 영화 글레디에이터(Gladiator)로 유명한 호주 출신 액션 배우 러셀 크로우가 주연한 영화 마스터 앤드 커맨더를 중심으로 당시의 상황을 조망하고자 한다.[*]

나폴레옹이 유럽을 장악하고 영국 함대만이 힘겹게 그에 맞서고 있던 1805년, 브라질 북쪽 해안을 지나던 영국의 군함 HMS 서프라이즈호에 파나마 운하도 없던 시절에 칠레 북부 태평양에서 노략질 중인 프랑스 군함 아케론호를 나포하거나 침몰시키라는 명령이 하달된다. 최고의 해군인 잭 오브리(러셀 크로우) 함장은 아케론호를 추격하지만 오히려 대규모 반격으로 심각한 피해를 입는다. 이러한 난관에도 불구하고 잭 함장은 지친 사관생도들과 선원들을 독려해 다시 역공에 나서며 해전을 승리로 장식한다.

영화에서 재연한 당시의 전투 장면은 관객의 몰입을 유도하기에 충분하다. 적의 포탄 공격으로 배에 구멍이 뚫리면 수리용 목재로 땜빵하고 의용소방대 장비를 연상시키는 지렛대 압축펌프를 활용해 침수된 하부공간의 배수활동을 진행한다. 황량한 해상이지만 안개를 활용한 은폐전술로 위기의 순간에서 벗어나는 장면도 인상적이다. 전투의 와중에 해안에 상륙하여 부상자를 치료하거나 물자를 보급하기도 한다. 다른 한편에서 배에 승선한 군의관은 과학자 본능을 발휘해 이구아나, 거북, 자벌레, 가마우지 등 갈라파고스 군도의 특이한 동식물들을 채집하기도 한다. 군사활동이 민간의 탐구활동을 지원하는 계기이자 (spin-off strategy) 다윈의 탐사항해를 연상시키는 대목이다.

당시 영국 군함의 내외부에 장착된 함포에는 오늘날과 마찬가지로 서든 데스(Sudden Death)와 같은 애칭들이 새겨져 있다. 또한 입체적 천막과 그물을 연상시키는 돛대와 밧줄은 노나 키와 더불어 전함의 주요한 기동수단이다. 그리고 오늘날 선미에 위치한 화장실이 구멍이나 난간 형태로 선수에 자리한 점도 눈길을 끈다. 함선의 내부는 협소한 공간을 활용하기 위해 해먹을 비롯해 많은 장비들이 공중에 매달려 있다. 심지어 신선한 우유를 제공하는 암소까지 창고나 해먹을 활용해 대동하기도 한다.

너무 엄하지도 너무 친하지도 않은 불가근불가원(不可近不可遠) 리더십을 강조하는 함장은 물론 전투에 임하는 소년 사관생도들이 보여준 불굴의 사명감

---

[*] 영화 마스터 앤드 커맨더는 실화에 기반하고 있다는 점에서 관련 다큐멘터리를 유투브에서 시청가능하다. https://www.youtube.com/watch?v=9NConxlRNwg

도 인상적이다. 선상반란의 예방차원에서 상명하복을 위반한 선원에게 태형을 가하기도 한다. 전투에서 사망한 승조원은 전염병 예방 차원에서 최대한의 예우와 함께 바다에 수장한다. 명령과 원칙을 중시하는 함장의 리더십도 부하의 생명을 구하기 위해 유연성을 발휘하기도 한다. 나뭇잎으로 위장하기 위해 녹색으로 진화한 갈라파고스의 자벌레에 착안해 포경선으로 위장해 무장이 강한 적선을 유인해 나포하는 전략은 담력과 용기에 근거한다. 목숨을 걸고 적선으로 넘어가 총칼은 물론 임진왜란 당시 조선이 사용한 비격진천뢰와 유사한 수류탄을 투척해가며 적함을 제압하는 장면에서는 백병전(Hand to Hand Combat) 이상의 치열함이 묻어난다.[*]

만약 당시의 전함을 실제로 목격하고 싶다면 프리덤 트레일의 끝자락 보스턴 항구에 전시된 USS 컨스티튜션호를 찾아가기를 권장한다. 독립 초기에 활동했던 미군의 전함을 아직도 해상에 전시하고 있기 때문이다. 여기서 공화국인 미국 전함의 별칭 USS(United States Ship)는 왕국인 영국 전함의 별칭 HMS (Her/His Majesty's Ship)와 구별된다. 또한 아일랜드 더블린의 리피강 하류에는 감자대기근을 피해 목숨 걸고 북미로 향하던 아이리쉬 이민자들을 실어 나르던 목관선(wood coffin ship)이 전시되어 있다.

미국 건국을 전후한 해군 함선이나 목관선의 외관은 영화 캐리비안의 해적에 나오는 영국 함선이나 해적선의 모습과 유사하다. 함선 내부의 선실은 벽과 벽 사이에 해먹을 치는 형태이다. 신선한 우유를 얻기 위하여 암소를 거대한 해먹 위에 거치해 두었다. 화장실은 배 앞머리의 오픈된 공간에 구멍을 내서 해결했다. 함장의 사무실은 온갖 해도와 망원경 및 무기로 가득 차 있다.

보스턴 항구에 자리한 조선소 부지	미국 건국 초기의 해군 전함

Chapter 02

66일 간의 세미 세계일주 중반부: 남미

남미 일주의 관문 페루 리마의 가치

남미 여행을 준비하며 페루의 수도 리마가 남미 일주의 시발점 역할을 수행한다는 사실을 알았다. 한국을 출발한 여행자 대부분이 미국을 경유해 리마로 입성하기 때문이다. 물론 스페인어에 능통하거나 동행이 있다면 카리브해를 대표하는 휴양지 멕시코 칸쿤이나 쿠바 아바나에서 출발해 각기 화산과 운하가 테마인 중미의 코스타리카나 파나마를 경유해 남미로 진입하는 것도 강추한다. 이때 장기 배낭여행자들은 중미 국가에서 3주 가량 체류하며 스페인어 어학연수를 받기도 한다. 저렴한 비용으로 어학연수 전용 기숙사에 오래 체류하며 현지 문화도 익히고 세계 각국의 배낭여행자들과 교류한다는 점에서 1석 2조인 셈이다. 특히 시간과 비용의 부담으로 서구권 유학이나 어학연수가 어려운 학생이나 직장인들에게는 소중한 기회일 수 있다.

북반부에서 출발하여 남미의 초입인 콜롬비아나 에콰도르에 들러 고산지대 트레킹이나 갈라파고스 생태관광에 도전하는 것도 유용하다. 하지만 나는 시간과 안전을 고려해 이곳은 다음 번 중미여행으로 미루는 대신에 페루 리마에서 시작하는 단체 배낭여행을 선택하기로 했다. 국내에서는 주류 여행사들의 남미 패키지는 물론 내가 선택한 '중남미로 가는 길(인도로 가는 길)'을 비롯해 오지투어, 혜초여행사 등과 같은 단체배낭 전문 여행사도 성업중이다. 패키지와 달리 단체 배낭여행은 가이드가 아니라 길잡이가 교통과 숙박을 안내하는 대신에 현지에서는 자유여행이나 현지투어가 원칙이다. 물론 원활한 자유여행을 위해서는 방문지 명소를 표시한 지도검색이나 여행 책자가 필요하지만 경비절약을 위해 현지에서 정보교류가 가능한 팀을 짜거나 단체 버스를 수배하기 때문에 저렴한 패키지로 간주해도 무방하다. 사실 22명으로 구성된 우리 팀에는 영어를 모르는 70대 참여자들도 다수였지만 다들 무리없이 여행 일정을 소화했다. 당초의 예상과 달리 청년들보다 어르신들이 다수를 차지하는 배낭여행팀의 구성에서 최근 화제가 되었던 여행프로그램인 꽃보다 할배나 누나의 위력을 실감했다.

우리나라 반대편에 위치한 남미가 여행자들을 유인하는 요인은 다양하다. 신대륙 발견 이전 1만 5,000년 동안 구대륙과의 교류가 단절된 거대한 섬으로 존재해 왔기 때문에 문화와 지리가 모두 독특하다. 에콰도르 앞바다 갈라파고스 제도의 동식물이나 칠레 앞바다 이스터 섬의 모아이 석상이 대표적이다. 페루의 고산지대에서 발전한 잉카문명이 남미 여행의 촉발자라면 볼리비아의 우유니 소금사막은 도전을 유발하는 자극제의 역할을 담당한다. 아르헨티나의 땅끝 빙하에서 시작해 브라질의 아마존 밀림 사이에는 대평원, 이과수, 리우해변, 아마존 등과 같은 명소들이 산재해 있다. 물론 남미는 혼혈이 당연시되는 지역적 특성으로 인해 문화적 다양성을 존중하지만 매판자본이 득세하는 과정에서 발생한 빈부격차로 인해 치안이 불안하다. 특히 콜롬비아와 베네수엘라의 경우 마약전쟁과 자원의 저주가 초래한 후유증이 심각한 것으로 알려져 있다. 그리고 갱단이 확보하는 브라질 빈민가의 안전도 담보하기 어렵다.

단체 배낭여행팀과 만나기 3일 전에 페루 리마에 입성해서 현지 분위기를 체험해 보니 언어 장벽과 신변 불안이 꽤나 심각했다. 영어만으로 자유로운 의사소통이 어려울 뿐만 아니라 곳곳에 위험요소가 산재해 있다. 야간에는 구도심으로 향하는 택시의 안전을 담보하기 어려워 리마 교민들도 콜택시나 우버에 의존한다고 한다. 페루에 소재한 대한민국 대사관이 작성해 배포한 '페루 안전하게 여행하기'를 꼼꼼하게 살펴보니 야간 구도심, 해변 진입로 등 곳곳에 간과하기 어려운 위험요소가 있었다. 페루, 멕시코, 필리핀 등 한때 스페인 식민지를 경험한 나라들이 왜 안전을 위해 치안을 구매하는 지경에 이르게 되었는지를 계층 간 격차와 분리현상이 우려할 단계에 진입한 우리 입장에서도 참고할 대목이다.

안데스 고산지대를 비롯해 좌우의 해안과 밀림으로 국토가 삼분된 페루는 볼리비아나 파라과이와 더불어 남미에서 경제적으로 낙후하고 원주민의 비중이 높은 국가이다. 최근 그동안의 부진을 만회하려고 두 자릿수 고속성장을 구가했지만 아직은 발전된 국가(developed country) 선진국이 아니라 발전도상국가(developing country) 후진국에 불과하다. 페루는 1인당 GDP가 1만 달러에 근접하지만 서민들을 위한 사회간접자본과 공공서비스는 취약하다. 리마에 도착해 공항을 나선 택시는 심한 정체와 경적에 시달리기 다반사이고 도시 외곽에는 동남아에서 보편화된 승합차 버스나 오토바이 택시도 자주 보인다. 하지만 사계절 온화한 날씨와 일상인 슬로우 라이프 덕분인지는 몰라도 도심 곳곳에 마련된 공원을 즐기는 시민들과 주택가 테라스를 장식한 화분에서 우리보다 각박하지 않은 삶의 여유를 느낄 수 있었다.

지금도 계속 발굴되고 있는 잉카의 유적은 혼혈의 광풍과 가난에 지친 페루인들의 정체성을 강화시키는 동력이자 자긍심이다. 피사로의 무자비한 정복에 맞서 항쟁의 길을 걸었던 선조들의 무용담은 후손들의 자긍심으로 남아 있다. 남한산성과 친일청산을 비롯해 역사의 길목마다 지속적으로 흔들린 우리의 뒤틀린 역사와 대비되는 대목이다.

페루의 수도 리마는 인구 800만의 거대 도시로 지방의 가난한 원주민들이 몰려드는 기회의 땅이다. 1970년대 중반 지하철 개통을 전후한 서울의 모습을 연상시키는 리마는 정체와 매연이라는 문제를 좀처럼 해결하지 못하고 있다. 또한 우리의 영등포나 청량리 쪽방촌과 유사한 변두리 빈민가에는 유독 공사중인 건물들이 많았는데 비싼 보유세를 절감할 목적이라고 한다. 더불어 우리의 위성도시에 해당하는 수도 외곽지역에는 무허가 주택들이 난립하고 있었는데 양철 지붕에 합판 벽체로 간신히 가옥의 형태를 유지하고 있었다. 그래도 다행인 것은 빈민 문제의 심각성에 부응해 정부가 무허가나 요금체납에도 불구하고 전기나 수도와 같은 유틸리티를 제공한다는 점이다.

하지만 우리의 강남이나 해운대구를 연상시키는 해안가 신도시 미라플로레스는 다양한 문화시설과 공원시설 및 쇼핑센터가 밀집해 있다. 이곳의 발전된 모습은 민박집 사장님으로부터 전해 들었던 미식의 도시라는 리마의 명성에 대한 의문을 풀어 주었다. 다른 한편으로 우리 서울의 고질병인 강남북 균형개발의 필요성을 절감하는 대목이다. 리마가 주는 교훈에 부가해 리마를 위한 제언을 첨가하자면 페루 여행의 관문 리마가 주변에 산재한 관광도시인 이카, 나스카, 쿠스코, 우하라스, 이키토스 등을 오가며 들르는 경유지를 탈피해 장소마케팅 차원에서 고유한 매력을 발산하기 위해서는 오랜 역사와 결부된 고품격 식문화의 대중화에 주력해야 한다.

리마 대통령궁 인근의 원주민 퍼레이드

이처럼 열악한 리마의 구도심이지만 우리의 청와대처럼 대통령궁 주변에는 권력의 상징과 역사의 유산이 대거 포진해 있다. 대통령궁 앞의 광장에서는 다소 이상한 조합이지만 원주민 복장과 군화를 착용한 일단의 무리가 탭댄스를 연상시키는 리듬을 발산하며 퍼레이드를 벌이고 있다. 그리고 정오가 되면 스페인 왕궁을 연상시키는 대통령궁 앞뜰에서는 도로까지 차단하고 기마대를 동원한 화려한 경비병 교대식을 개최한다. 물론 관광객이나 내국인들을 위한 눈요깃거리로 치부할 수도 있지만 20세기 중반의 페루 못지않게 악명이 높았던 한국의 군사정부가 떠올랐다. 군사정부 시절 청와대가 경복궁에 경비부대를 주둔시킨 상태에서 우리 사회의 명망가들까지 참여시키는 대규모 국기하강식을 거행하거나 학생들에게 국민교육헌장을 암송하도록 강요하며 사회기강을 다잡기도 했다.

페루를 대표하는 문화유산은 스페인을 연상시키는 도시계획과 건축물이다. 마드리드처럼 주요 광장을 중심으로 방사선 도로를 구획하거나 바르셀로나 사례를 통해 알 수 있듯이 직사각형으로 구획을 설정하는 방식이다. 이렇게 구획된 구도심의 요소마다 도시의 역사를 대표하는 건축물들이 자리하고 있다. 스페인과 달리 건축물의 다양성이 제한적인 리마에는 주요 성당들이 문화유산의 대표주자이다. 구도심 역사지구에 밀집한 성당 순례는 마침 일요일 오전이라 미사 장면을 직접 목격할 수 있었다. 특히 프란치스코 수도회가 운영하는 성당의 경우 수사들이 성당 중앙에 도열해 엄숙한 분위기를 연출하고 있었다. 중남미의 가톨릭은 해방신학의 태생지답게 진보적인 사회변혁의 구심점 역할을 수행했다. 오래된 실화지만 살바도르 군부 독재에 온몸으로 대항했던 신부님을 비롯해 최근에 아르헨티나 출신으로 교황이 된 프란체스코는 특유의 진보적 행보로 유명하다.

리마 대통령궁의 근위대 교대식

페루는 해안과 산악 및 밀림을 겸비한 나라이기 때문에 자원이 풍부하다. 한때 어업이 번성하기도 했으며 남미가 원산지인 감자도 다양하다. 신대륙 발견 이후 세계로 퍼져나간 구대륙의 감자가 소수의 개량종에 의존하고 있는 세태와 구별되는 대목이다. 일례로 미국 아이다호 감자와 같은 개량종은 프랜차이즈 식당의 영업망을 통해 상업화에 성공하였다. 그러나 소수의 우량종에 대한 과도한 몰입은 19세기 중반 아일랜드에서 발생한 감자대기근과 같은 참사의 단서를 제공할지도 모른다.

바나나와 망고 같은 열대 과일도 리마 인근 오하시스 농장지대나 아마존 밀림의 상류에서 대거 출하되고 있다. 나아가 고산지대의 일교차와 부족한 수분이라는 스트레스를 감내하는 과정에서 달콤해진 포도주의 경쟁력도 탁월하다. 한국과 칠레의 FTA 체결을 계기로 국내에서 손쉽게 접하는 칠레산 포도나 와인도 실상은 페루 농민들이 재배한 경우가 많다고 한다. 경북 영덕이 탁월한 홍보역량을 발휘해 일찍이 대게의 원조로 자리를 잡았지만 실상은 울진이나 삼척 앞바다에서 주로 잡히는 것과 비슷한 이치이다.

리마를 비롯해 페루의 해안지대는 낮은 고도와 빈약한 강수량에도 불구하고 남위 15도 내외로 북위 15도 내외의 열대성 기후 지역에 비해 서늘하고 건조한 편이다. 이는 남극 인근에서 차가운 홈볼트 해류가 남미 대륙을 따라 올라오기 때문이다. 이렇게 낮은 온도의 해류가 더운 공기층과 만나 '잉카의 눈물'이라고 불리는 안개와 동쪽에서 서쪽으로 부는 무역풍을 만들어 낸다. 최근에는 이상 기후로 인해 수년 주기로 페루 해안 사막지대의 기온이 상승하고 폭우가 내리는 대신에 적도 인근의 인도네시아 밀림에는 가뭄이 발생하곤 하는데 이를 엘리뇨 현상(적도 해수 온도 상승)이라고 한다. 반대로 라니냐 현상은 페루 해안의 수온이 급격히 내려가고 추위가 찾아오면 아시아나 남태평양에 홍수가 발생하는 경우를 지칭한다.

이러한 지리적 특성으로 인해 리마 공항에서 도심으로 진입하는 해안도로는 백사장이 아니라 황량한 벌판을 연상케 한다. 민박집 인근의 수려한 공원도 자연식생이 아니라 인공적인 조경의 산물이라고 한다. 아침잠을 깨우는 청아한 목소리의 새들도 안데스의 품속에서 특별하게 진화한 존재들이다.

한편 남미의 지리를 동서로 양분하는 안데스 산맥은 남태평양 심해의 나스카 지각판과 남아메리카 대륙판의 충돌로 만들어졌다. 이처럼 불안전한 지각은 인도네시아 발리와 마찬가지로 지진과 화산활동을 촉진한다. 실제로 1970년 페루의 북부해안도시 투르히요와 침보테에서 대지진이 발생하기도 했다. 잉카의 수도 쿠스코에서는 태양신전 코리칸차를 허물고 산토도밍고 성당을 지었는데 1650년과 1950년 지진으로 파손되었다. 하지만 12각 돌담으로 유명한 잉카의 건축물들은 확실한 내진성능을 발휘하였다.

페루에는 북반부와 유사한 모습의 새들이 살지만 소리나 습성은 특이하다. 특히 안데스 계곡에 사는 콘도로의 경우 1만 미터 상공까지 상승해 사냥감을 포착한다고 한다. 원주민들은 이러한 콘도로에 대해 인간사를 하늘에 전하는 메신저로 간주해 숭배했다고 한다. 실제로 고산도시 쿠스코에는 콘도로를 테마로 한 축제까지 개최된다고 한다. 또한 안데스의 4대 동물은 야마, 알파카, 구아나코, 비쿠나 등이다. 구아나코와 비쿠나가 안데스 자생종인 반면에 야마와 알파카는 원주민들이 의복과 고기를 얻기 위해 방목하며 개량한 혼혈종이다.

중미를 대표하는 마야나 아즈텍에 부가해 남미를 대표하는 광의의 잉카 문명은 기원전 1,500년 경부터 시작해 안데스 고원지대에 차빈, 파라가스, 나스카, 모체, 와리 등 10여 개 유적이 분포되어 있다. 하지만 문자를 사용하지 않아 고고학자들이 나스카의 지상그림이나 마추픽추의 조성 경위를 파악하기는 어렵다. 또한 잉카 문명의 창시자들이 해수면이 낮아진 베링해를 걸어서 온 사람들인지 남태평양에서 배를 타고 타이티와 이스터 섬을 경유해 남미에 도달하였는지 논란이 종식되지 않은 상태이다.

잉카의 종말은 1492년 콜럼버스의 신대륙 발견으로 시작되었다. 1532년 엘도라도를 찾아 스페인을 떠난 180명의 피사로 부대가 파나마를 중심으로 신대륙을 탐험하다가 잉카의 존재를 확인하게 된다. 에콰도르를 경유해 잉카의 수도 쿠스코에 근접한 피사로 진영은 수십년 간의 전쟁까지 불사하며 1572년 왕조를 멸망시켰다. 잉카의 멸망 원인은 코르테스에 의해 멸망한 아즈텍과 마찬가지로 적의 실체를 신으로 오인한 점, 내부 리더간의 갈등, 스페인 전투문화의 우수성 그리고 유럽에서 전파된 세균 등이다.

페루는 대다수 남미국가처럼 20세기 중반에 군부통치를 경험하였다. 군부 구테타가 빈발하는 과정에서 사회주의 노선이 부상하기도 했지만 군정과 민정, 보수와 진보의 가교 역할을 자임한 일본계 2세 후지모리가 1990년 정권을 장악하였다. 그는 집권 이후 보수지향의 경제개혁은 물론 빈민층의 생활개선을 병행하여 인기를 끌었다. 하지만 그는 재임기간 동안 반란군을 진압한다는 명목으로 수천명을 학살했으며 군부의 지원을 받아 의회와 법원을 해산하는 등 독재정치를 펼치다 2001년 실각했다.

일본에서 망명생활을 하다 2007년 귀국해 25년형을 선고받고 투옥중인 그에 대한 평가는 극단적이다. 일본계 70만과 도시 빈민층의 지지를 앞세운 석방 구호를 리마 외곽의 양계장이나 농장 지대에서 쉽게 목격할 수 있었다. 2017년 12월 쿠친스키 대통령의 탄핵안 부결을 매개로 집권 여당과 후지모리 지지정당인 '대중의 힘'이 담합한 결과 후지모리 석방이라는 목표를 달성할 수 있었다. 하지만 이러한 결정에 대한 반대여론과 대중시위도 만만치 않은 상태이다.

한편 페루에서는 2001년 후지모리가 물러난 이후 가난한 원주민 출신의 톨레도가 집권하였다. 그는 잉카민족주의라는 확고한 지지기반에도 불구하고 긴축정책에 실패하면서 공공부문 종사자들의 시위를 촉발시켰고 급격한 지지율 하락을 경험하였다. 또한 후지모리의 또 다른 정적이자 중도 진보를 추구한 가르시아 대통령에 이어 2011년부터 5년간 대통령을 역임한 중도 보수 성향의 우말라 대통령도 지금은 부정부패 혐의로 구속되어 후지모리의 감방 동기로 생활하기도 했다.

해안가 사막지대에 그려진 문명의 흔적

교통지옥으로 유명한 리마 도시탐방을 무사히 마친 우리 배낭팀은 쾌속질주가 가능한 판 아메리칸 하이웨이를 이용해 인근의 관광도시인 피스코, 이카, 나스카를 1박 2일 일정으로 둘러보았다. 첫 번째로 들른 여정 피스코에서는 인근의 파라카스 항구로 이동해 보트를 타고 인근 반도의 해안선에 선명하게 그려진 촛대 모양의 상징물 유적인 칸데렐라를 경유해 새똥 비료인 '구아노'로 유명한 바예스타 섬을 둘러보았다.

다음 여정인 이카에서는 사막의 오하시스 마을 와카치나를 찾아갔다. 둔황의 초생달 모양 오하시스를 연상시키는 수려한 모습의 오하시스는 배낭여행자들이 장기체류하는 명소이다. 거대한 모래사막의 능선이나 오하시스 주변을 산보하며 휴양지의 품격을 느낄 수 있기 때문이다. 더불어 모래사막을 질주하는 버기카 체험이 가능하고 지역 명주인 피스코 샤워도 유명하다. 포도주를 증류한 피스코는 42도 내외로 코냑과 유사하지만 지역의 명물인 피스코 샤워는 피스코 원액에 부가해 레몬, 시럽, 계란 흰자 등을 혼합해 먹는 브랜디의 일종이다.

마지막 일정인 나스카에 도착하니 해가 진 상태

사막의 휴양도시 이카의 오하시스

사막을 관통한 도로변 전망대에서 본
나스카 라인

였다. 시내에서 숙박을 하고 일행의 일부는 다음날 아침에 경비행기 투어에 참여하였다. 하지만 10미터 높이의 전망탑에 올라가는 것만으로 희미하게나마 나스카 라인의 흔적을 발견할 수 있었다. 비가 좀처럼 오지 않는 사막지대라 땅을 쟁기로 파헤친 듯한 라인의 흔적이 오랫동안 훼손되지 않고 보존된 것이다.

해안 일정을 마치고 리마로 귀환하자 배낭여행 길잡이는 일단 호텔에서 충분한 휴식을 취하도록 배려하였다. 불과 몇 달 전만 해도 배낭여행 팀은 나스카에서 버스를 이용해 쿠스코로 이동하였지만 불안해진 치안사정으로 인해 이제는 리마에서 항공편으로 이동한다고 한다. 버스로 이동시 점진적으로 고도가 올라가기 때문에 고산적응에 유리하지만 비행기를 이용하면 갑작스런 고도변경으로 몸에 무리가 오는 경우도 있다고 한다. 평소 건강관리가 여행의 안전을 담보하는 최고의 덕목이지만 적절한 휴식과 고산병 약의 사전복용도 필요한 조치이다.

앞으로 한달간 남미를 누빌 대다수 배낭여행 팀원들과 달리 나는 개별적으로 2주 동안 런던과 뉴욕을 경유해 리마에 미리 입성했다. 따라서 고도에 앞서 적응이 필요한 시차에서 그만큼 유리한 입장인 것이다. 하지만 보스턴을 떠나 리마로 오는 과정에서 이번 여행의 하이라이트인 남미를 목전에 두고도 좀처럼 흥이 나지 않았다. 시차가 문제가 아니라 그동안 누적된 여행의 피로가 문제였던 것이다.

장기 여행은 쉬어가며 하는 것이 진리이다. 하지만 내가 매일 지불하는 상당한 숙식비용을 생각하면 멍때리며 쉬기가 쉽지는 않다. 특히 뉴욕이나 보스턴의 경우 유럽에 비해서도 체류비 부담이 가중되는 지역이다. 현지 한인들도 자주 외식하며 살기는 부담스러운 지역이라고 한다. 하지만 그곳의 민박은 여행자들의 편의보다는 자신들의 프라이버시를 중시하기 때문에 숙식제공은 물론 자발적인 취사도 허용하지 않는 편이다.

빼곡한 여행일정과 각박한 민박생활을 마치고 도착한 리마 민박집은 하숙집 분위기를 연상시켰다. 정성스럽게 준비한 음식도 정갈했지만 방 안 책상에 앉아 여행기를 쓰면서 커다란 창문으로 내다보는 평온한 신록도 푸근하다. 지금 서울은 얼음과 눈의 나라로 진입한 상태이다. 따라서 이번 여행의 최대 수확은 겨울의 추위를 피했다는 점이라고 해도 과언이 아니다.

여행지에서는 자연경관이나 문화유산에 부가해 사람들의 얼굴을 살피는 일도 흥미로운 경험이다. 우리와 비슷한 얼굴을 발견하는 일은 여행의 흥미를 배가시키기 때문이다. 페루, 멕시코, 바이칼, 핀란드, 발칸 등지에서 친숙한 얼굴 모습을 발견하는 경우가 많다. 얼굴에 투영된 행복감이나 여유를 풍기는 행동양식에서 우리가 진정으로 원하는 삶이 무엇인가를 생각하게 된다.

우리보다 가난한 볼리비아와 페루에서 육십 평생의 절반을 보낸 해외동포 한분은 고국을 방문할 때마다 지나가는 사람들을 유심히 관찰한다고 한다. 처음에는 너무나도 친숙한 얼굴이라 반가웠지만 하나같이 불편한 기색들이라 의아했다고 한다. 이는 남미에 비해 경제적으로 부유하지만 그만큼 행복하지 못한 우리들의 현주소다.

스페인의 영향을 받은 남미 국가들은 자원과 환경이 결합된 로하스 스타일을 추구하기 때문에 국민들의 행복도가 높은 편이다. 더불어 남보다 잘살기 위해 과도하게 경쟁하는 스트레스도 회피하는 편이다. 심각한 빈부격차나 높은 범죄율에도 불구하고 비정상적으로 높은 행복지수는 이러한 사회분위기와 밀접한 관련성을 지니고 있다.

2010년 가족과 함께 플로리다 탈라하시에서 연구년을 보낸 적이 있다. 당시 탈라하시 전역에 산재한 푸르른 소나무가 나를 감동시킨 기억이 떠오른다. 아침에 아이들이 학교에 가면 동네 산보를 즐기거나 여기처럼 정원의 조경이 아름다운 거실 창가에서 글쓰기 작업을 했다. 내가 앉아 있는 이 자리가 하숙집에 장기투숙한 한국인 자원봉사자나 파견근무자들이 선호했던 자리라고 한다. 나도 나중에 기회가 된다면 한국국제협력단(KOICA)이나 한국국제교류재단의 국제협력 사업으로 해외봉사 활동에 참가할 수 있게 되기를 소망해 본다.

잉카 제국이 멸망한 이유

지구촌 최대의 고산문명 마추픽추를 찾아가는 여정은 험난했다. 지도상으로는 관문도시인 쿠스코에서 그리 멀지 않지만 버스 2시간과 기차 2시간을 갈아탄 다음에야 입구 마을에 여장을 풀 수 있었다. 강렬한 태양을 피해가며 마추픽추 유적은 물론 인근의 고봉인 와이나픽추 등정과 유적 진입구의 잔도인 잉카다리 트레킹을 동시에 완수하기 위해서는 새벽 5시에 호텔을 나서는 경우도 많다. 아침식사로 호텔에서 제공하는 도시락 봉투를 챙겨 오전 6시부터 운행하는 셔틀버스를 타고 봉우리를 30분 동안 휘감아 돌아야 유적지에 도착한다.

관문 쿠스코를 비롯해 잉카 유적지에서는 고산병의 위력을 실감하는 경우가 많다. 우리 팀은 리마 공항을 이륙하기 직전에 길잡이의 권고에 따라 리마 시내 약국에서 사두었던 '소르체필'이라는 고산병 약을 복용했다. 하지만 원주민들이 고산병 예방을 위해 차로 상복하는 코카잎 성분을 가공한 소르체필의 약효에도 불구하고 팀원의 일부는 크게 흔들렸다. 한국에서 고산병 약을 처방받아 복용했다는 일부 팀원들은 증세가 더욱 심했다.

잉카 마추픽추와 와이나픽추

마추픽추로 통하는 외나무다리 잔도

고산지역에서 생존하기 위해서는 식수와 식량 확보가 필수적이다. 봉우리 사이에 조성된 마추픽추에는 건물마다 수로가 연결되어 있다. 안데스의 고봉들이 흘러가는 구름을 잡기 때문에 연중 충분한 비가 내린다. 식량을 책임지는 계단식 다락밭은 마을에서 시작해 와이나픽추 산정까지 이어진다. 베트남 사파의 수백층 다락논처럼 광활하지는 않지만 소규모 부족의 민생고 해결에 부족함이 없는 생존의 원천인 것이다.

우리나라에서는 지금도 전원마을 터나 조상의 묘를 정할 때 지관의 도움을 받는 경우가 많다. 풍수지리에 순응해야 탈이 없고 복을 받는다는 것이다. 아마도 오래전부터 이어진 비보풍수의 논리가 현대에도 계승되고 있는 것이다. 자연의 취약한 부분을 인공적인 구조물로 보완한다는 비보풍수의 논리는 마추픽추의 설계에도 적용된 것으로 보인다.

다시 돌아온 쿠스코는 잉카의 수도였다는 흔적을 찾기가 어려웠다. 12각으로 유명한 돌담이나 태양의 신전터인 고리칸차에 지어진 산토도밍고 성당 및 소박한 민속박물관에 오래된 생활의 흔적들이 전시되어 있다. 오히려 피사로의 점령 이후 지어진 스페인풍의 건물들이 수백년 세월에 고색창연한 모습으로 빛을 발하고 있을 따름이다. 하지만 우리는 안데스의 품안에 자리한 쿠스코의 아늑한 평원에서 수도의 풍모를 발견할 수 있다. 지리산 형제봉 자락에 위치한 토지문학관에서 바라보는 넓은 악양 들판에서 느끼는 분위기와 유사하다.

쿠스코가 위치한 고산평원의 중앙에는 공항이 자리하고 있다. 따라서 리마에서 출발한 비행기가 착륙하는 과정에서 양 옆의 구릉지에 콘도르의 날개처럼 조성된 도심의 외곽을 감상할 수 있다. 1박 2일의 마추픽추 관광일정을 마치고 높다란 고개를 넘어 귀환하는 길에서 마주한 쿠스코의 야경도 깨끗한 공기만큼이나 영롱하고 선명했다. 더불어 도심의 중앙로를 장식한 루미나리 장식과 트리의 조명도 관광객들의 가슴을 설레게 한다.

잉카의 수도 쿠스코에 필적하는 지구촌 고산도시는 히말라야 인근에 위치한 라다크의 수도 레와 부탄의 수도 팀부를 들 수 있다. 지금도 이곳을 방문하기 위해서는 고산병의 위협을 비롯해 폭설, 비자 등과 같은 자연적, 인공적 장벽을 극복해야 한다. 아마도 외부 세계와의 의도적인 고립이 이곳의 정체성을 지키는 유용한 수단인 것이다.

쿠스코 여정의 마지막 날인 오늘은 체크아웃을 마치고 단체로 짐을 맡긴 다음 호텔 3층 로비에 자리를 마련했다. 특별한 관광일정이 없기도 했고 어제 저녁 도착해 쿠스코의 분위기를 탐색했기 때문이다. 쿠바의 스페인풍 전원마을 트리니다드와 분위기가 비슷한 쿠스코는 계곡 사이의 평원과 양쪽

잉카 쿠스코 인근의 산악 염전

언덕에 자리한 빨간색 기와지붕이 평화스럽다. 오늘 푸노로 떠나는 야간버스가 밤 10시에 출발하기 때문에 도심지 관광은 석양 무렵에나 시도할 생각이다.

대양주 지역 못지않게 남미의 태양도 강렬했다. 단체관광을 시작하던 첫날 대통령궁과 피노치노 해양관광에서 코에 화상을 입고 말았다. 그래서 오늘은 강렬한 태양도 피하고 그동안 밀린 여행기도 써볼 겸 호텔 로비에 터를 잡았다. 잉카의 유적은 거석문화를 제외하고 그다지 매력적이지 않아 보였다. 룸메이트로 만난 미술 선생님의 사전검색 결과에 따르면 박물관에도 도자기를 제외하고 별다른 유물이 없다고 한다. 아마도 지식의 보고인 문자의 부재와 스페인 침략자들의 파괴가 문화의 빈곤에 영향을 미친 것으로 보인다.

어제 방문했던 은둔의 왕국 마추픽추와 와이나픽추도 잉카 제국이나 스페인 침략자를 피해 자신들의 은거지를 마련한 이들의 터전이었을 것이다. 유방을 도와 한나라 건국에 일조했지만 토사구팽의 위기를 피해 지금의 후난성 북서부 장자제 인근 토가족 마을로 은거하였다는 장량의 일화와도 유사하다. 고산의 봉우리에 건설한 마추픽추나 장자제의 은거지는 항공탐색을 배제한 상태에서 발견하기 어렵다. 실제로 이들 지역이 외부 세계에 본격적으로 알려진 것은 그다지 오래된 일이 아니다. 더불어 사막에 선을 그어 조성한 나스카 라인도 경비행기 투어에 참여해야 전모를 파악하기 용이하다고 한다.

남미에 위치한 잉카 문명의 경우 북미 지역의 마야나 아즈텍보다 문명형성

에 불리한 적도 인근이었던 관계로 고원도시가 발전했다. 더불어 미국 기병대에 밀려난 미국 남부의 인디언들과 마찬가지로 잉카의 후예들도 총·균·쇠를 앞세운 스페인 정복자들을 피해 깊은 산속으로 들어간 측면도 존재한다.

콜럼버스가 쿠바를 발견한 직후에 아메리카 공략을 선도한 스페인의 경우 농업에 유리한 카리브해 연안과 광업에 적합한 안데스 산맥에 주력하였다. 따라서 북미와 남미의 고위도 지역들은 18세기 이후 아메리카에 도착한 후발 이민자들의 개척지로 남아 있었다. 실제로 미국 중서부나 아르헨티나 평원의 개발이 본격화된 것은 상대적으로 최근의 일이다. 이처럼 아메리카 고대 문명들이 예외 없이 후발 정복자들에게 허망하게 무너진 배경에는 간빙기 이후 계속된 유라시아와의 지리적 단절이 지속된 일에 주목해야 한다. 일례로 옥수수에 일방적으로 의존하는 과정에서 발생한 영양의 부족이나 라마를 제외한 가축의 미활용으로 대규모 농업의 확산이 지연된 일이 대표적 이유이다.

결국 남미를 대표하는 잉카 문명은 고산지대의 특성상 외부와의 교류나 경제력이 빈곤한 은둔의 왕국이다. 방어에는 유리하지만 발전에는 불리한 지정학적 요건으로 인해 외부의 충격에 취약했다. 구대륙과 단절된 신대륙의 발전이 지체되는 과정에서 잉카의 정체도 가속화되었고 피사로 군대의 지속적인 무력 시위에 무너지고 말았다. 일본 군대의 무력에 손쉽게 무너진 동학혁명이나 대한제국의 모습을 떠올리게 하는 대목이다.

쿠스코 시내 공원과 마을   쿠스코 시내의 스페인풍 기와집

볼리비아의 자랑 라파즈와 우유니

**❝하얀 소금사막이
끝없이 펼쳐진
우유니❞**

남미의 중부에 위치한 내륙국가 볼리비아는
고산도시 라파즈와 소금사막 우유니로 유명하다.
나의 볼리비아행은 페루의 호반도시 푸노에서 라
파즈행 버스를 타면서 시작되었다. 푸노를 떠난
버스는 티티카카 호수의 남단을 끼고 달리기 시
작했다. 호수 주변에 펼쳐진 거대한 감자밭은 원
주민을 먹여 살리는 원천이다.

푸노에서 목격한 상류의 호수지대는 도시의
하수도에 원주민 수상마을까지 밀집한 관계로 상
당부분 오염이 진행된 상태였다. 하지만 볼리비
아 라파즈행 버스에서 목격한 호수는 바이칼을
연상시킬 정도로 광활하고 깨끗했다. 바이칼의
초입인 이르쿠츠크 주변이 조금 오염된 것과 비
슷한 상황이다. 티티카카 호수 저편으로는 6천미
터급 설산 10여 개가 파노라마를 연출한다. 간간
히 산재한 원주민들의 주거지는 수도 라파즈에
가까워질수록 흙집에서 벽돌집으로 바뀌어간다.

호숫가 인근의 실개천에는 빨래하러 나온 주
민들이 한 무리다. 상수도 요금이 부담스러워 수
도꼭지에 자물쇠를 채운다는 원주민들의 열악한
경제사정 때문일 것이다. 남미의 하수도는 상수

티티카카 호수의 수상 주거지

페루에서 볼리비아로 향하는
티티카카 호수의 도선

도에 비해 사정이 열악하다. 쿠바의 중소도시처럼 볼리비아 중소도시도 하수도 냄새가 진동한다. 정화조나 분류식 하수관이 충분히 보급되지 못했기 때문이다.

볼리비아의 수도 라파즈는 해발 3,700미터에서 4,000미터를 넘나드는 거대한 분지의 모든 곳에 건축물이 빼곡하게 자리한 고밀도 도시이다. 분지의 상단과 하단을 연결하는 경사면의 집들은 요즘 유행하는 테라스형 아파트를 연상케 한다. 적색 블록이 테마인 집들은 우리의 3～4층짜리 원룸과 유사하다. 아홉 개의 작은 구멍이 난 적색 블록으로 지어진 집들은 과거 우리가 가난했던 시절 주택 건축 소재로 주로 사용했던 어른 팔뚝만한 3구멍 시멘트 블록을 연상시킨다.

또한 상단과 하단을 연결하는 막대한 교통수요에 탄력적으로 대응하기 위해 최근에 몇 개의 대중교통용 케이블카 노선이 개통되어 관광객들의 즐길 거리로 활용되고 있다. 스키장 곤돌라와 유사한 라파즈의 케이블카는 노선의 다양성과 길이는 물론 이색적인 풍광에서 타의 추종을 불허한다. 특히 유럽 도시에서 대중교통으로 사용중인 트램과 비교해도 양과 질 모두에서 압도적이다.

볼리비아는 1인당 국민소득 3,500달러 수준으로 인접한 파라과이와 더불어 남미의 빈국이다. 볼리비아와 파라과이는 인접 국가와의 무모한 전쟁에서 패해 각기 국부와 직결된 해안의 항구와 이과수 폭포의 관할권을 상실하였다는 점에서 국제분쟁시 외교적 해결의 중요성을 일깨우고 있다. 북한의 핵과 미사일을 봉쇄하기 위해 전쟁불사를 외치고 있는 한국이나 미국의 강경파가 숙고할 대목이다. 지금도 볼리비아는 외교적 노력을 통해 항구를 확보하려 노력하지만 문제의 해결은 계속 지연되고 있다.

볼리비아는 체 게바라가 마지막까지 민중해방을 위한 게릴라 활동에 헌신하다 사살된 곳이다. 이러한 이유로 라파즈 시내에는 그의 숭고한 열망을 기리

케이블카 상부 정류장에서 바라본 라파즈 전경

달의 계곡과 인접한 라파즈 중산층 주거지대

는 동상이 세워져 있다. 사회주의 낙원을 꿈꾸었던 그의 열망은 현직 대통령 모랄레스가 계승한 상태이다. 하지만 빈부격차 해소에 초점을 부여한 그의 정책은 자본가들의 불안을 유발하고 있다. 모랄레스의 집권 이후 토지의 자산가치보다 활용가치를 중시하는 방향으로 정책변화가 이루어졌다. 이는 빈민들이 단체로 다른 사람의 소유지에 들어가 경작하거나 정착할 경우 그 권리를 인정하는 방식이다. 이에 투자이민으로 어렵게 일군 부에 대한 안정적 유지가 어렵다고 판단한 우리 교민의 일부도 인접 국가로의 재이민 대열에 동참하고 있다. 또한 정권유지를 위해 시민들의 생활편의를 중시하는 그의 정책기조는 북한이나 쿠바의 우상화 정책을 연상케 할 정도이다. 실제로 라파즈 일원의 도로공사 현장이나 케이블카 벽면에는 예외없이 그의 은덕을 강요하는 듯한 사진이 부착되어 있다.

물론 미래를 위한 교육이나 경쟁보다는 현실에 안주하며 만족하는 원주민들의 성향을 감안할 때 이들의 지지를 결속해야 정권유지가 가능한 모랄레스의 정치적 대응도 불가피한 측면이 있어 보인다. 남미에 기독교를 전파하기 위해 거대한 예수상을 세운 일이나 불교국가 태국에서 목격되는 거대한 와불도 비슷한 연유이기 때문이다.

이처럼 열악한 상황에 직면한 볼리비아지만 우리가 학습할 장점도 다수 존재한다. 우선 수도를 수크레에서 라파즈로 옮기는 과정에서 독립성이 요구되는 사법부만 수크레에 존치시킨 대신에 입법부와 행정부를 동시에 라파즈로 이전하였다. 외교와 국방을 배제한 제한적 행정기능만을 세종시로 옮긴 우리나라가 미완의 수도이전을 보완하기 위해서는 청와대, 국회, 대사관, 국방부 등의 이전에 적극 나서야 한다는 점을 일깨워 준다.

지방분권 헌법을 촉구하는 우리를 비웃기라도 하듯이 볼리비아는 초원과

정글 및 산악으로 구분되는 3개 기후대는 물론 35개 자치구역의 독자적 정체성을 헌법에 규정하고 있다. 더불어 저지대에 위치한 베라크루즈를 경제수도로 집중 육성하는 방식으로 국토의 균형발전은 물론 고지대 거주의 부담을 완화시키고 있다. 실제로 고지대에 거주하는 볼리비아 중산층이나 한국 교민들은 건강상의 위협을 최소화하기 위해 매년 한두 달 정도씩 산타크루즈와 같은 저지대 도시에 다녀오기도 한다. 실제로 고지대의 압력 때문에 볼리비아의 신생아들은 새가슴 모습을 하고 태어나고 고지대 주민들의 평균수명은 짧다고 한다.

라파즈는 고지대지만 티티카카 호수에서 발원한 강이 시내를 관통하기 때문에 성장할 수 있었다. 식민지 초기에는 분지를 흐르는 강을 경계로 원주민과 개척자들이 거주지를 결정하였지만 지금은 대부분 복개된 상태이다. 다만 라파즈의 관광명소인 달의 계곡 인근 하류에서 강의 실체를 확인할 수 있다. 또한 강 하류에는 리마의 해안가와 마찬가지로 미라 폴로레스라는 신도시 지역이 스페인 개척자 주거지 인근에 조성되어 있는데 우리의 강남과 마찬가지로 여기에 각종 문화와 편의시설이 집중되어 있다.

볼리비아를 비롯한 남미 이민의 전성기는 1980년대 초이다. 초기 산업화의 성공으로 일정한 자산을 축적한 한국인들이 새로운 기회를 찾아 남미 투자이민의 대열에 동참하였기 때문이다. 당시 알선기관인 남미이주공사가 설립되어 투자이민을 장려하기도 했다. 이민자들은 지금과 마찬가지로 투자금 규모나 전문능력에 따라 적합한 나라를 선택하였다. 남미 이민의 역사가 오래된 중국이나 일본과 달리 후발주자인 한국 이민자들은 농업이나 광업과 같은 안정적 사업보다는 부침이 심한 무역이나 상업에 종사하는 경우가 대부분이다.

미국이나 유럽 대도시에서 발견한 사실이지만 차이나타운은 단순한 상업지대를 초월해 중국 이민자들을 위한 문화의 구심점이자 생활의 터전으로 확실히 자리를 잡은 상태이다. 더불어 중국 이민자들의 적응능력은 화교네트워크가 유대인의 금융자본에 필적하는 국제적 결사체로 부상한 사실을 통해서도 잘 나타나고 있다. 유대인들이 르네상스를 전후해 지중해를 탈피해 대서양으로 진출한 것처럼 중국인들도 동남아시아 편향성을 완화하는 방식으로 세계화에 성공하였던 것이다. 또한 페루에만 70만에 달한다는 일본계 이민자들은 후지모리 대통령을 배출했을 정도로 현지에서 확실히 자리를 잡은 상태이다. 1930년대 이후 만주를 경유해 유라시아 대륙으로 진출한다는 꿈을 좌절당한 일본이 새로운 개척지인 남미 진출에 성공한 것이다.

하얀 소금사막이 끝없이 펼쳐진 우유니는 경기도 크기 면적이다. 하지만 소금사막 주변의 모래사막까지 포함할 경우 더욱 광활한 느낌을 준다. 우리 여행팀은 우유니 일대와 안데스를 넘어 칠레의 아타카마에 이르는 2박 3일의 SUV 투어에 참여하였다. 비포장도로를 오래 달리고 열악한 숙박시설에서 묵어야 했지만 남미의 가장 깊숙한 속살을 경험했다는 점에 의미를 부여하였다.

라파즈에서 야간버스를 탄 우리들은 다음날 아침 일찍 우유니 타운에 도착하였다. 인근 식당에서 간단히 요기를 하고 운전기사를 포함해 7명이 한 대의 차량에 탑승해 우유니 투어를 시작하였다. 차량 위에 팀원들의 가방은 물론 연료통까지 몇 개 탑재하고 포장을 치니 오지탐험대 차량을 연상케 한다.

우유니 투어의 시작은 모래와 소금사막의 경계에 위치한 기차무덤에서 시작된다. 볼리비아 사막지대는 전통적 광물인 은과 구리는 물론 전기차 배터리 소재인 니켈이나 리튬의 주산지이다. 오래전부터 광물을 수송하는 철도망이 부설되었기 미국의 중부 사막지대에 위치한 비행기 무덤처럼 기차무덤이 생겨난 것이다. 최근 미국의 비행기 무덤이 유휴 비행기를 보관하는 장소로 재활용되고 있다는 점에서 이곳도 최근 전기차 특수에 따라 가파른 상승세를 보인 광물 가격의 추이를 감안할 때 조만간 차량기지로 탈바꿈할지 모른다는 낙관적 전망을 제시해 보았다.

다음 목적지 물고기 섬은 소금사막 한복판의 돌출부로 선인장들이 자라고 있다. 따라서 우리 차량은 바짝 마른 소금사막을 질주하였다. 소금사막은 반평 크기의 6각형 결정체들이 경계를 표시하고 있지만 차량이 달리는 도로 구간은 마모되어 투명한 빙판을 연상시킬 정도로 매끄러운 상태였다. 투명해진 소금사막의 도로구간은 흡사 눈으로 덮인 바이칼호를 차량들이 정리해 놓은 모습과도 유사했다.

우기의 우유니는 빗물이 소금사막 위에 고이기 때문에 아직 비가 내리지 않은 마른 건기와는 다른 모습을 연출한다. 우기가 되면 낮에는 푸른 하늘과 구름이 사막에 투명하게 반사되어 절경을 이루고 밤에는 하늘의 별이 호수 속에 뿌려져 있는 듯한 장관을 연출한다고 한다. 더불어 일몰이나 일출시에는 태양이 연출한 붉은 빛의 향연을 감상할 수 있다. 따라서 건기에 우유니를 방문하는 관광객들은 동편 화산 아래에서 용출된 지하수가 소금사막을 적시고 있는 지역

우유니 소금사막의 시작을 알리는 이정표

우유니 소금사막의 일몰

에서 아쉬움을 달래야 한다. 비록 운동장 크기의 작은 면적이지만 사진촬영을 중시하는 여행객들의 명소이다.

특히 한국인 관광객들은 SUV 투어차량 기사의 도움을 받아 인생사진 확보에 사활을 거는 경우가 많다. 광활한 소금사막과 푸르른 하늘을 배경으로 점프, 행진, 공룡, 모자 등 약간의 연출을 가미할 경우 멋진 사진을 건지기 용이하다. 최악의 음치에 몸치 성향도 다분한 나는 사진 연출에 자신이 없어 조용히 구경하는 것으로 만족했다. 더욱이 사진을 찍는 일도 중요하지만 온몸의 감각기관으로 풍광을 느끼는 일을 우선나는 것이 나의 오래된 소신이기도 하다. 하지만 주변의 동행들이 정성껏 찍은 사진들을 보니 나의 오래된 고집도 힘없이 무너지고 말았다.

소금사막 투어를 마치고 인근 마을에서 하룻밤을 보낸 우리 일행은 아침 일찍부터 안데스의 속살을 찾아 들어갔다. 비포장도로의 울렁거림으로 몸은 피곤했지만 간간히 접하는 깊은 산맥 안의 명소들은 모든 이들의 감탄을 자아내기에 충분했다. 특히 호수 주변에 운집한 플라멩고의 군무나 화산이 뿜어낸 형형색색의 토사나 암석이 장관을 연출했다.

볼리비아와 칠레 국경에는 화산지대가 나타났다. 하얀 증기가 피어오르고 이제 막 개발이 시작된 노천온천도 인상적이다. 여행에 지친 몸을 족욕으로 달래고 아침식사를 마치면 안데스 횡단여정도 막바지라고 생각하니 아쉬움이 진하게 묻어났다. 불과 어제까지만 해도 피곤해 불평을 토로하던 모습과는 달라진 모습이다.

칠레 국경을 넘어 고산지대에서 한참을 내려오니 아타카마 사막을 끼고 있는 휴양도시가 나타났다. 일부 관광객들은 산티아고에서 이곳까지 항공으로 이

안데스 품안에 깊숙이 자리한 염호

칠레 북부 아타카마 사막

동한 다음 우유니를 향해 출발하기도 한다. 하지만 이 경우 갑자기 고도가 높아지기 때문에 고산적응에 애를 먹는 경우가 많다고 한다.

칠레 아타카마 사막을 대표하는 명소인 달의 계곡은 라파즈에 위치한 달의 계곡과는 사뭇 다른 느낌을 선사한다. 통상 달의 계곡은 어디에 위치하든 명칭처럼 우주에 존재하는 외부 세계에 대한 간접적 경험을 제공한다. 특히 아타카마에 위치한 달의 계곡은 주변이 고요하고 광활해서 일몰을 조망하며 명상에 빠지기에 적합한 장소이다.

아타카마 사막 인근에는 비록 규모는 작지만 우유니와 비슷한 다수의 염호가 존재하기 때문에 소금사막의 풍치도 느낄 수 있다. 또한 사막을 뒤덮은 하얀 소금꽃은 좀처럼 접하기 어려운 비라도 내리면 더욱 활짝 피어난다고 한다. 더불어 풍우가 조각한 기묘한 봉우리들과 소금 결정이 땅속의 압력을 받아 수정으로 변한 모습도 인상적이다.

칠레의 민주화와 산업화를 견인한 주역들

칠레 북부의 사막휴양도시 아타카마에서 중부지방 산티아고로 향하는 항공기 수속을 위해 오랫동안 무거운 배낭을 메고 있었다. 단체이동의 속성상 대열을 이탈하기가 어렵기 때문이다. 연이은 야간버스 이동으로 허리가 약해진 상태에서 추가된 가방의 무게가 시큰거리는 통증으로 나타났다. 나이가 들수록 뼈와 살을 밀착시키는 근력운동이 필요하다는 사실을 절감하는 순간이다.

산티아고 공항에서 시내 호텔로 이동하는 경로에서 목격한 회색빛 아파트와 오염된 강물은 칠레의 수도에 대한 환상을 깨트렸다. 단 하루에 불과한 산티아고 체류일정에도 불구하고 대다수 팀원들이 산티아고 투어를 포기하는 대신에 우리의 인천과 비슷한 항구도시 발파라이소를 선택한 일도 무리가 아니다. 물론 나도 유네스코 문화유산이자 대항해 시절 전성기를 보낸 발파라이소에 가보고 싶었다. 특히 수준급 벽화와 포근한 항구 및 무리노의 시가 어우러진 서정적 풍경의 유혹을 뿌리치기 어렵기 때문이다.

일반적으로 도시의 벽에 그려진 그라피티 아트는 뉴욕과 같은 대도시 흑인들의 전유물이자 분노나 영역을 표시하는 용도로 고안되었다. 그리고 우리는 민주화 운동시절 대학생들이 데모나 가두행진시 스프레이로 자신들의 의사를 표시하는 도구였다. 하지만 발파라이스의 벽화는 지역의 아름다운 풍광을 배가시키는 예술적 가치를 지니고 있다는 점에서 높은 평가를 받고 있다.

칠레 민주화의 상징 아옌데

산티아고의 1순위 방문지는 피노체트의 군부구데타에 맞서 끝까지 저항한 아옌데의 기상이 서려있는 모네다 궁전이다. 대통령궁의 앞마당인 헌법광장에 위치한 동상에서 목격한 그의 모습은 칼보다 펜이 강하다는 사실을 확인하기에 충분했다. 지금은 지하에 문화센터가 들어선 궁전 건물이지만 지상에는 근위병들이 배치되어 있다. 궁전에서는 근위대 교대식도 열린다고 했지만 이미 페루에서 코에 화상까지 입어가며 교대식을 관람한 터라 더 이상 나의 관심사가 아니었다.

칠레 대통령궁

궁전 앞에서 칠레를 대표하는 관광프로그램을 열심히 설명하는 관계자들의 도움을 받아 인근의 칠레대학교, 대성당, 아르마스 광장, 산타루시아 언덕 등과 같은 명소를 둘러보기로 했다. 특히 남미의 주요 도시마다 자주 만나는 아르마스 광장에는 특이하게도 방어와 개척을 둘러싸고 살벌한 적대 관계를 형성했던 마푸체족 추장 알론소 라우타와 개척자 장군 발디비아의 동상이 한곳에서 역사적 화해를 연출하고 있었다. 아마도 이러한 후세의 노력이 칠레의 독립과 발전을 촉진한 대타협의 원천으로 작용했을 것이다.

늦은 오후 산티아고의 날씨는 또다시 화상의 추억을 떠올리기에 충분했다. 서둘러 관광일정을 마무리하고 늦은 점심을 위해 택시를 타고 미니 코리아타운으로 이동했다. 뉴욕과 마찬가지로 코리아타운은 중국계 상점들과 공존하는 동아시아 복합타운에 가까웠다. 하지만 '숙이네 식당'은 늦은 오후임에도 불구하고 현지인들로 북적였다. 꼬리곰탕으로 확인한 숙이네 식당의 경쟁력은 본고장 서울의 맛을 위협하는 뉴욕의 코리아타운과 마찬가지로 양과 질 모두에서 K푸드의 세계화를 선도하기에 충분했다.

　식사를 마치고 숙이네 식당 건너편에서 영업하는 중국마트에 들어가니 라면과 과자는 한국 상품 일색이었다. 마트 앞의 시식행사는 베트남의 달짝지근한 커피믹스 G7이 차지한 상태이다. 세계의 공장으로 부상한 중국이지만 먹거리와 같은 문화상품에서 우리나라에 밀리고 있었다. 한결 푸근해진 마음으로 인접한 한국마트 아씨네로 자리를 옮겨 그동안의 여정에서 동난 라면, 햇반, 과자 등을 양껏 구매했다. 개인적 필요에 부가해 그동안 친해진 배낭여행 팀원들에게 선물하기에 제격이었기 때문이다.

　장보기를 마치고 호텔로 돌아오는 길에 목격한 산티아고 센트로는 밤낮을 가리지 않고 활력이 넘치는 곳이었다. 어제 저녁 식사를 위해 방문했던 중앙시장 인근은 한밤의 열기와 마찬가지로 뜨거운 한낮에도 사람들의 파도이다. 차량정체라는 틈을 이용해 치어리더를 연상케 하는 미녀와 북을 든 조수가 나와 율동서비스를 선보이고 팁을 받는 행위도 이색적이다.

　옥의 티라면 익숙하지 못한 한국의 팁문화로 인해 동전을 기부하는 타이밍을 놓친 일이다. 도심에서는 백인계가 다수지만 메스티조의 얼굴에서 그다지 어렵지 않게 우리와 친숙한 원주민들의 모습을 발견할 수 있었다. 도시 외곽에서는 상대적으로 시장친화적인 칠레의 정책기조로 인해 빈부격차를 알려주는 빈민가도 목격했다. 더욱 못사는 페루나 볼리비아에서도 보기 어려울 정도로 남루한 집들은 2017년 말 보수파 세바스티안 피녜라 대통령이 중임에 성공한 칠레의 험난한 사회통합을 예고하는 대목이다. 더불어 그의 재집권은 1999년 베네수엘라 우고 차베스 대통령의 등장 이후 전남미로 확산된 핑크타이드라는 온건사회주의 추세의 약화를 시사한다.

　개인적으로 이번 산티아고 여행에서 최고의 수확은 프랑스 혁명에 자극받아 19세기 초 칠레의 독립을 쟁취한 불굴의 투사이자, 칠레 민주화의 저력을 세계에 알린 아옌데와 네루다의 재발견이다. 발파라이소가 고향인 두 사람은 20세기 중반 국가발전에 헌신하는 와중에 각기 남미 최초의 사회주의 대통령과 서정적 시로 노벨문학상이라는 성취를 이룩하였다. 물론 피노체트의 쿠데타와 집권세력의 핍박에 직면해 각기 죽음과 망명이라는 시련에 직면했지만 그들의 이상을 가로막기는 역부족이었다. 더불어 대통령 후보직을 양보할 정도로 각별했던 두 사람이 1973년 비슷한 시기에 사망한 일도 안타까움을 더했다. 특히 시인이자 정치가인 네루다는 최근 개봉한 '네루다'와 '일 포지티노'라는 두 편의 영화를 통해 국내에도 잘 알려져 있다.

하지만 한국의 개발독재와 마찬가지로 경제발전에 올인한 피노체트의 보수파 집권기를 거치며 칠레의 산업화가 촉진되었다. 또한 한국이 최초로 FTA를 체결한 국가가 칠레인 것처럼 자유무역의 장점을 극대화시키는 일에도 열성이다. 따라서 디폴트 위기를 경험한 아르헨티나와 달리 소비재나 서비스 물가가 저렴해서 서민생활이 안정적이다. 일레로 우리나라에도 많이 수입되는 포도주 가격은 우리나라보다 곱절은 비싼 아르헨티나 맥주 가격과 유사한 수준이다.

칠레는 브라질, 아르헨티나에 비해 인구와 국토가 작아 제조업의 육성이 곤란했다. 그러나 구리 등 광산물이 많이 나고 남북으로 긴 땅을 갖고 있어 다양한 온도에서 재배할 수 있는 농작물이 많았다. 이에 칠레는 1970년대부터 개방정책을 준비해 1990년부터는 본격적으로 FTA를 체결해 왔는데, 이를 위해 1970년대부터 수입품 관세를 크게 인하해 왔다. 피노체트 전 대통령은 비록 독재자이긴 했지만, 1980년대의 개방정책을 통해 칠레 경제성장의 기초를 닦은 것으로 평가되고 있다.

반면에 멕시코는 관리적 세계화의 실패사례로 평가되고 있다. 물론 살리나스 집권기의 멕시코의 세계화 노력에 대해 국제사회가 칭찬하기도 했다. 그러나 1994년 12월 페소화 위기 이후 해외자본에 의존한 무차별적 경제개방과 개혁정책을 우려하는 목소리가 컸다.

칠레는 3,000㎞의 해안선을 자랑하는 베트남과 마찬가지로 동서의 폭은 175㎞로 좁지만 남위 18도에서 56도까지 매우 긴 나라이다. 칠레 북쪽은 사막이지만 중부와 남부는 각기 비옥한 평야와 광활한 산림지대이다. 포도와 같은 과수원과 더불어 인접한 아르헨티나의 대평원 팜파스와 마찬가지로 목축업도 활발한 편이다.

나중에 남미 일주에 재도전한다면 세계일주 항공권을 활용해 일본이나 뉴질랜드를 경유해 타히티, 이스터, 산티아고 경로를 채택하고 싶다. 파타고니아에 오래 체류하며 등산이나 트레킹을 즐기고 싶다. 내가 자연에 몰입하는 스타일은 아니지만 광활한 자연을 체험하기에 칠레만큼 적합한 나라도 드물다는 생각이 든다.

휴양특구 파타고니아가 주는 힐링

남미 대륙의 끝에 위치한 파타고니아 지방은 칠레와 아르헨티나 국경을 넘나드는 광활한 산림지대를 지칭한다. 지리적으로 차가운 고위도 지역이지만 풍부한 강수량으로 인해 숲이 우거지고 강물이 넘쳐나는 덕분에 수종은 다르지만 아열대 지역과 유사한 풍광이 펼쳐진다. 더욱이 안데스 품속으로 깊이 들어갈 경우 아름다운 산세와 고품격 주목나무, 호수와 빙하가 어우러진 천혜의 휴양지가 나타난다.

나의 파타고니아행은 산티아고에서 12시간 야간 버스를 타고 푸에르토바라스에 도착하면서 시작되었다. 바라스 항구라는 의미의 거창한 지명과는 달리 해당 지역은 호수변의 한적한 휴양지였다. 물론 호수의 선착장에는 수척의 보트가 정박해 있다. 인근에는 특색있는 전원마을과 화산지대가 펼쳐지기 때문에 연계관광도 가능했다. 하지만 나는 호텔방에서 보이는 호수 전망과 주변 산보에 만족하기로 했다. 때마침 크리스마스 이브여서 호텔에서 무료로 제공한 샴페인을 즐기며 기분을 냈고 룸메이트 미술선생님을 비롯한 팀원의 일부는 마을 성당의 미사에 다녀오기도 했다.

다음날 아침 우리는 버스를 무려 7시간이나 타고 아르헨티나의 휴양도시 바릴로체로 향했다. 직선거리는 얼마 되지 않았지만 작은 마을을 여러 번 경유하고 국경의 출입국 수속에도 적지 않은 시간이 소요되었다. 일부 여행자들은 푸에르토바라스나 푸에르토몬 트를 경유하지 않고 17시간이 소요되는 산티아고에서 바릴로체행 직행버스를 이용하기도 한다.

　고도가 낮아진 안데스 산맥을 넘나드는 버스 여행은 비로 인해 운치가 있었다. 물론 겨울철에는 구름의 적어 보다 시원한 풍광을 접할 수 있다고 한다. 도로 양쪽의 광활한 방목지에는 소들이 한가로이 풀을 뜯고 있다. 어린 소들을 모아 놓은 대규모 유아원 방목지가 이색적이다. 간간히 보이는 양들은 커다란 소에 익숙해진 눈매 때문인지 더욱 작게 보인다.

　안데스의 품속에 자리한 호반도시 바릴로체에 도착해 주변을 둘러보니 푸에로토바라스와 마찬가지로 호반도시였다. 어찌보면 빙하와 고봉이라는 빅 이벤트가 기다리는 파타고니아의 본류 엘 칼라파테 입성을 대비하는 재충전 장소로 제격이다. 나는 그동안 고산병 증세에 시달리며 핼쑥해진 몸의 보양식으로 아사도 스타일 등심스테이크와 파타고니아라는 상표가 부착된 에일 맥주를 골랐다. 바릴로체는 도시의 규모가 크지 않았지만 아르헨티나 각지로 연결되는 항공이동의 요충지이다. 아마도 우리 배낭팀도 아르헨티나에 속한 엘 칼라파테로의 항공이동을 위해 칠레에서 이곳으로 여정을 잡았을 것이다.

　엘 칼라파테로 향하는 항공기 안에서 설산이 이어진 안데스 고봉들을 감상할 수 있었다. 비행기가 착륙을 시도하자 시야에 들어온 파타고니아의 핵심은 시베리아를 연상시키는 초원이다. 곳곳에 보이는 빙하호수는 에머랄드 특유의 신비한 분위기를 자아낸다. 이 정도의 빛깔이면 그동안 동경하던 케네디안 로키나 알라스카 여행은 무기한 연기해도 무방하지 않을까 하는 생각이 들 정도였다.

　내가 착륙을 앞두고 육상의 풍경을 감상하는 사이 옆 좌석의 미술선생님은 교대 휴학생을 대상으로 스케치 강의에 여념이 없으시다. 요약하자면 스케치의 요령은 우선 졸라맨 그리듯이 대략적인 크기와 각도를 잡아야 한다는 것이다. 그 이후에 눈, 코, 입 등 세부적인 윤곽을 그려나가야 비대칭의 괴물을 탄생시키는 실수를 범하지 않는다고 한다. 다시 말해 스케치의 정석은 균형발전과 마찬가지로 나무보다 숲을 우선해야 한다는 것이다.

　엘 칼라파테 호스텔에서 하루밤을 보낸 우리는 다음날 모레노 빙하 투어에 참여했다. 휴양타운의 숙소를 투어버스가 돌며 관광객들이 선택한 메뉴별로 태워가는 방식이다. 모레노 빙하를 관람하는 방법은 빙하위 트레킹, 호수의 보트 투어, 전망데크 일주 등으로 구분된다. 나는 과거에 아이슬란드에서 빙하걷기를 체험한 적이 있었기 때문에 가장 저렴하고 실속 있는 전망데크 일주 방식을 선택했다. 철제로 만들어진 데크 위를 산보하며 곳곳에 마련된 전망대에서 빙하를 조망하는 것이다. 호수 위로 밀려나온 빙하의 약해진 벽면이 굉음을 내며 무너지는 장면이 장관이다. 빙하 속 시리도록 푸른 속살이 나의 눈길을 끌었다.

모레노 빙하 트레일

모레노 빙하의 최전방이 무너지는 모습

　　엘 칼라파테의 마지막 여정은 피지로이 봉우리 트레킹이다. 트레킹이 시작되는 입구 마을인 엘 찰턴까지는 200여 킬로미터로 3시간 거리지만 미서부나 몽골의 광활한 고원을 연상시키는 주변의 풍광에 지루하지 않았다. 좀처럼 마을을 발견하기 어려운 광활한 고원에서 외롭게 자전거로 혼자 이동하는 여행자들이 보였다. 화물로 보내온 자전거를 우리 숙소에서 조립하던 이들도 아마 비슷한 여정을 경험하고 있을 것이다. 자전거 여행자를 목격하니 우리 국토의 구석구석을 자전거로 누빈 김훈의 '자전거여행'이란 책이 떠올랐다.

　　최근에는 여행의 테마도 다양해졌다. 수도원, 와이너리, 미술관, 박물관 등은 최근 부상한 여행기의 소재들이다. 이중에서도 특히 공지영이 출간한 수도원 여행기는 일반의 기대를 뛰어넘는 소재가 참신하다. 이 책을 보면서 나도 도시를 주제로 여행기를 써보고 싶다는 생각이 들었다. 대학도시(하이델베르그, 보스턴…), 음악도시(비엔나, 뉴올리안즈…), 벽화도시(벨파스트, 발파라이소…), 행정도시(워싱턴, 푸트라자야…), 휴양도시(인터라켄, 사파…), 역사도시(교토, 베르사이유…) 등을 단행본으로 출간한다는 구상이다.

　　엘찰턴으로 향하는 휴게소는 강가에 위치한 한적한 호텔이다. 이곳의 강물

피치로이 입구 빙하공원을 알리는 이정표

피치로이 트레일의 고사목

은 스위스의 베른과 마찬가지로 석회암이 녹아들어 희뿌연 색깔이다. 수량이 제법 많아서 릴낚시를 하면 송어가 잡히지 않을까 하는 생각이 들었다. 잠시 사진을 찍고 차가운 바람을 피해 바로 차로 돌아왔지만 내 바지에는 날카로운 씨앗들이 여기저기 붙어 있었다. 사막과 초원에 부는 강한 바람이 씨앗의 접착력을 강화시킨 모양이다. 동물과 마찬가지로 널리 자손을 퍼트리려는 식물의 소망도 치열하기는 마찬가지이다.

다양하게 구비된 피치로이 트레킹 코스 중에 우리 일행은 왕복 5시간이 소요되는 산중턱 봉우리 전망대 코스를 채택하였다. 어렵게 올라간 전망대 인근에는 아담한 호수도 자리하고 있다. 여름에는 구름의 심술로 아름다운 정상 조망이 어렵지만 트래킹 코스 내내 만나는 청정한 공기와 시원한 시야가 위안거리다. 특히 울창한 나무와 방치된 고사목 간의 하모니는 숲의 생성과 소멸이라는 표현이 적합했다.

한여름 파타고니아는 백야에 근접하기 때문에 체험 여행에 유리하다. 남미에 오기 전에 경유한 겨울철 북반부 고위도 지역인 영국이나 미국 동부와는 딴판이다.

오늘은 아르헨티나를 떠나 칠레 남부 토레스 델 파이네와 만나기 위해 새벽에 일어났다. 어제 엘찰턴을 떠나 밤 10시에 도착해 새벽 5시 30분에 호텔을 나서니 다시 강행군이 시작된 모양이다. 그곳에 가기 위해서는 대평원을 가로질러 5시간 버스를 타고 다시 국경도 넘어야 한다. 더욱이 광활한 평원에 부는 바람은 대형 버스의 진로를 흔들 기세이다.

흔들리는 버스를 타고 한참을 지난 다음에야 거대한 장벽처럼 평지돌출한 산군들이 보이기 시작했다. 해외여행 인솔자들이 싫어하는 너무 겸손한 표현이지만 영암 월출산을 연상시키는 모습이다. 사실 여행은 결정적 장면보다 도달하는 과정이 중요하다. 우리는 토레스 델 파이네의 고봉을 사진이나 영상으로 자주 접해 왔지만 주변의 광활한 초원과 청정한 호수 및 사나운 바람을 간접 체험하기는 어렵다.

토레스 델 파이네의 산군과 빙하호수

파타고니아 지역을 오가는 여행자의 입장에서 칠레와 아르헨티나는 좋은 비교거리를 제공한다. 아르헨티나는 광활한 국토의 소유자답게 자연과 시설 모두 최대한 방치한 것처럼 보였다. 길거리 주변에도 고사목이 넘쳐나고 교통단속 경관이나 도로복구 요원을 찾아보기도 어렵다. 도로 위의 파손된 구멍을 메꾸는 응급복구가 원활하지 못한 관계로 해당 지역에 감속 표지판이 설치되어 있을 정도이다. 반면에 칠레는 피노체트 시절 경찰국가의 잔재 때문인지는 몰라도 한적한 국립공원 입구에서도 불심검문이 이루어지고 있다. 또한 지구촌을 대표하는 농산물 수출국답게 세관의 농산물 검역도 철저하다. 하지만 서민생활과 직결된 경제사정은 아르헨티나에 비해 안정되어 있다.

토레스 델 파이네 투어는 산 주변의 전망대나 명소를 순화하는 방식으로 이루어진다. 강한 비구름에 시시각각 변하는 날씨인지라 봉우리의 비경은 구름에 가리는 경우가 많다. 또한 빙하가 흘러내리는 산 주변에는 다양한 색깔의 호수가 포진해 있다. 미국의 5대호처럼 호수와 호수 간의 낙차에 따른 폭포도 있다. 규모만 작았지 수량이 풍부해 나이아가라와 비슷한 모습이다. 그리고 깊숙한 골짜기에는 고도가 낮은 지대임에도 불구하고 아직 빙하가 살아있다. 파타고니아 지방이 유럽과 비슷한 위도지만 날씨가 춥고 바람이 사나운 이유는 남극 인근이기 때문이다. 차가운 해류가 북상하면서 기온상승을 억제하고 강한 바람을 만들어낸다.

오늘은 파타고니아 일정을 마무리하고 남미의 땅끝 우수아이아까지 이동해야 한다. 숙소인 칠레의 푸에르토나탈레스에서 아침 7시 버스를 탔지만 오후 9시경에나 도착할 예정이라고 한다. 그곳은 지금 백야가 진행중이라 도착과 동시에 올 한해를 마감하는 일몰을 감상하는 동시에 한 잔하며 몇 시간 기다리면 새해의 일출도 맞이할 것이다.

우수아이아로 가는 길은 해협을 배로 건너자 평원이 나온다. 파타고니아에서 일상인 평원인지라 그다지 흥미롭지는 않았지만 파란 하늘과 어우러진 구름이 인상적이다. 해안가 드라이브를 거쳐 숲의 몰락이 방치된 산악지대를 넘어가자 우수아이아가 나타났다. 저녁으로 이곳의 명물인 대게 요리를 경험했다. 우리나라에 수입되는 베링해의 킹크랩과 유사한 종류이다. 사나운 바다에 맞서는 대게 조업은 돈을 위해 목숨을 거는 험한 일이다.

우수아이아에서 2018년 새해를 맞이한 나는 조용한 어촌을 산보하는 일로 간단히 일정을 마감했다. 다윈이 탐사를 위해 항해했다는 좁다란 비글 해협 깊숙이 위치한 항구라 여수나 통영 앞바다를 연상시킨다. 땅끝에 위치한 남극의 전초기지라는 상징적 의미를 빼고는 별다른 볼거리가 없는 곳이다. 물론 주민들이 지역의 정서를 담아 곳곳에 벽화를 그리고 지역의 자생적인 민주화 운동을 기리는 조형물을 설치한 점이 자연지리보다 인문지리에 집착하는 나의 관심사였다.

파타고니아의 호수와 산악지대는 뉴질랜드 남섬에 필적하는 트레킹과 휴양의 적지이다. 따라서 다시 방문할 기회가 있다면 항공편을 이용해 바릴로체나 엘 칼라파데로 들어와 보름 정도 몇 군데의 명소를 걷기나 자전거로 둘러보고 싶다는 생각이 들었다.

남미의 땅끝 우수아이아

우수아이아 민주화 항쟁 기념공원

아르헨티나의 비극은 없다

" Don't cry for me Argentia "

남미의 땅끝 우수아이아를 출발한 비행기는 3시간 만에 부에노스아이레스 상공에 도착했다. 도심지 공항에 착륙하며 살펴보니 좌측으로는 수로가 밀집한 항구 너머로 빌딩군이 보인다. 우측으로는 강이자 만이고 민물과 해수가 공존하는 수평선 너머 라플라타강의 앞바다는 한국의 대척점이다.

공항 청사를 나오니 하늘에서 보았던 강의 하구가 지척이다. 강의 광활한 수면에 넘실거리는 탁류는 중국의 황하가 해안으로 흘러들어 우리의 서해를 황토색으로 물들인 것과 유사한 풍광이다. 날렵한 여객선을 타면 우루과이 영토까지 한 시간 이내에 도달한다고 한다. 이 배는 관광객들이 주로 이용하지만 영주권을 획득하지 못한 외국인들이 비자를 갱신하는 목적으로 활용하기도 한다. 우리나라에 체류하는 단기 근로자들도 비슷한 이유로 대마도를 다녀온다고 한다.

부에노스아이레스는 다양한 명소를 품고 있다. 우선 아르헨티나의 현대사가 축약된 '5월광장'에는 독립기념탑을 둘러싸고 군사정부가 시민을 살육한 '더러운 전쟁'을 규탄하는 어머니회의 상징인 하얀 스카프가 새겨져 있다. 수년 전 도심지 고가도로 밑에서 당시 암매장당한 아이들의 유골이 대량으로 발견되어 국민적 분노를 사기도 했다.

　5월광장 인근에는 대통령궁, 메트로폴리탄 대성당, 구 시청사, 오래된 지하철역 등이 포진해 있다. 광장을 기점으로 뻗어나간 방사형 도로에는 5층 내외의 고딕 건축물들이 파리스타일로 도열해 있다. 1936년 설치한 오벨리스크와 오페라로 유명한 콜론 극장도 보인다. 20세기 중반 세계대전이라는 전쟁특수로 세계 7대 부국의 반열에 올랐던 아르헨티나의 영광을 확인시키는 명소들이다. 특히 대성당은 남미 해방의 영웅인 산 마르틴 장군이 영면한 장소이자 서민적 풍모로 유명한 프란치스코 교황이 집전한 무대이기도 하다.

　프란치스코 교황은 신대륙과 예수회 출신 최초의 교황이자 그의 이름에는 청빈과 겸손의 대명사인 '아시시의 성 프란체스코'를 따르겠다는 의지가 투영되어 있다. 가난한 이민자 출신의 교황은 성 프란체스코처럼 검소한 생활을 해온 것으로도 유명하다.* 아르헨티나 대주교 시절 빈민가를 무대로 활동했던 그는 교황이 된 이후 한국 방문시 의전 차량으로 소형차 소울을 선택해 화제가 되기도 했다.

　지금은 제3세계의 일원으로 분류되는 남미의 전성기는 20세기 전반이었다. 나폴레옹의 스페인 정복을 계기로 독립에 성공하자 유럽과의 교류가 확대되고 산업화도 촉진되었다. 양차에 걸친 세계대전을 치르며 유럽이 파괴된 반면에 남미는 전쟁특수를 구가했다. 더욱이 전화를 피해 남미로 이주한 유럽의 고급 인력들은 다수의 노벨상 수상자를 배출할 정도로 학문발전과 문화융성에 기여했다. 하지만 전후 구대륙이 안정되자 상대적으로 고평가된 남미의 가치는 급락하였다.

　제2차 세계대전을 전후한 20세기 중반에는 공영화와 복지라는 정부주도 경제사회발전이 유럽과 미국은 물론 전세계의 보편적 추세였다. 하지만 중남미와 동아시아의 관료적 권위주의 세력은 이러한 흐름에 역행하는 반동체제를 수립하였다. 이른바 군부, 기술관료, 매판자본이 스페인 식민지 시절의 지주 과두

---

* 이탈리아 아시시(Assisi)의 부유층 출신인 프란체스코(1182~1266)는 한센병 환자와 만나는 경험을 통해 성직에 입문하였다. 그는 거리에서 설교를 하고, 가난하고 병든 사람을 돌보기 위해 탁발을 마다하지 않았다. 후대에 가장 예수를 닮은 성인으로 추앙받고 있는 프란체스코는 '평화의 기도'로 유명하다(권응상, "천 개의 도시 천 개의 이야기: 이탈리아 아시시", 영남일보, 2018.02.26자).

제와 유사한 삼자동맹을 결성해 정권을 찬탈하거나 권력을 강화했던 것이다. 페론의 실각을 비롯해 장면을 몰아낸 박정희, 아옌데를 살해한 피노체트 등이 대표적 사례이다. 효율지상주의를 표방한 구테타 세력은 수출과 경쟁을 앞세워 단기적 경제성과를 창출하는 일에는 성공하지만 균형잡힌 참발전을 도외시하는 치명적 한계를 표출하였다.

　　남미의 파리로 지칭되는 부에노스아이레스의 진면목은 방사형 도로망이나 고딕 건축물과 같은 하드웨어에 부가해 애견의 천국이나 창조적 예술과 같은 소프트웨어를 통해 재발견이 가능하다. 애견산보사들이 여러 마리의 개를 이끌고 공원을 누비는 모습에서 동물복지의 미래를 성찰하게 된다. 또한 오페라 하우스를 개조한 아름다운 서점이나 연꽃이 테마인 거대한 꽃잎이 움직이는 금속 조형물에서 창의적 예술의 도시임을 실감하게 된다.

　　도심의 요지에 위치한 프랑스풍 마을 레꼴레타 지구에는 공동묘지가 자리하고 있다. '편히 잠드소서'라는 문구가 새겨진 입구를 지나면 역대 대통령을 비롯해 유명 인사들의 개인묘나 가족묘가 밀집해 있다. 부유층의 묘지 사재기 열풍을 선도한 이곳은 우리의 강남아파트를 연상케 한다. 그리고 이곳은 페론의 부인으로 20세기 중반 가난한 노동자들의 복지에 헌신하다 요절한 에피타 여사가 잠들어 있는 곳으로도 유명하다.

　　지금도 아르헨티나는 국정의 방향타를 둘러싼 노선 투쟁이 격렬한 곳이다. 보수 진영은 페론주의를 계승한 정의당 계열의 분배중시 정책을 포퓰리즘으로 매도해 왔다. 반면에 경제안정을 앞세워 집권에 성공한 공화당 계열 마크리 대통령의 공공서비스 축소정책에 맞서 시민들은 건물 벽의 낙서나 동시다발적 냄비 두드리기로 불만을 표출하고 있다. 성장과 분배라는 균형을 맞추기 위한 정부 당국의 부단한 노력은 대척점에 자리한 아르헨티나와 한국이 해결할 공통의

부에노스아리에스 공원의 움직이는 꽃잎 조형물

부에노스아리에스 부자들이 잠든 공동묘지

과제인 것이다.

실제로 탱고의 발상지 까미니또 거리와 서민 구단 보카주니어스가 자리한 라 보카 지구는 치안불안이 고조된 상태이다.* 반면에 1898년 신항구로 개발된 마데로 지구는 주상복합과 레스토랑이 밀집한 신흥 부촌으로 부상하였다. 범선을 개조한 선상박물관과 야경이 아름다운 '여인의 다리'가 유명한 이곳에는 아직도 크레

라 보카 지구 식당의 탱고 공연

인들이 남아 있다. 20세기 중반 선박의 대형화가 촉진되고 설계오류에 따른 물류정체가 가중되면서 이곳 역시 식민지 시대에 건설된 항구들과 마찬가지로 기능을 상실한 것이다.

아르헨티나는 한동안 남미 투자이민의 적지로 각광받기도 했다. 각기 농업과 유통에 특화한 일본계나 중국계와 마찬가지로 한국 교민들은 봉제와 패션을 선도해 왔다. 1970년대 전성기를 보낸 한국의 평화시장이 1980년대 이후를 대비해 남미의 거점도시에 지사를 마련한 형국이다. 볼리비아나 파라과이 이민자들이 한국계 봉제시장을 위협하고 있다는 점에서 분발이 요구된다. 더불어 한국 교민들의 애환이 농축된 일명 '109 마을'도 빈민가의 확장 속에서 불안한 안식처로 전락하고 있다.

19세기 초 독립한 아르헨티나는 19세기 후반 신주류를 형성한 이탈리아, 프랑스, 독일 등 서유럽 출신 이민자들을 기반으로 산업화의 대열에 동참하였다. 제2차 세계대전을 전후해 페론이 집권해 사회주의 노선을 표방하였지만 이에 반발해 쿠데타가 발생하였다. 더불어 1980년대 영국과의 포클랜드 전쟁에서 패하면서 국가적 위기와 혼란이 가중되었다. 1989년 메넴이 집권하면서 시장친화적 노선을 채택했지만 경제안정은 계속 지연되고 있다.

---

* 스텝이 엉켜야 제맛이라는 탱고의 묘미는 영화 '여인의 향기'에서 알파치노가 까를로스 가르델의 명곡 '뽀르 우나 까베사'에 맞춰 탱고를 추면서 한 말이다. 남미의 가난한 부두 노동자들이 향수를 달래던 오락거리에서 시작된 탱고이지만 지금은 아르헨티나를 대표하는 세계적 문화상품으로 부상한 상태이다. 영화 '해피투게더'에서 양조위가 일하던 '바 수르'에서 즐기는 탱고든, 최고급 백화점 갈라리아스 퍼시피코의 대형공연이든 탱고는 어디서나 매력적이다(네이버 지식백과, 부에노스아이레스).

부에노스아이레스 항구를 개조한 신도시

광활한 영토를 소유한 아르헨티나가 진정한 도약을 이룩하기 위해서는 19세기 말과 유사한 방식으로 외부의 피를 수혈해야 한다. 백호주의를 완화하면서 경제활력을 배가시킨 호주의 실용주의 노선에 주목할 필요가 있다. 특히 최근에 정체된 한·중·일의 자본과 인력을 적극적으로 유치하는 것도 유용한 방안이다.

아르헨티나는 4,000만 명의 인구 중 1,300만 명이 수도권에 거주할 정도로 지역간 인구편차가 심한 편이다. 5,000만두의 소를 보유하고 있다고 하니 지방은 사람보다 소의 밀도가 높은 실정이다. 또한 하늘에서 조망한 대평원의 경작지들은 중세시대의 삼포제 경작을 연상시키는 휴경지가 자주 보인다. 그리고 음식으로는 초원에서 방목한 청정우를 구운 아사도와 삶은 푸체로가 유명하다. 여기에 만두스타일 간식인 엠파나다와 멘토사에서 생산되는 와인도 수준급이다.

아르헨티나는 축구와 탱고의 나라로 알려져 있다. 스페인의 플라멩고, 포르투갈의 파두, 카리브의 살사 등과 유사한 탱고는 남녀의 호흡을 중시하는 와중에도 격렬하다. 마라도나에 이어 메시를 보유한 전통의 축구 강국 아르헨티나지만 이번 러시아 월드컵 남미 예선처럼 종종 탈락의 위기에 직면하곤 한다. 페루, 볼리비아, 콜롬비아 등과 같은 고산국가들과 홈앤어웨이 방식으로 경기를 치러야 하기 때문이다.

브라질 관광의 중심지 이과수와 리우

" 지구의 허파 브라질 "

나의 브라질 입국은 이과수를 통해 이루어졌다. 아르헨티나 쪽에 위치한 푸에르토 이과수에서 폭포를 관람하며 하루를 보낸 다음에 브라질의 포즈두이과수로 택시를 타고 들어왔다. 이과수 폭포는 원래 파라과이를 포함해 3개국이 관할권을 행사하고 있었다. 하지만 영토분쟁에서 패한 지금의 파라과이는 산해진미를 목전에 두고 입맛만 다시는 방관자 신세로 전락한 상태이다.

이과수 지역의 날씨는 메콩강이 흐르는 태국이나 인도차이나 반도와 유사하다. 찌는 듯한 무더위에 간간히 열대성 폭우도 내린다. 폭우가 대지를 휩쓴 강물은 탁류이고 강에서는 커다란 매기들이 노닐고 있다. 넓은 강폭에 순화된 강물의 유속은 래프팅에 적합한 수준이다.

세계 3대 폭포인 이과수는 길이와 낙차 모두에서 압도적이다. 폭포의 타원형 구조는 나이아가라와 비슷하지만 2단 폭포의 형태를 취하고 있다는 점에서 조명의 도움을 빌리지 않고도 환상적이다. 대지를 흐르는 강물이 넓게 퍼진 형태로 낙하하기 때문에 악마의 목구멍으로 불리는 중심부를 제외하고는 수량이 많은 편이 아니다. 하지만 철제 탐방로를 따라 폭포의 상단과 하단 모두 접근이 용이하기 때문에 나이아가라나 아이슬란드 폭포를 능가하는 압도적 중량감을 느낄 수 있다.

이과수 폭포의 수량이 압권인 악마의 목구멍

빙하가 녹아 형성된 청정 호수물이 아래쪽 호수로 흘러들어가는 길목에 위치한 나이아가라와 달리 이과수는 열대의 대지를 적시는 탁류라는 점에서 아프리카에 위치한 빅토리아 폭포와 유사하다. 또한 강의 본류나 지천을 활용한 레프팅이나 트레킹의 적지이기도 하다. 하지만 너무 뜨거운 태양이나 밀림에 사는 동식물들이 쾌적한 관광을 방해하는 요인들이다.

포즈두 이과수는 인구대국 브라질 도시답게 한적했던 푸에르토 이과수와 달리 번화한 편이다. 하지만 호텔 유리창에 더해 철제 보안창이 추가로 달려 있을 뿐만 아니라 외출시에 여권이나 현금을 보관하는 금고도 비치되어 있다. 아마도 치안이 문제라는 방증일 것이다. 오늘이야 호텔 주변에서 탐색하며 보내지만 번잡한 리우와 상파울루 여정이 은근히 걱정되는 대목이다.

단체 배낭여행의 항공 여정은 시간과 비용을 감안해 일찍 움직이는 편이다. 오늘도 밀도있는 리우 관광을 위해 이과수 호텔에서 새벽 3시에 일어나 흡사 새벽 예불을 준비하는 스님처럼 비행장으로 향했다. 리우에 도착한 우리 일행은 호텔에 무거운 가방을 맡기고 곧바로 투어버스에 탑승했다. 투어는 현지인 가이드의 영어 설명을 청취하면서 예수상, 빵산, 해변 등을 둘러보는 방식이다. 우선 1931년 브라질 독립 100주년을 기념하여 세워진 초대형 예수상은 십자가 모양처럼 양팔을 벌리고 있다. 더불어 식민 모국인 포르투갈 리스본의 예수상과 마주보고 있다는 점도 흥미롭다. 빵 모양의 바위산으로 전망이 탁월한 팡 데 아수카르와 세계 3대 미항이라는 찬사의 단서를 제공한 코파카바나와 이파네마 해변이 매력적이다.

하지만 문화유산을 선호하는 나의 최대 관심사는 뮌헨의 옥토버페스트나 삿보로 눈축제와 더불어 세계 3대 축제로 거론되는 리우카니발이다. 더욱이 브라질 입성과 동시에 이과수 호텔 로비에서 카니발 예선격인 코파카바나 해변의 멀티쇼 중계를 시청하면서 관심은 증폭되었다. 사순절에 앞서 3일이나 일주일

동안 즐긴다는 의미의 카니발은 사육제로 번역하기도 한다. 리우를 비롯한 브라질 주요 지역의 카니발은 포르투갈의 백인문화와 아프리카의 노예문화가 결합해 만들어졌는데 2월 말에 시작해 부활절 전날까지 계속된다.

'열흘순(旬)'이 들어간 사순절은 부활전 이전 40일 동안의 기간으로 원래 축제보다는 광야에서 금식하고 시험받은 예수님의 수난을 회상하는 의미로 단식이나 속죄하며 경건하게 지내는 경우가 많다. 참고로 사순절과 유사한 의미가 들어 있는 우리나라 최초의 신문 한성순보는 1883년부터 관보형식으로 열흘마다 발간되다가 발행주기가 주 단위로 변경된 1886년부터 한성주보로 개칭되었다. 더불어 오늘날과 같은 민영 신문은 1896년 격일간지로 시작해 일간지로 변경되었다.

세계적인 축제로 부상한 리우카니발은 화려한 의상과 현란한 삼바를 동반한 대규모 퍼레이드가 압권이다. 리우 시민들은 매년 돌아오는 카니발에 자신의 돈과 시간을 올인할 정도로 열광적인 관심을 보이는 것으로 유명하다. 통상 팀 단위로 이루어지는 퍼레이드에는 춤을 추는 인원만 4,000명에 달하며 우리의 사물놀이를 연상시키는 탬버린과 양철북 연주단의 빠른 장단이 흥을 고조시킨다. 과거 미국에서는 흑인 노예들의 폭동을 우려해 타악기 사용을 금지한 반면에 남북전쟁의 군악대는 사지로 행진하는 군인들을 독려하는 수단이었다.

브라질 문화는 유럽의 전통을 중시하는 아르헨티나와 달리 파격적이다. 카니발의 재해석을 비롯해 '메트로폴리탄 성당'이나 작가 '셀라톤의 계단' 디자인을 통해 알 수 있듯이 고전적 형식을 초월하는 파격적 시도가 인상적이다. 더불어 심각한 빈부격차로 구도심 전반이 빈민가로 전락한 관계로 낙후하고 불안정한 이미지도 강한 편이다. 가까이 가서 접하면 빈민가 느낌이 강한 리우 도심이지만 예수상이나 빵산에서 바라보는 해안과 도심의 조화는 세계 3대 미항의 자존심을 지키기에 충분하다. 그리고 대항해나 지중해 시절 조성한 항구들은 리우나 시드니 및 나폴리의 사례를 통해 알 수 있듯이 천혜의 만이나 석호인 경우가 많다.

리우 센트로 유흥가 너머 빈민가와 연결된 라파지구가 시작된다. 수도교를 연상시키는 건축물위로 소형 모노레일이 운행되고 빈민들의 생활고를 담아낸 벽화도 많이 보인다. 리우도 한때 군부통치 시절의 수도답게 곳곳에 군사용지와 전용비치가 산재해 있다. 관광도시답게 리우 센트로의 대로는 중간에 화단을 조성할 정도로 친환경적이다. 보스턴에 최근 조성된 에코 트레일을 연상케한다. 하지만 주요 관광지에서는 힐튼을 제외한 유명 호텔체인을 발견하기 어려웠다. 아마도 외국자본을 통제한 수입대체산업화의 영향으로 추정된다. 리우올림픽으로 조성된 신도시의 가치는 우리의 올림픽 공원 주변과 유사하다.

예수상 입구에 자리한 리우의 서민 주거지

리우의 해변 조망이 가능한 케이블카

얼마 전 브라질산 모기가 매개하는 지카바이러스에 감염되면 소두증 태아를 출산한다고 해서 세계적인 관심을 끌었다. 하지만 지카 모기가 아니더라도 내성이 약한 나 같은 관광객들이 브라질산 모기에 물리면 부풀고 가려운 상태가 오래가는 편이다. 예전에 미국 플로리다에서 내가 경험한 모기가 국내 모기보다 두 배 강도였는데 여기는 플로리다 모기의 곱절을 능가하는 것처럼 느껴졌다. 번거롭지만 모기기피제도 남미 여행에서 준비할 필요가 있다.

신대륙 발견 이후 구대륙에서 건너온 온갖 잡균들은 원주민 몰살의 주요 원인으로 작용하기도 했다. 대항해 시절의 선박에는 사람과 말을 비롯해 온갖 가축들이 동승했다. 오늘날처럼 냉동시설이 전무한 상태에서 신선한 우유와 고기를 제공하는 유용한 수단이었기 때문이다. 반대로 위생관념이 희박했던 당시 선원들은 전염병을 전파하는 숙주 역할을 담당했다. 반면에 유럽출신 선원이나 탐험가들이 신대륙 특유의 풍토병에 걸려 목숨을 잃는 경우도 많았다.

참고로 국내에서 자주 감염되는 모기 바이러스는 일본 뇌염과 북한산 말라리아이다. 한국에서는 꾸준한 방제활동으로 말라리아 모기가 거의 박멸된 상태이지만 북한과의 접경지대인 파주나 연천의 경우 임진강을 타고 달갑지 않은 손님인 말라리아 모기알이나 목함 지뢰가 떠내려 오기도 한다.

리우에서 단체 배낭여행팀과 헤어진 나는 저렴한 항공권을 구하기 위해 일정이 늦어진 관계로 브라질에서 며칠간 홀로 보내야 한다. 일단 이 글을 쓰는 오늘은 리우의 도심 공항인 산토스 두몬트 앞의 ibis 호텔에 여장을 풀었다. 호텔 방에서 글을 쓰는데 리우에 잔류한 팀원으로부터 코파카바나의 풍경을 즐기러 가자는 제안이 왔다. 저녁도 먹어야 하고 단체를 이탈한 직후의 허전한 마음에 동행을 수락하였다.

어제도 잠시 들렀지만 해운대와 유사한 코파카바나 해변은 별다른 감흥을 느끼기 어려웠다. 모래사장에 앉아 석양 노을 풍경을 감상하다 살펴보니 조류가 증식한 여름바다는 색깔이 변하고 역한 냄새까지 났다. 하지만 해수욕을 즐기는 사람들은 개의치 않는 눈치였다. 해변에서 매력적 장소를 발견하지 못한 우리는 어제 묵었던 호텔이 있는 센트로 유흥가로 이동했다. 내일 아침 새로운 배낭여행 팀을 맞이하러 리마로 떠난다는 길잡이까지 합세하여 인근 라이브 바에 자리를 잡았다. 입장료 내고 어렵게 착석한 바였지만 재즈와 아프리카 스타일이 혼합된 음악은 다소 생소했다. 그래도 흥겨워하며 춤추는 사람들 덕분에 맥주를 마시는 분위기는 고조되었다. 한참을 즐기다 음악에 지칠 즈음에 바를 나온 우리 일행은 11시부터 시작한다는 클럽에 도전했다. 입장료는 무료였고 들어가서 칵테일과 같은 간단한 주류를 시키는 방식이었다. 음악이 익숙하고 젊은이들의 춤사위가 흥겹지만 최고령자로 추정되는 내가 오래 머물기에는 다소 어색했다. 30대 후반 총각들의 선전을 기원하며 나는 자정 무렵에 은퇴를 선언하였다.

리우의 마지막인 오늘은 정오에 체크아웃하고 상파울루로 떠나는 늦은 오후까지 호텔 로비에서 보내기로 했다. 자연경관에 의존한 리우는 더 이상 나를 끌어당기는 매력을 상실하였기 때문이다. 하지만 나에게는 움직이는 도서관 기능을 제공하는 실시간 검색과 카톡 여행기 작성이라는 목표가 있어서 결코 외롭거나 심심하지 않았다.

리우 이후 브라질의 마지막 2박 3일은 어디서 보낼까 고민하다가 스페인 마드리드로 출국하는 공항이 위치한 상파울루로 결정했다. 마지막 순간까지 브라질의 행정수도인 브라질리아, 친환경 도시계획의 명소인 꾸리찌바, 시민참여 예산제를 선도한 포르투알레그리, 아마존의 관문도시 마나우스 등이 경합했지만 먼 거리와 제한된 시간이 발목을 잡고 말았다. 특히 꾸리찌바는 버스전용차로제나 친환경 시설이 유명한 도시라 고민했지만 이미 대구나 서울이 다양한 경로로 벤치마킹을 시도했다는 이유로 발길을 돌리고 말았다.

브라질은 제2의 미국이라 지칭될 정도로 무한한 잠재력을 지닌 나라이다. 포르투갈 식민지였다 독립한 브라질은 남미를 대표하는 인구와 영토 대국이자 아마존을 소유한 지구의 허파이다. 20세기 중반 종속적 발전이라는 논란에도 불구하고 산업화에 성공했을 뿐만 아니라 1990년부터는 대통령 직선제를 요체로 하는 민주화도 이룩하였다. 하지만 커다란 덩치만큼이나 선진국으로의 신속한 도약은 계속 지연되고 있다. 특히 세계화 시대를 맞이하여 수입대체산업화에 의존한 소극적 발전전략도 주요한 제약요인으로 작용해 왔다.

　　제조업이나 첨단산업의 전반적 약세 속에서 브라질은 풍부한 부존자원을 활용한 농림어업이나 광공업에 주력해 왔다. 우리나라와 인연이 깊은 산업은 봉제, 가전, 자동차, 양계 등이다. 브라질에 거주하는 5만 교민들은 상파울루의 봉제시장을 장악해 왔다. 또한 2억 시장을 잡기 위한 가전과 자동차의 진출도 매우 활발한 편이다. 반면에 유칼리투스 나무를 비롯해 특유의 자연친화적 방재시설을 자랑하는 브라질의 양계산업은 한국에 수입되는 닭의 80%를 책임지고 있다. 얼마 전 국내에서 브라질산 닭의 유통과정에서 변질 문제가 불거지기도 했지만 장거리 유통의 애로를 탓하기보다는 항생제와 농약을 과다하게 투약하고 영계를 조기에 출하하는 국내 양계산업의 자기반성이 선행되어야 한다.

남미 최대의 도시 상파울루의 허와 실

리우를 떠난 항공기가 해안을 따라 남하하다 상파울루 인근에 도착하자 출발지 못지않은 천혜의 항구가 고도를 낮춘 비행기 안에서 선명하게 보였다. 상파울루 남동쪽 50km 지점에 위치한 산토스시였다. 상파울루주의 관문으로 브라질 제1의 무역항이며, 세계 제2의 커피 수출항으로 유명하다. 연방정부의 보호정책에 의하여 관세를 면제받아 수출항은 물론 공업도시 상파울루의 외항(外港)으로 급속히 발전했다. 역시 오래된 거대 도시들은 천혜의 항구가 필수적이라는 점을 다시 확인하는 순간이다.

남미에서 가장 크다는 천만 도시이자 브라질의 경제수도인 상파울루의 위용은 방금 조명이 들어온 초저녁 야경을 통해 확인할 수 있었다. 가로등 불빛과 어우러진 황토색 지붕들 사이로 불뚝 솟은 빌딩군도 자주 목격된다. 더불어 천만 도시의 활력은 다음날 오전 찾아간 세성당 주변에 밀집한 고층빌딩이나 우리의 남대문을 능가하는 중앙시장의 인파에서 확인할 수 있었다.

흐르는 땀을 손으로 밀치며 도심을 활보하다 늦은 점심을 위해 찾아간 동양인 거리는 일본인 거리의 다른 표현에 불과했다. 간간이 중국이나 한국

상파울루 도심 오피스빌딩

남대문 시장을 연상시키는
상파울루 시장 모습

계 업소도 목격되지만 구색을 맞추는 수준이다. 한국식당 대신에 찾아간 일본
식당은 현지화 전략인지 아니면 재료조달의 애로인지 돼지가 아니라 소고기로
맛을 낸 미소 라면이 나왔다. 그래도 간만에 맛보는 된장 맛이 푸근하다. 식후
에는 일본계 마트의 인기상품으로 부상한 한국 라면도 구매했다. 인스턴트 라
면은 컵라면과 봉지라면을 막론하고 한국 제품이 종주국 일본을 제치고 세계를
재패한 사실을 확인하는 순간이다.

오늘의 마지막 여정은 상파울루 교민의 95%가 거주한다는 봉헤찌로 거리
이다. 우리가 개척한 남미 봉제 산업의 거점 중에서 가장 크다는 명성답게 원
단, 단추, 드레스 등 다양한 전문매장들이 자리하고 있었다. 지금은 은퇴한 것
으로 보이는 어르신 세대는 물론 다양한 연령대의 한국인들이 삼삼오오 무리
지어 지나가며 내는 와자지껄한 한국어가 반가웠다. 지금은 브라질 헤알이 상
당히 하락한 상태임에도 불구하고 식당이나 장바구니 물가는 부에노스아이레스
와 마찬가지로 서울을 능가하는 수준이다. 우리보다 낮은 소득수준을 감안할
때 대다수 서민들의 생활고가 걱정되는 대목이다. 그나마 다행인지 불행인지
시민의 대다수는 우리의 생활을 궁핍하게 만드는 주범인 교육비나 주거비에 포
획당하기보다는 먹고 즐기는 일에 주력하는 편이다. 참고로 브라질 의류 상가
를 둘러보니 한국에서 인기절정인 작업복이자 일상복인 아웃도어 매장은 찾아
보기 어려운 반면에 파티하고 치장하는 드레스 매장이 도처에 널려 있다는 점
이 이색적이다.

행복지수인지 아니면 포기지수인지 속단하기 어렵지만 무리한 목표를 설
정해 전투적으로 매진하기보다 현실에 만족하며 인생을 즐기자는 낙관적 정서
가 자리한 것은 분명해 보였다. 새마을운동의 깃발에 이어 세계화라는 경쟁구

호가 난무하는 우리와 달리 전통적으로 고립을 추구한 남미는 북반부와 거리를 두고 자기들 방식으로 너무나 편하게 가무를 즐기고 살도 쪄가며 지내는 것이다. 돈과 권력을 중시하는 우리들의 성공방정식으로 해답을 찾기 어려운 것이 남미 스타일 행복국가인 것이다. 더불어 이러한 풍토에서 성장보다 분배를 중시하는 탈종속이나 신사회주의 구호가 질긴 생명력을 유지하고 있다.

도시 외곽의 호텔에서 도심으로 진입하는 버스는 오래전 대구방송 다큐멘터리를 통해 시청한 꾸리찌바의 대중교통 체계와 마찬가지로 환승센터와 전용차로를 구비하고 있다. 상대적으로 빈약한 지하철 노선에도 불구하고 간선과 지선 버스에 의존해 천만 도시의 교통수요를 감당하고 있다. 대중교통이 도시 경쟁력을 좌우하는 핵심 변수로 부상한 시대를 맞이하여 우리는 브라질의 버스 전용차로를 차용한 반면에 아르헨티나는 우리나라 정보통신 업체들이 상용화한 지능형 교통안내시스템을 수입한 것이다.

언어장벽과 치안불안 때문에 불안했던 브라질 여행이지만 막상 다녀보니 과도한 우려라는 생각이 들었다. 해외여행시 길잡이나 가이드의 조언을 경청하는 것은 유용하지만 그들의 철칙인 안전제일주의와 통제지상주의에 너무 휘둘릴 필요는 없다는 것이 여행 고수들이 전하는 조언이다. 특히 대도시의 경우 구글 지도를 활용하면 대중교통 이용이 용이하다. 무리한 환승이 우려되면 후방지원세력인 우버를 활용하여 밀리는 시내도 할증없는 저렴한 요금으로 이용이 가능하다. 물론 버스노선 안내나 우버 호출도 종종 오류나 불통이 발생한다는 점에서 신축적 대응이나 택시라는 비상수단을 상정해야 한다.

실제로 나는 상파울루 외출에서 귀가하는 길에 찜통더위와 교통지옥을 경험하였다. 시내 환승센터에서 줄서 기다리다 마지막 순번으로 자리를 잡았기 망정이지 장바구니 대용 비닐봉투를 들고 냉방도 안 되는 만원버스에서 흔들렸다면 스트레스 만땅이었을 것이다. 대구 수준의 인구와 면적을 보유한 꾸리찌바와 달리 천만의 대도시가 광역 전철망의 후원을 배제한 상태에서 버스가 주도하는 방식으로 교통문제를 감당하는 일은 역부족인 모양이다.

대형사고 직전에 수많은 전조증상이 있다는 하인리히 법칙처럼 우버 호출과 지하철 환승에 실패한 다음에도 버스 환승을 고집한 것이 나의 실수였다. 일단 우리의 교통상식과는 달리 동일한 번호임에도 도심 진입노선과 진출 버스노선이 확연히 달랐다. 게다가 우버의 버스환승 안내도 정확하지 않았다. 현지인에게 핸드폰을 보여주며 우버의 환승정보를 재확인하니 버스 탑승구의 공지사항을 읽어보라고 한다. 이쯤되면 포르투갈어를 모르는 나로서는 신중했어야 했는데 줄서 기다린 것이 아까워 용감하게 탑승했다. 처음에는 제대로 가더니만 고속도로에 진입해서는 통제불능 상태로 전락했다. 서울에서 출발한 광역버스로 비유하자면 청라 정도가 나의 숙소였는데 인천공항을 지나치고 영종도를 일주해 귀가한 느낌이다. 그래도 소나기를 맞아가며 어렵게 귀가한 보람은 시원한 맥주와 꼬마김밥 안에 빼곡히 자리한 각종 안주의 풍미에서 찾을 수 있었다.

오늘의 행운은 귀가하기 직전에 봉헤찌로 대형마트에서 장을 본 일이다. 의류상가와 제조공장이 밀집한 한인타운 봉헤찌로는 흡사 평화시장의 남미 브랜치처럼 느껴졌다. 이곳에는 국내 대형마트와 마찬가지로 현지인 총각들을 고용해 배달서비스까지 제공하는 쇼핑의 천국이다. 우리 돈 만원으로 구입한 꼬마김밥과 떡절편 그리고 맥주 2캔은 나를 감동시켰다. 미국 플로리다 연구년 시절에 멀리 애틀란타에 장보러가서 고등어 자반 10여 손을 샀던 추억, 서부여행시 들른 LA 한인마트에서 짜장면 사먹으며 느꼈던 희열이 연상되는 대목이다.

상파울루의 호텔과 시장을 포함해 브라질 전역에서 경험한 현지 음식의 주요한 특징으로는 우선 중국 뷔페를 연상시키는 식당들이 많다는 것이다. 10이나 20헤알 정도에 한끼가 가능한 뷔페는 안남미에 검은콩 소스를 섞어 고기나 과일과 같이 먹는 방식이다. 그리고 야채나 양념도 우리 입맛과 크게 다르지 않았다. 더불어 열대의 풍부한 과일을 활용한 주스 전문매장이나 생과일 가판대도 쉽게 접할 수 있다. 나아가 상파울루 호텔의 조식뷔페에서 발견한 삶은 고구마와 부대찌개 맛이 나는 소시지탕 살시차도 해장에 그만이었다.

Chapter 03
66일 간의 세미 세계일주 후반부: 유럽

문명의 접경 그라나다가 간직한 추억

❝이슬람문화의 결정체, 알함브라 궁전❞

상파울루에서 마드리드로 향하는 10시간의 비행경로는 공교롭게도 남미와 아프리카 및 유럽의 땅끝 이베리아 반도를 직선으로 연결하는 루트이다. 하지만 이러한 지리적 특성을 초월해 남반부에서 북반부, 신대륙에서 구대륙을 향해서 간다는 정치경제적 의미를 포착해야 한다. 우리에게 익숙한 관념과 사고를 역으로 생각하는 유용한 기회이기 때문이다. 물론 항해였다면 더욱 실감이 났겠지만 비록 짧은 시간의 항공기 탑승도 지나간 역사의 궤적을 되돌려 성찰하기에 손색이 없는 기회이다. 공교롭게도 내가 탑승한 이베리아 항공의 승무원들은 대부분 건장한 남자들이라는 점에서 500년 전에 범선을 타고 남미로 향한 이베리아의 선원을 떠올리게 한다.

참고로 대양을 횡단하는 장거리 비행의 와중에는 여러 차례 흔들리기 마련이다. 하지만 오늘 상파울루 공항에서는 늦은 오후의 단골손님 천둥과 번개로 항공기 출발이 지연되더니 이륙하자마자 좌우로 요동을 친다. 내가 비싼 비행기를 500년 전 범선에 비유해서 아마도 하늘의 항로를 관장하는 신이 노했나 보다.

오전 일찍 마드리드 공항에 도착한 나는 곧바로 갈아타는 불편을 감수해야 하는 지하철 metro가 아닌 바로 가는 국철인 renfe를 이용해 그라나다행 버스가 출발하는 남부터미널로 이동하였다. 물론 피곤한 상태지만 비행기에서 못잔 잠을 5시간이나 소요되는 버스 안에서 보충할 요량이었다. 버스가 달리는 길가의 풍경은 건조한 사막을 방불케 한다. 수년 전 여름에 마드리드에서 톨레도 당일투어를 다녀온 적이 있는데, 당시 나는 내 인생 최고의 온도인 43도를 경험하였다. 그랬던 마드리드인데 오늘은 겨울이라고 영하 1도의 날씨이다. 서울이 강추위라고 하더니 한겨울 북극한파의 기운이 스페인까지 영향을 미치는 모양이다.

나는 외부의 온도변화에 민감한 편이다. 에어컨의 냉기도 선호하지 않는 편이다. 그래도 더위에는 일가견이 있었는데 나이가 들면서 그것도 시한이 다해 가는 모양이다.

그라나다의 알함브라 궁전은 이베리아 반도에 마지막까지 남아있던 북아프리카 이슬람 세력의 거점이었다. 멀리 역사를 거슬러 올라가면 지중해의 패자 카르타고를 비롯해 북아프리카 세력권에 포함되었던 이베리아가 중세의 그늘을 떨치고 일어난 서유럽 근대 중앙집권국가의 힘에 밀려난 것이다. 하지만 지중해 반대편 중동 지역에서는 십자군의 원정으로 기독교는 물론 이슬람과 유대교의 성지인 예루살렘을 포기했던 이슬람 진영이 중앙아시아에서 이주한 투르크의 힘을 빌려 과거 그리스의 세력권이던 터키 해안지방까지 장악하였다. 돌궐의 영어식 표기인 투르크 족의 일파는 몽골의 서진처럼 중앙아시아를 경유해 중동으로 세력을 확장했던 것이다.

이슬람 왕조가 떠난지 500년이 지난 지금의 알함브라는 타일로 치장한 나스리드 궁전과 황토로 덧바른 알카자바가 과거의 영광을 웅변하고 있다. 하지만 이슬람 유적의 중간에는 로마식 성당과 극장을 비롯한 기독교 문화가 들어온 상태이다. 이러한 문화혼합의 모습은 그라다다 시내 전역에서도 목격된다. 시내 중심에는 웅장한 대성당과 스페인 군주의 동상이 있지만 변두리 요소요소에는 이슬람 주거지와 유적이 산재해 있다. 지배세력은 밀려났지만 대다수 민중들은 자신들이 개척한 삶의 터전에 그대로 남아 있었던 것이다. 가로에서 마주치는 시민들의 얼굴도 모로코의 백색도시 카사블랑카에서 봤던 모습과 유사하다. 더불어 알함브라를 지키는 황토색 망루는 적색도시 마라케시와 닮아 있다.

오후에 그라나다에 도착한 나는 알함
브라 관람을 다음날 오전으로 미루는 대신
에 호텔 관계자가 강력하게 추천한 궁전
맞은편 산정인 알바이신 지구로 향했다.
알바이신 입구는 두 개의 산정 사이에 위
치한 골짜기가 길게 늘어져 있다. 골짜기
끝에서 주택가를 따라 산정의 전망대로 오

그라나다 알함브라궁전의 전경

르는 길은 작은 마을버스만 통행이 가능한 수준이다. 해질 무렵 산정은 석양을
즐기거나 야경을 기다리는 사람들로 북적거렸다. 나는 남미에서 그라나다까지
먼 여정을 소화한 관계로 노을에 만족하고 귀가를 서둘렀다. 반대편 골목길을
따라 내려오니 식당과 매점들이 보인다. 레스토랑과 케밥이 주류인 식당가를 지
나쳐 중국계 매점에서 신라면과 맥주를 사들고 호텔로 돌아왔다.

다음날 늦게 일어난 나는 호텔에서 아침을 간단히 해결하고 10시경 알함
브라 입구에 도착하였다. 나에게 부여된 관람 시간은 호텔 체크아웃을 감안해
정오 무렵이다. 어제 알바이신에서 궁전의 전경을 파악한 관계로 티켓을 예매
하지 않았지만 성안을 산보하며 분위기를 느끼기에는 큰 문제가 없어 보였다.
주요 유적지의 검표소 입구나 건물 사이의 울타리 사이로 궁정의 외관과 정원
을 감상할 수 있었다.

스페인 안달루시아에 산재한 이슬람의 영욕

**❝ 가톨릭과
이슬람의
대립구도 ❞**

중세의 십자군 전쟁에서 시작된 가톨릭과 이슬람의 대립구도는 근대의 시작과 더불어 새로운 형태로 재편되었다. 동쪽에서는 발칸에서 세력을 확장하던 오스만 투르크가 1453년 동로마 제국의 수도 콘스탄티노플을 점령한 반면에 서쪽에서는 에스파냐 왕국이 1492년 그라나다를 점령하면서 재정복을 의미하는 레콩기스타(Reconquista)를 완료하였다. 이후 승리자가 주도하는 문명혼합이 촉진되면서 아나톨리아 반도에서는 가톨릭의 흔적이, 이베리아 반도에서는 이슬람의 흔적이 추억으로 남게 되었다.

이슬람의 추억을 찾아서 떠난 나의 안달루시아 여행은 알함브라 궁전의 추억으로 유명한 그라나다에서 시작해 피카소의 고향이자 이슬람의 해안 성채가 남아 있는 말라가, 헤밍웨이의 집필장소이자 종교에 의한 행정이 시작된 론다, 플라멩코의 고장이자 예술적 영감을 자극하는 문화도시 세비야로 이어진다.

그라나다에서 론다행 버스표를 사려고 자동판매기를 검색했지만 발견하지 못했다. 안내원에게 물어보니 알사버스는 말라가까지 운행하고 말라가에 도착해서 다른 회사가 운영하는 론다행 표를 구매해야 한다는 것이다. 버스표를 구매하고 시간이 남아 그라나다 터미널을 자세히 둘러보니 온라인 구매만 가능하다고 알려진 알함브라 궁전관람 티켓을 여기서 판매하고 있다. 미리 알았더라면 나도 이곳을 활용해 궁전 내부도 관람했을 것이다. 역시 여유로워야 많은 것이 보인다는 진리를 절감하는 순간이다.

당초 예정에 없었던 말라가였지만 둘러보니 볼수록 알찬 도시였다. 말라가 항구를 둘러싼 산정에 위치한 요세와 성채 히브랄파로는 11세기 그라나다를 거점으로 말라가를 통치했던 이슬람 군주 바디스왕이 건설했다. 1487년 이베리아 반도 수복을 목전에 둔 스페인 연합군의 총공세에 맞서 3개월간 버틴 것으로 유명하다. 하지만 보다 화려하고 운치있는 알함브라 궁전을 둘러본 직후라 감동의 크기는 제한적이다.

아담한 항구 말라가의 전경은 산중턱을 돌아 내려오는 시외버스 안에서 확인할 수 있었다. 항구를 목적지로 설정해 시내버스를 타고 도착하니 요새와 해변이 주변에 모두 밀집해 있었다. 요트가 정박한 항구에는 숭어 무리가 유영하고 있다. 평지에서 보는 잔잔한 바다는 바캉스 시즌을 제외하고 인기가 없는 편이다. 눈으로 이미 확인한 성도 오르지 않을 것이고 비까지 한두 방울 뿌리니 한 시간도 안 되어 오늘의 경유지 관광일정을 마감하기로 했다. 그래도 내가 좋아하는 KFC치킨 브랜드가 보여서 잠시 들렀다.

지중해와 접한 스페인 남서부 해안은 제주도와 풍광이 유사하다. 오렌지밭을 둘러싼 방풍림이 제주의 귤밭과 닮아있다. 지중해와 접한 스페인 남서부 해안은 미서부 사막지대를 연상시키는 중북부의 황량한 풍광과는 달랐다. 특히 더위를 피하기 위해 산자락에 자리한 하얀색 집들도 운치가 있다.

오후 8시경 론다에 도착한 나는 다음날 오후 세비야로 가는 버스표를 예매했다. 직행버스는 자주 없는 것으로 보여 불안했기 때문이다. 터미널을 나와 4분 거리의 숙소를 찾아가는데 반가운 중국집이 보였다. 2유로 컵라면에서 4유로 볶음밥으로 저녁 메뉴가 업그레이드되는 순간이다. 내일 점심은 세비야로 출발하기 전에 이곳에 다시 와서 팟타이 스타일 볶음면에도 도전할 생각이다.

저녁식사를 마친 후에 캐리어를 끌고 어두운 골목길을 내려가다가 개들의 습격을 받았다. 애완견 불독 두 마리가 내 캐리어를 밟고 오르는 순간 주인이 목줄을 잡아당겼다. 입에 재갈을 물린 것으로 보아 평상시에도 맹수의 본능을 자주 표출했던 모양이다. 생김새까지 험악한 불독은 애완견으로 변종하는 과정에서 중강아지 수준으로 몸집을 줄였지만 기질은 여전히 호전적이다. 남미에서도 풀어 키우는 개들을 피해 다녔는데 유럽에서 방심하다 일격을 당한 것이다.

호텔에 들어와 TV를 켜니 안달루시아 지방답게 플라멩고 경연프로그램이 진행중이다. 또다시 시작된 시차의 역습에 시달리며 론다의 외로운 밤을 플라멩고 가락으로 달래는 것도 나쁘지 않다는 생각이 들었다. 플라멩고는 이슬람의 청아한 음색에 스페인의 열정적 율동이 결합된 복합예술이다. 멀게는 인도에서 발원해 집시를 통해 스페인으로 유입되었다고 한다. 박수로 시작해 양손을 흔드는 동작이 힌두교 성전에 모셔진 신들의 모습과 닮았다는 생각이 들었다.

고원 휴양도시 론다

론다의 마을 연결하는 누에보다리

비오는 아침 800미터의 고원도시 론다의 산보는 시작부터 압권이다. 터미널 근처 호텔을 나서니 바로 절벽이다. 공원에서 조망하는 절벽 아래 평원이 싱그럽다. 누에보 다리 쪽으로 내려가니 아담한 규모의 투우장 건물도 보인다. 연륜이 있고 도심에 있다는 차이점을 제외하면 대구 인근 청도소싸움장과 비슷한 규모이다. 위아래 마을을 연결하는 누에보다리는 사암지대 장자제의 기암 봉우리를 벽돌로 연결한 모양세다. 구도심 격인 다리 아래 마을은 오래된 성당과 성벽이 고풍스럽다. 역사에 따르면 1485년 가톨릭 군주가 론다를 점령하면서 마을간의 분할통치가 시작되었다. 또한 론다의 건물과 외관은 콜럼버스가 주도한 대항해 시대와 스페인 내전과 같은 격변기를 거치며 변모했다.

스페인 남부도시에서는 한국인 단체나 자유여행객을 자주 만나게 된다. 론다에서 세비야로 향하는 버스 승객의 대다수도 한국인이다. 고원도시 론다에서 해안도시 세비야로의 하향 이동은 대관령에서 원주로의 드라이브를 연상시켰다.

스페인의 영광을 선도한 세비야의 저력

**" 유럽의
소도시는
여행자의
마음을
편안하게 한다 "**

유럽의 소도시는 여행자의 마음을 편안하게 한다. 교통과 숙박시설이 구도심 관광지에 밀집해 있기 때문이다. 안달루시아 지방에서 비교적 큰 도시인 세비야도 예외는 아니다. 오늘도 버스터미 널에서 그다지 멀지 않은 호텔로 여유롭게 이동할 것으로 예상되기 때문이다. 호텔로 이동하는 중간 에는 한국식당도 발견했다. 하지만 나의 운은 여 기까지다. 단체 예약손님 때문에 개별 손님을 받 을 여유가 없다고 한다. 대타로 물색한 일식집을 찾아 늦어진 점심을 해결하고 숙소에 도착했다.

하지만 식당에서 200미터 거리라는 호텔은 아무리 찾아도 나오지 않았다. 다행히 한참을 배 회하다 인근 호텔 여직원의 도움으로 어렵게 예약 한 호텔을 찾아갈 수 있었다. 오류의 원인은 익숙 하지 않은 스페인어 주소의 배열상태를 오인한 것 이다. 피곤한 상태에서 주소를 대충보고 입력했는 데 번지수가 아니라 우편번호였던 것이다. 그래도 구글지도는 해당 지역의 중간지점 어딘가를 설정 해 알려준 것이다. 예약사이트 지도를 재확인하는 과정에서도 차이점을 발견하였지만 잘못 입력한 구글지도의 안내를 신뢰한 나머지 자체적인 정정

기회를 상실하고 말았다. 아무리 스마트한 폰이지만 인간의 불완전한 정보처리 방식인 휴리스틱이 개입할 경우 치명적 오류를 범하는 것이다. 사람의 정보처리방식은 인공지능 바둑기사 알파고처럼 문제해결 절차가 명확한 것이 아니라 축적된 노하우에 기반해서 전형적 특성을 중시하고, 자기의 편의를 앞세우며, 최초의 결정에 연연하는 패턴을 보이는 경우가 많다고 한다. 이를 노벨상 수상자인 심리학자 카네만과 트버스키는 휴리스틱의 한계(대표성, 이용가능성, 고착…)로 규정하였다.

몸도 지치고 기분도 별로라 한동안 방에서 칩거하다 기분전환을 위해 호텔 밖으로 나섰다. 호텔 주변의 공원을 산보하다 어느 순간에 대한항공의 광고에 등장해 유명세를 탄 스페인 광장에 도착했다. 한국 관광객들의 명소답게 여기서도 여러 명이 함께 포즈를 취하는 단체사진 촬영이 이루어지고 있다. 특히 마차를 타고 광장을 돌아 나오는 행위가 이곳의 주요한 관광 테마인 모양이다.

공원 저편으로는 대항해 시절 범선이 오가던 내륙의 항구를 품은 과달키비르강이 흐르고 있다. 물론 17세기 이후에는 대형 선박의 진출입이 용이한 인근 대서양의 카디스에 밀려 항구는 쇠락한 상태이고 지금은 유람선 정도만 보인다. 하지만 세비야의 강변은 13세기 이슬람 시대에도 강 상류로 침입하는 적을 막기 위해 12각형 형태인 황금의 탑을 축조할 정도로 전략적 요충지였다.

석양에 물든 세비야 스페인광장

신대륙 발견을 선도한 콜럼버스는 당시 경쟁상대인 포르투갈로 해도를 유출한 혐의로 왕실의 외면을 받기도 했다. 이는 해상무역에서 지도가 차지하는 중요성을 입증하는 사례이다. 당시 왕실에 배신감을 느낀 그는 죽어서도 스페인 땅을 밟지 않겠다고 유언했다. 하지만 지금은 카리브해에 위치한 또 다른 무덤과의 진위 논란에도 불구하고 세계에서 3번째로 크다는 세비야 대성당의 한편에 잠들어 있다. 그래도 다행인 점은 문명의 전환을 선도한 대가의 유언을 존중했기 때문인지 스페인 왕가 사람들이 그의 관을 공중에 떠받드는 안장방식을 택했다는 점이다.

17세기 이후 세비아는 교역이 퇴조한 반면에 미술을 비롯한 문화활동이 활발해졌다. 이 도시 출신의 화가인 벨라스케스, 수르바란, 무리요와 조각가인 후안 마르티네스 몬타네스, 시인 페르난도 데 에라라 등은 스페인이 자랑하는 예술가들로 꼽힌다. 아마도 이러한 문화예술 역량이 메트로폴 파라솔이나 알카사르 궁전에서 나타나듯이 오늘날 세비야를 아름답고 창의적인 도시로 도약시키는 주요 계기로 작용했을 것이다. 특히 알카사르 궁전 타일 장식과 정원 조경은 그라나다 알함브라 궁전에서 빼먹은 내부관람의 허전함을 달래기에 충분했다.

세비야의 알카사르 궁전과 정원

스위스가 간직한 팔색조 도시들

**❝ 취리히에서의
하룻밤 ❞**

나의 유럽 여행에서 스위스 도시는 정거장 역할을 담당한다. 너무나 매력적인 스위스 도시들이지만 비싼 물가로 인해 장기 체류에는 부담이 많기 때문이다. 더욱이 스위스는 유럽의 중앙에 위치하는 관계로 경유 항공편도 많은 편이다. 이번에는 이베리아의 남단 세비야에서 뮌헨으로 가는 와중에 그동안 들르지 못했던 취리히에서 하룻밤을 보내는 경유지로 결정했다.

세비야에서 취리히까지는 서유럽의 절반을 종단하는 관계로 2시간 반이나 걸린다. 덩치가 큰 스페인과 프랑스를 사선으로 횡단하는 과정에서 각각 1시간이 소요되고 스위스 영토 안의 착륙에 반시간이 소요된다. 에어버스사에서 제작한 스위스 항공의 내부 디자인은 실용적이다. 잡지 비치대와 음식용 탁자를 일체형으로 설계하여 무릎을 움직이기 편하도록 수납공간을 최소화시켰다. 정보를 제공하는 디스플레이 패널은 12명에 1개 정도로 배치하였다. 패널이 전무한 저가항공과 개인용 패널의 과소비를 절충한 방식이다. 반면에 이번 여정에서 장거리 이동시에 주로 탑승한 미국 보잉사의 차세대 항공기 보잉 787은 엔진과 창문 및 날개에서 최첨단 사양을 도입했지만 승객 편의사양은 다소 부족한 편이다. 특히 다리를 움직일 공간이 부족하고 접이식 테이블도 접지불량이 발생한다. 최근 항공사간 서비스 경쟁이 격화되면서 운수업에서 호텔업으로 전환을 방불케 할 정도이지만 기본에 충실하려는 인식의 전환이 필요하다. 우리나라의 대형 항공사나 저가 항공사들도 안전이라는 최고의 가치에 보다 충실하기를 기대해 본다.

스위스의 수도인 취리히는 금융과 교육의 중심지로 알려져 있다. 지리적으로 독일과 인접한 관계로 상공업의 중심지 역할도 담당하고 있다. 대다수의 스위스 도시들은 알프스에서 내려온 빙하수가 모인 호수를 끼고 있다. 여름철에는 강물 따라 헤엄쳐 내려오는 튜브 레프팅이 흥미롭다. 반면에 겨울에는 알프스 능선에서 즐기는 스키가 압권이다. 동계 스포츠의 메카인 스위스는 계절을 극복한 사계절 관광지이다. 더욱이 최근에는 세계화와 국가경쟁력의 중요성을 앞장서 설파해 온 스위스가 매년 1월 중순 다보스에서 주요 국가의 정상이나 대기업의 수장들이 대거 참여하는 고품격 포럼을 개최하고 있다. 포럼의 주도자인 슈밥은 제4차 산업혁명의 중요성을 일깨우는 기획 세션을 마련하고 저서도 출간해 관심을 끌었다. 스위스가 주도하는 국가경쟁력 지수나 다보스 포럼은 친자본과 친서방 편향이 심하다는 비판을 받고 있기도 하다.

취리히 공항에서 중앙역으로 이동한 나는 숙소로 이동하기 위해 택시를 이용하였다. 오늘의 숙소는 취리히 홍등가에 있는 작은 다락방 호텔이다. 물론 가격이 저렴해 선택했지만 이번 기회에 홍등가의 분위기를 살피는 것도 유용한 경험이라는 생각도 들었다. 작은 호텔의 체크인은 멘체스터와 마찬가지로 1층 바에서 담당하고 있다. 태국인 여직원은 간만에 동양인을 만나서 그런지 반갑게 맞이해 주었다. 여장을 풀고 내려와 주변을 둘러본 다음 내가 체크인한 호텔의 바로 들어갔다. 자세히 살펴보니 바는 옆 상가와 쪽문으로 연결되어 있었는데 그곳은 이 지역에서 성업중인 누드쇼를 진행하는 업장이었다. 손님이 없어 영업은 중단된 상태였지만 손님이 원하면 대기중인 직원들을 투입해 쇼를 재개하지 않을까 하는 생각이 들었다.

유럽의 홍등가는 우리나라와 마찬가지로 철도 중앙역 인근에 자리하고 있다. 암스테르담이나 프랑크푸르트 홍등가는 동양인 패키지 관광객이 줄지어 관람할 정도로 유명하다. 이곳은 유럽이나 한국의 대도시처럼 단지화된 대규모 업소들은 보이지 않았지만 허름한 옷차림으로 길거리에서 흥정하는 동유럽 이민자 여성들을 어렵지 않게 목격할 수 있었다. 하지만 나의 호텔에 근무하는 미모의 바텐더겸 쇼걸은 말끔한 차림에 상당한 보수를 받고 있는 것으로 보였다. 태국여성 바텐더와 유럽의 맥주를 주제로 다양한 이야기를 나누었는데 내가 주문하지 않은 맥주까지 서비스로 마셔보라는 호의를 베풀어 주었다. 바텐더와 친해 보이는 단골손님 중년 남자는 나에게 자신의 위스키를 따라 주기도 했다. 술 없는 나라 모로코에서 수박으로 대신하던 나의 갈증이 충분히 해소되는 순간이다. 더욱이 비 내리는 취리히의 늦은 밤은 술 한 잔 하기에 더없이 좋아 보였다.

아침에 컵라면으로 해장을 마친 나는 중앙역 인근의 강가를 산보했다. 상수와 하수를 구분이라도 하듯이 2개의 하천이 구분되어 흐르는 것이 이색적이다. 오수가 흐르는 하천은 주로 복개되어 있었는데 일부 구간이 지상에 노출된 것이다. 여름에 도심 하천에서 물놀이를 즐기는 청정 빙하수의 유지 비결이 이중 하천이었던 것이다.

취리히의 이중수로

중앙역 건너편 언덕 위로 대학들이 검색된다. 부실한 아침을 먹었지만 세미 등산을 각오하고 언덕으로 올라가니 초입에 멋진 외양의 공공도서관이 보인다. 보스턴 중앙도서관에 비해 규모는 작지만 학구열에 불타는 분위기는 고시생이 선도하는 우리나라 대학도서관을 방불케 한다. 여기서 공부하면 왠지 머리에 쏙쏙 들어갈 것 같다는 느낌이다. 도서관을 나와 본격적으로 대학 단지를 향해 올라가는 와중에 노면 케이블카를 발견했다. 거리는 짧지만 물가가 비싼 스위스에서 공짜를 만나 기분이 좋았다. 하지만 어젯밤부터 계속된 오늘의 횡재는 이것만이 아니었다. 취리히연방공과대학교에 올라가 바라보는 시내 경관이 장관이다. 그리고 유치원 꼬마들의 견학코스로 보이는 건물은 취리히대학교 동물학박물관이다. 뉴욕의 자연사 박물관보다 규모는 작았지만 전시된 동물들의 모양은 훨씬 정교해 보였다. 유치원 꼬마들이 보기에는 아까울 정도로 유익한 정보가 넘쳐나는 대학박물관이다. 우리 대학이나 기업들의 지역사회 공헌활동이 보다 활성화되기를 기대해 본다.

시내 관광을 마친 나는 중앙역에서 트램을 이용해 호텔로 돌아가 정오에 출발하는 중앙역 인근 버스정류장으로 향했다. 취리히에서 300㎞ 가량 떨어진 뮌헨은 버스로 4시간 거리다. 어제 비행기 안에서 하나의 칼럼을 완성했듯이 오늘도 상당한 원고량이 예상된다. 한

연방공대 교정에서 본 취리히의 시내

적한 2층 버스 안이 한가하고 쾌적해서 생각하고 글쓰기에 안성맞춤이라는 생각이 들었기 때문이다.

원래 안성맞춤이란 임진왜란 이후 방납의 폐해를 막기 위해 실시한 대동법의 추진과정에서 생겨난 용어이다. 불합리한 호구 단위 조세산정 방식이 아니라 토지 면적에 따라 쌀로 세금을 내고 필요한 지방의 특산물은 관아에서 구매하도록 혁신한 대동법은 당초 전국적으로 실시할 예정이었으나 이권을 소유한 기득권의 반발로 인해 경기도로 제한되었다. 이에 안성의 유기상들은 방납을 바치는 대신에 전국적인 유기 메이커로 부상하는 기회를 포착하였다. 우리 사회의 고질병인 부동산 투기대책과 관련하여 종부세나 보유세의 당위성도 안성맞춤이나 대동법 개혁과 연계해 성찰할 필요가 있다는 생각이 들었다.

독일은 1871년 통일 이전에는 신성로마제국 황제로부터 자치권을 확보한 도시나 성주들이 국세를 징수하는 대리인 역할을 수행하였다. 반면에 영국은 광활한 식민지 세금징수를 위해 동인도회사와 같은 민간조직에 과세권을 허용하기도 했다. 이러한 전통으로 인해 오늘날 영국은 유럽 대륙국가보다 민영화나 민간위탁이 활성화된 편이다.

남부 독일의 자존심 뮌헨의 품격

취리히에서 뮌헨으로 향하는 여정에는 광활한 호수를 비롯해 다양한 볼거리가 있어 지루하지 않았다. 하지만 도심으로 진입한 순간 기존의 한적한 경치와는 완전히 다른 모습이 펼쳐졌다. 뮌헨은 빠른 속도로 흘러가는 대도시의 전형적인 모습이었다. 특히 교통의 요지답게 도로나 선로가 복잡하게 배치된 모습이 인상적이다.

내가 다시 독일을 찾은 이유는 지난해 여름 하이델베르크과 베를린에서 느낀 감동의 여운 때문이다. 뮌헨은 독일의 국가경쟁력을 대표하는 경제수도의 역할을 수행하고 있다. 독일 통일 이전에는 바이에른 왕국의 수도로 합스부르크 가문이 지배하던 오스트리아 지역을 제외하고 가장 강력한 도시국가였다.

취리히에서 뮌헨으로 오는 중에도 비가 내리더니 뮌헨에 체류하는 이틀 동안에는 눈발이 휘날렸다. 유럽의 겨울은 해도 짧고 날도 흐려서 여행하기에 불편하다. 겨울이 오면 독일 사람들이 지중해나 동남아시아 같은 따뜻한 휴양지를 찾아 장기 휴가를 떠나는 일이 이해가 되었다.

사실 뮌헨에 대한 나의 첫인상은 달갑지 않았

다. 춥고 흐린 날씨에 제대로 해장도 못하고 버스로 4시간을 이동하는 과정에서 지쳤기 때문이다. 컨디션 난조를 해결하기 위해 뮌헨 버스터미널 태국음식점에서 파타이로 급한 불을 끄기로 결정했다. 어렵게 원기를 회복한 나는 중앙역으로 이동해 다음 목적지를 물색했지만 여의치 않았다. 아무래도 조기 귀가해 휴식을 취하는 것이 유리하다는 결론에 도달하고 말았던 것이다.

외곽이지만 지하철로 시내진입이 용이한 호텔은 가성비가 양호했다. 다음 날 시내투어 정보를 검색하면서 알게 된 사실이지만 나의 숙소는 올림픽공원이 지척이다. 시내 중심지에 대한 기대가 약화된 상태라 일단 올림픽공원 산보를 하기로 정했다. 인근 전철역에 내리니 독일을 대표하는 자동차 메이커 BMW 본사도 보이고 공원의 조경도 기대 이상이다. 관광객들이 자주 들르는 입지를 최대한 활용해 사업장과 전시장은 물론 출고센터까지 겸한 기업도시 구상이 신선했다. 우리의 울산이나 광주도 자동차 공장과 지역의 문화유산을 결합하는 패키지 전략을 학습할 필요가 있다.

나는 자동차를 주차장에 모셔두는 스타일이라 옵션이 전무한 소형차를 구입해 사용하고 있다. 이런 내가 자동차 마니아들이 선호하는 고급차 시리즈의 차이점을 알기는 어려웠다. 하지만 이왕 왔으니 유료인 박물관은 생략하고 공짜 전시장은 둘러보았다. 명차를 보고도 별다른 감흥이 나지 않았지만 자동차 마니아 친구를 위해 몇 장의 사진을 찍고 서둘러 나왔다.

역시 나의 관심사는 자동차보다 호수가 있는 공원 산보였다. 바람이 강한 추운 날씨였지만 색다른 풍광에 여기저기 열심히 둘러보았다. 1972년에 완공한 공원인데 조경과 디자인이 요즘 분위기와 어색하지 않은 상태였다. 완만한 구릉을 최대한 살린 친환경적인 설계라 그랬던 모양이다. 공원 맞은편 주택가로 넘어가는 길목에는 '검은 9월단'의 테러에 희생된 사람들을 기리는 추모비도 보인다. 공원입구 전철역 주변에는 우리의 올림픽공원 인근처럼 고급 아파트도 보인다. 그런데 전철역에 접근해 보니 작은 임대주택을 연상시키는 연립주택단지가 더욱 잘 보이는 요지에 배치되어 있었다. 차있는 부자들은 전철에서 멀어도 되지만 자전거 타는 서민들을 우선하는 공간배치가 아닌가 싶다. 임대주택의 입지 결정시에 우리가 참고할 선진 우수사례가 아닐까 싶다.

독일의 지하철은 평지에 건설된 관계로 입구에서 20미터만 걸어 내려가면 바로 탑승이 가능하다. 역무원이나 검표 게이트도 찾아보기 어렵다. 하지만 독

올림픽 공원에서 바라본 BMW 전시관

1972년 뮌헨올림픽 테러희생자 추모탑

일의 지하철은 자율개찰 시스템에 익숙하지 않은 외국인 여행자를 대상으로 한 정보제공이 미진했다. 마찬가지로 미국 뉴욕의 지하철은 유지보수를 간과한다는 점에서 가난한 유색인종에 대한 배려가 부족하다. 스페인 지하철은 산발적 사용자인 관광객들에 대한 배려가 절대적으로 미흡했다. 영국과 싱가포르의 경우 장애인과 노인이 위협을 느낄 정도로 에스컬레이터 속도가 빨랐다.

　　뮌헨의 도심에 해당하는 마리아 광장 인근은 전통과 현대가 공존하는 바바리아의 품격을 느끼기에 충분했다. 예술과 역사가 도처에 드리워진 독일의 아테네라는 표현이 수긍간다. 하지만 오래된 문화와 예술의 무대를 제대로 이해할 정도로 나의 준비는 부족했고 충분히 여행할 시간도 없었다. 범위와 깊이를 모두 만족시키는 도시문화 기행은 다음 기회로 넘기는 순간이다.

　　뮌헨은 세계 최대의 맥주 축제가 열리는 도시답게 한때 우리나라에서도 유행했던 대용량 맥주잔이 정겨웠다. 또한 맥주 안주인 소시지로 유명하다. 우유가 많이 들어간 하얀색 소시지를 안주삼아 옥토버페스트의 무대를 직접 느껴보지는 못했지만 호프집의 왁자지껄한 분위기를 눈으로 확인한 일에 만족했다.

　　대도시 중심가에 산재한 건축물들은 시티투어의 즐거움을 선사한다. 독일 특유의 광장문화와 공공건물을 목격한 일이 유익했다. 이 중에서도 특히 두 개의 돔과 지붕이 웅장한 성모성당은 골목에 자리한 관계로 좀처럼 전경을 사진에 담기 어려웠다. 나중에 안 사실이지만 성모성당 안에 들어가면 오르간 연주를 감상하거나 100미터 높이의 돔에서 알프스 설산도 조망이 가능하다고 한다. 프랑스나 스페인의 성당들이 대리석으로 화려하게 치장한 반면에 이곳의 성모성당은 외관이 수수하지만 거대한 지붕은 보는 이들을 압도하기에 충분하다.

발칸의 화약고 사라예보의 수난

뮌헨을 떠나 사라예보에 도착하자 많은 것이
달라졌다. 보스니아 연방의 수도임에도 불구하고 사
라예보 공항은 내가 타고 온 비행기가 유일했던 쿠
바의 지방도시를 연상시킬 정도로 한적했다. 도로는
협소하고 노후화된 노면전철이 대중교통을 책임지
고 있다. 오랜 내전을 경험한 도시답게 곳곳에 대규
모 묘지가 보이는 점도 색다르다. 교회, 성당, 모스
크, 시너고그 등 시내 곳곳에 포진한 다양한 종교시
설들은 이 도시가 왜 발칸의 예루살렘이라는 별칭을
얻게 되었는지를 확인시켜 준다.

유고슬라비아 연방시절 동계올림픽을 개최할
정도로 번성했던 내륙의 산악도시는 오랜 내전을
거치며 유럽의 변방으로 퇴보한 상태이다. 사라예보
는 우리 국민들에게 동계올림픽의 개최지보다 1973
년 세계탁구선수권대회에서 구기사상 단체전 최초
우승이라는 승전보를 전했던 이에리사, 정현숙 등
여전사들이 활약한 국제 스포츠의 무대로 각인되어
있다.

동서양의 교차로 발칸에 위치한 나라들은 부침
이 심했다. 술탄 오스만 1세가 1300년 터키 지역에
오스만 제국을 세운 이후 발칸 지역은 이슬람 영향

사라예보 올드타운

권으로 편입되었다. 하지만 18세기 이후 오스트리아 합스부르크 왕조가 확장하면서 기독교 영향권으로 편입된다. 제1차 세계대전을 촉발한 오스트리아 황태자 암살사건은 현대 이후 계속될 발칸의 비극을 예고한다. 제2차 세계대전을 계기로 소련의 영향력이 확대되자 발칸에는 사회주의 정권들이 대거 수립되었다. 이 중 2개의 자치주(보이보디나, 코소보)와 6개의 공화국(세르비아·크로아티아·보스니아·슬로베니아·마케도니아·몬테네그로)을 포괄할 정도로 크고 강력한 연방이 티토가 주도한 유고슬라비아였다. 그러나 소련의 붕괴를 계기로 티토(1892~1980)라는 구심점을 상실한 유고 연방은 해체를 경험하게 된다. 종교에 따라 민족주의 성향이 강했던 유고 연방은 붕괴 이후 인종청소라는 비극에 직면하였다.

내전이 종결되고 평화가 찾아왔지만 민족이 대립하는 보스니아의 시련은 계속되고 있다. 국제사회의 압력으로 보스니아 내부의 민병대를 후원했던 세르비아와 크로아티아의 민족주의가 지면 아래로 잠정 봉인된 상태지만 산불의 불씨는 강력한 외풍이 불면 되살아날지 모른다. 발칸의 도살자로 불리는 라트코 믈라디치 민병대 사령관과 슬로보단 밀로세비치 신유고 연방 전임 대통령에 대한 세르비아 내부의 추종세력도 여전하기 때문이다.

1993년 사라예보 폭격과 1995년 인종청소로 수만명이 희생된 사라예보의 무슬림들은 시내 곳곳에 마련된 하얀색의 공동묘지에 잠들어 있다. 다양한 종교의 회당들은 시내 곳곳에 혼합되어 있지만 색깔을 달리하는 공동묘지의 상징색들은 종교가 단절시킨 민족 간의 융합이 얼마나 어려운 과제인가를 웅변하고 있다. 또한 내전시기 세르비아의 사라예보 봉쇄를 피해 생존물자를 조달하던 공항 인근의 지하터널도 비극의 명소로 알려져 있다.

물론 사라예보에 비극의 흔적만이 존재하는 것은 아니다. 도심을 동서로 흐르는 밀랴츠카 강의 남과 북쪽으로 솟은 높은 산들이 아늑하고 평온한 분위기를 자아낸다. 또한 변방의 고단한 삶을 경쟁적으로 위로하는 종교시설이 밀집해 있다. 그리고 구도시 골목에는 유목문화와 농경문화가 혼합된 식당이나 상점들이 이색적인 분위기를 연출하고 있다.

사라예보 올드타운 인근의 묘지

내가 경험한 사라예보 구도시의 호텔과 식당도 만족스러웠다. 구도시 동편 입구에 위치한 부티크 호텔은 기존의 건물을 개조하였지만 깨끗하고 쾌적했다. 비수기여서 손님이 많지 않았던 관계로 싱글룸을 더블룸으로 업그레이드하는 서비스도 누릴 수 있었다. 특히 순박한 미소로 반기는 직원들의 친절은 우리 시골 민박의 인심을 느낄 정도이다. 유목 전통이 강한 식당들은 주로 양이나 소 구이요리를 제공하고 있었는데 다소 질겼지만 자연의 맛을 느끼기에 제격이다.

1박 2일에 불과한 사라예보를 여정을 마감하고 버스를 이용해 드부로브니크로 향하는 길에서도 특이한 풍광을 접할 수 있었다. 서울에서 속초로 이어지는 오래된 국도를 연상시키는 계곡과 강변 및 들판이 전원적이다. 그리고 중간 기착지인 모스타르 시내는 사라예보에 필적하는 문화와 경치를 지니고 있었다. 특히 해당 지역의 종교에 따라 마을의 분위기가 확연히 달라지는 모습을 구분할 수 있었다.

인간과 자연이 협업한 크로아티아의 풍광

**"아드리아해의
숨은 보석
크로아티아"**

자연과 인간이 협업해 창조한 낙원 크로아티아
는 인구 440만의 소국이지만 아드리아해를 따라 이
탈리아와 마주하며 길게 늘어선 나라이다. 발칸반도
에 위치한 관계로 오래전부터 거대 제국의 변방이나
속주로 부침이 심했다. 나의 크로아티아 여행은 버스
로 사라예보를 출발해 남단에 위치한 드부로브니크
에 도착하면서 시작되었다.

해안 성곽도시로 유명한 드부로브니크는 고품격
휴양지로 알려져 있다. 성곽을 따라 걸으며 해안의
절경과 성안의 건물을 감상하는 일이 이곳 여행의
테마이다. 지중해를 대표하는 항구들은 외부의 침입
을 격퇴하기 위해 견고한 성곽을 쌓는 경우가 많다.
특히 기독교 세력과 이슬람 세력 간에 쟁투가 벌어
졌던 발칸 지역의 경우 튼튼한 안보는 도시발전을
위한 최고의 미덕이었다.

아드리아해를 사이에 두고 마주한 발칸과 이탈
리아 반도의 항구들은 유사점이 많다. 다만 산악지대
가 항구를 둘러싼 발칸지역의 경우 육상교통이나 농
업발전의 제약으로 인해 발전의 속도가 상대적으로
느렸다. 물론 유랑도적단을 방불케 하는 외적의 빈번
한 침입도 번영을 제한하는 요소였다. 반면에 상공업

과 농축산업이 긴밀한 보완관계를 유지한
베네치아, 피렌체 등과 같은 이탈리아 반
도의 도시들은 번영을 구가하였다.

드부로브니크 성곽도시의 풍광

남단의 드부로브니크에서 북단의 자
그레브까지는 시간을 절약하기 위해 국내
선 항공으로 이동했다. 이곳은 여름 성수
기를 제외하고는 관광객이 많지 않기 때문
에 이탈리아 주요 도시를 제외하고는 취항

하는 국제선 항공사도 적은 편이다. 사실 사진으로 보는 성곽도시의 풍광은 압
도적이지만 작은 규모와 투자의 제한으로 인해 음식, 문화, 유흥 등 관광객들이
선호하는 플러스 알파가 제한적이기 때문이다.

크로아티아의 수도이지만 인구 70만의 자그레브의 공항은 아담한 한국의
지방도시에 있을 법한 공항이다. 하지만 지리적 요충지에 자리한 덕분에 유럽
각지로 연결되는 항공 노선들을 구비하고 있다. 얼마 전 우리나라 국적기가
신규 취항한 도시이기도 하다. 공항에 비치된 홍보자료에는 크로아티아와 아
드리아의 관문은 물론 중부 및 남동부 유럽을 연결하는 허브를 지향하고 있다
고 한다.

공항에서는 한국 자유여행객들도 자주 보였는데 대부분 렌트카 관광을 선
택하고 있다. 나도 운전이 편한 이곳에서 렌터카를 고려했지만 국제면허증 기
한이 만료되어 불가피하게 버스를 이용해야 한다. 안내센터 직원에게 시내에
위치한 버스터미널을 문의하니 지도에 표시해 준다. 영어, 독일어, 스페인어 등
과 마찬가지로 autobus로 시작한다. 물론 구글지도에서 여기까지만 입력해도
목적지가 뜨지만 완전한 현지 명칭은 autobusni kolodvor였다.

자그레브에서는 국립공원 플리트비체만 다녀올 예정이었지만 자다르 해변
의 일몰이 예술이라는 블로거의 말에 덜컥 버스표를 예매하고 말았다. 하지만
겨울철 눈이 녹아 빙판이 된 관람데크를 조심조심 걸으며 플리트비체의 비경을
감상하다보니 몸에 무리가 오기 시작했다. 감기라도 걸리면 후속 일정에 문제
가 생긴다는 생각에 과감하게 예약표를 포기하고 자그레브로 귀환했다.

다음날 아침 트램을 이용해 둘러본 자그레브 시내는 동유럽 도시들과 마찬
가지로 다양한 문화유산을 품고 있었다. 더불어 시내 골목길 작은 상점마다 다

양한 테마와 추억이 담겨 있을 정도로 볼거리가 많았다. 경관의 명소나 공원들도 기대 이상으로 운치가 있다. 물가도 비교적 저렴해서 조용히 휴양하며 즐기기에 적합한 도시라는 생각이 들었다.

크로아티아 수도 자그레브

발칸의 관문 슬로베니아의 매력

**❝ 발칸의 부국
슬로베니아 ❞**

슬로베니아는 크로아티아와 이탈리아 사이에 있는 발칸의 관문이다. 나는 자그레브에서 베네치아로 이동하는 중간에 슬로베니아 수도 류블랴나에서 하루 머물렀다. 1991년 유고연방이 해체된 직후에 가장 먼저 독립을 선언한 슬로베니아는 1인당 국민소득 3만 달러에 육박하는 발칸의 부국이다. 이탈리아와 마찬가지로 알프스 남단인 관계로 자연경관도 수려하다.

전라남북도 크기의 슬로베니아는 인구가 200만 명이 조금 넘는데 최근 흑기사라는 드라마를 통해 국내에 알려지기도 했다. 드라마 흑기사의 촬영지인 블레드 성과 호수에는 티토의 별장이 있고, 이 별장에 북한의 김일성도 묵어갔다고 한다. 강원도 고성의 화진포에는 시차를 달리하며 김일성과 이승만이 묵었던 별장들이 유명세를 타는 것과 비슷한 이치이다.

류블랴나 강의 물길이 휘감아 돌아가는 모습에서는 베른이나 베네치아가 연상되기도 한다. 도시의 중앙에서 전망대 역할을 수행하는 류블랴나 성에 오르면 아기자기한 건물들이 파노라마 전경을 선사하는 멋진 풍경을 감상할 수 있다. 류블랴나 성은 오랜 세월을 간직해온 만큼 고풍스러운 분위기가 인상적이다. 고도차가 심한 서유럽 도시들과 마찬가지로 푸니쿨라가 설치되어 있어 누구나 쉽게 성에 올라갈 수 있었고, 아침 산보삼아 걸어서 오르기에도 큰 무리가 없었다. 류블랴냐의 또 다른 명소로 유명한 삼중교는 1842년 목재에서 석회암으로 개축한 이후 오랫동안 서유럽에서 발칸으로 넘어가는 유일한 다리 역할을 수행해 왔다.

알프스가 보이는 류블랴냐 시내 전경

과거 유고연방 시절부터 서유럽과 연결되는 통로 역할을 담당해 왔지만 도로망이 부실해서 베네치아 이동시에는 교통체증을 감수해야 한다. 발칸에 도전하는 한국인 관광객들은 류블랴냐를 경유해 아드리아해를 따라 남하하는 경우가 많다. 이 경로는 여유 있게 해안의 절경을 감상하기에 유리할 뿐만 아니라 내륙에 자리한 플리트비체 호수, 사라예보 등에

들르기도 유리하다.

아드리아 해변은 산악지대와 접하고 있기 때문에 방목장과 과수원을 제외하곤 변변한 농산물을 찾아보기가 어렵다. 치즈나 요구르트가 지역을 대표하는 특산품이자 장수지대의 상징이다. 하지만 해산물이 풍부한 관계로 지중해식 식단의 경쟁력은 탁월하다. 사라예보와 같이 내륙으로 들어가면 양을 통째로 구어내는 요리가 자주 보이고 해안가는 제주도와 마찬가지로 돼지고기 요리가 대세이다. 나도 발칸을 여행하며 조리가 가능한 스튜디오 숙박시에 양상추와 쌈장을 활용해 저렴한 가격의 목살구이를 맛보기도 했다.

동서양 교류의 중심지 베네치아의 활력

**❝ 금융과 무역의
도시 베네치아 ❞**

슬로베니아 류블라냐에서 이탈리아 베네치아로 오는 여정은 험난했다. 서유럽과 동유럽을 연결하는 고속도로는 화물차로 가득차 있었다. 알프스산맥에 가로막혀 도로망 개설이 제한된 상태에서 동서 간의 진영논리로 인해 물동량 해결과 직결된 철도망에 대한 투자도 부진했다. 막힌 고속도로를 우회하는 이탈리아 접경 지역의 대체도로는 2차선 국도에 불과했다. 그마저도 자주 등장하는 로터리로 인해 속도를 내기는 불가능한 실정이다. 그나마 위안거리라면 정체에 시달리는 와중에 광활한 지평선을 장식한 불타는 노을을 감상했다는 점이다. 심각한 교통난 해소를 위해서는 발칸을 포괄하는 새로운 연합체의 창설이나 EU의 확대가 절실해 보인다.

방파제와 같은 대규모 토목기술이 등장하기 이전의 항구는 지리적 조건에 민감했다. 따라서 사람들이 원하는 천혜의 항구는 강이나 만 그리고 석호를 끼고 있는 경우가 많았다. 베네치아의 경우는 석호를 활용한 항구도시이다. 게다가 동서양을 매개하는 상업활동의 중심지라는 인문지리적 요인이 대외적 인지도를 상승시키는 효과로

석호 안에 자리한 수로가 인상적인 베네치아

작용하였다.

베네치아가 오래된 금융과 무역의 도시라는 사실은 셰익스피어의 희극으로 유명한 '베니스의 상인'에 잘 나타나 있다. 최근 영화로 개봉된 이야기는 고리대금업자 샤일록과 무역상 안토니오의 채무관계와 재판경과를 중심으로 이야기가 전개된다. 여기서 우리는 게토라는 유대인 차별구역이 히틀러의 전유물이 아니라 16세기 유럽에서 가장 개방적이던 베네치아에서 공공연하게 이루어졌다는 점에 주목할 필요가 있다.

베네치아와 밀라노는 오래전부터 경제와 예술을 혼합한 관광의 명소로 자리해 왔다. 각기 이탈리아의 역사를 주도한 패권도시로서 이들의 부침은 많은 의미를 담고 있다. 르네상스를 전후한 지중해 무역의 전성기에는 베네치아의 경제력이 빛을 발했다. 하지만 최근에는 산업화 이후 제조업의 중심지로 재탄생한 밀라노의 경제력이 압도적이다. 동서교역이라는 상업화에는 성공했지만 유리공예와 같은 수공업을 제외하고 산업화에서 부진했던 베네치아는 관광도시로의 전환에 주력해 왔다.

지금의 베네치아는 밀려드는 관광객 때문에 현지인의 생활이 지장을 받을 정도이다. 외부의 사람이나 돈이 유입되면 홍콩이나 더블린의 사례처럼 생활비나 부동산이 오르기 마련이고 서민들이 피해를 입는다. 조그만 수로를 연결하는 배나 광장을 관광객들이 장악하면 현지인들은 움직이기 어려워진다. 인근에 위치한 무라노 섬은 상대적으로 한적하다. 한때 유럽을 매혹시켰던 유리공예의 흔적도 남아 있다. 다양한 색상으로 칠해진 건물의 모습도 보는 이들을 즐겁게 한다. 본섬에서 무라노를 이어주는 페리는 중간 정거장인 공동묘지 섬에도 잠시 들른다. 좁은 섬이지만 해수의 침입을 차단하기 위해 튼튼한 축대를 쌓은 점이 인상적이다.

베네치아에는 피렌체와 더불어 근대 르네상스와 지중해 무역을 선도한 공화국의 흔적이 남아 있다. 베네치아 공화국은 15세기 이후 오스만투르크가 해

상으로 진출하자 내륙인 밀라노 방향으로 세력권을 변경하였다. 물론 에게해·
펠로폰네소스반도·키프로스 등의 식민지를 투르크에게 빼앗겼지만 크레타섬과
코르프섬은 17세기까지 유지했다. 하지만 1797년 나폴레옹에 의해 정복되고 오
스트리아에 병합되며 급격히 쇠퇴하였다.

**❝ 제3의
이탈리아는
산업경쟁력의
보고 ❞**

나의 이탈리아 여행은 로마를 기점으로 남부를 섭렵한 다음 북상하거나 로마에서 귀국하는 방식이었다. 물론 과거에도 피렌체와 베네치아를 빠르게 경유한 적이 있지만 밀라노를 비롯해 이탈리아 북부 공업지대를 둘러볼 기회는 없었다. 제3의 이탈리아로 지칭되는 북부 공업지대는 남부 농업지대와 대비적이다.

과거 이탈리아가 섬유와 자동차로 세계를 제패한 시절에는 한국을 비롯해 세계 각국의 벤치마킹 대상으로 부상했다. 가족 간의 친밀한 연계관계가 신축적인 중소기업의 성장과 혁신을 촉진한 최고의 동력으로 평가되었다. 물론 남부 이탈리아의 친밀한 가족관계는 범죄조직 마피아의 네트워크라는 부정적 측면이 중시된다. 국제비교의 관점에서 대만의 혁신적 중소기업이나 동남아시아의 화교네트워크는 긍정적 사례에 해당한다. 반면에 정경유착을 노정한 한국의 재벌은 반대의 사례에 가깝다.

베네치아를 떠난 기차가 한 시간 반가량 달려 제3의 이탈리아를 대표하는 베로나 인근에 다다르자 대규모 자동차 야적장이 보인다. 지금은 한풀 꺾인 자동차 산업이지만 그래도 명맥을 유지하고 있는 것이다. 밀라노는 토리노, 제노바 등과 더불어 이탈리아 북부 산업지대의 삼각 축을 형성해 왔다 과거 주력산업인 섬유와 패션의 경우 대구가 벤치마킹을 시도할 정도로 국제경쟁력을 지니고 있다. 최근에는 국제박람회를 개최하여 제조와 유통을 결합한 상업도시로 지속적인 도약을 꿈꾸고 있다.

밀라노는 이탈리아 경제의 중심지답게 도처에서 고층빌딩 공사가 진행중이다. 또한 대규모 아파트 단지도 보인다. 밀라노 중심부 구도시 관광은 두오모가 핵심이다. 세계 5위권의 대규모 성당은 외관의 화려한 장식으로 보는 이들을 압도한다. 또한 최후의 만찬을 감상할 수 있는 산타마리아 델레 그라치에 성당도 인기있는 명소이다. 나아가 인근의 스포르체스크성도 산보삼아 둘러보기에 유익하다. 과거 밀라노를 억압적으로 통치하던 비스콘티 가문이 방어와 과시를 위해 중세의 성벽을 증축한 성은 15세기 시민들의 봉기로 허물어졌다. 근대에 보수한 이후로는 다빈치과학박물관과 공원으로 활용되고 있다.

밀라노 시내 중심에는 패션의 도시답게 다양한 상점들이 손님을 맞이하고 있다. 다른 한편으로는 오페라 극장과 미술관도 보인다. 르네상스 시절 창의적 경세가인 다빈치의 활동무대이자 통일의 경제적 토대를 마련한 밀라노는 지금도 인구 400만의 이탈리아 최대 도시이다. 밀라노는 역사적으로 서로마 제국의 수도이자 313년 기독교를 공인한 밀라노 칙령이 발표된 곳이기도 하다.

반도의 동북부에 있는 베네치아와 피렌체는 르네상스를 선도하는 방식으로 이탈리아의 전성기를 이끌었다. 반면에 서북부 공업지대에 위치한 밀라노는 제3의 이탈리아라는 별칭을 통해 알 수 있듯이 토리노, 제노바, 베로나 등 인근 도시들과 협업하는 방식으로 전후 이탈리아 경제의 심장 역할을 수행해 왔다.

일본을 대표하는 음식이 스시와 소바라면 이탈리아를 대표하는 음식은 피

밀라노 시가지의 전철

자와 파스타이다. 특히 파스타는 다양한 모양의 면발과 특이한 소스가 예술적이다. 하지만 관광지의 거리에서 이러한 음식을 만나는 건 쉬운 일이 아니다. 햄버거와 케밥 및 중국계 체인음식점들이 도시의 골목을 장악한 상태이기 때문이다. 베네치아 리알토 다리 인근에는 아침에 생선시장이 열린다. 점심으로 지

중해산 참치맛을 보려 했지만 일찍 철시하는 바람에 뜻을 이루지 못했다. 하지만 밀라노 중심부에 도착해 저렴한 스시집을 발견하고 들어가니 뷔페 방식으로 운영하는 중국계 체인점이었다. 일본계 체인보다 맛은 덜했지만 저렴한 가격으로 외국에서 한식을 대체하기에 손색이 없었다.

밀라노 여행을 마지막으로 나는 66일 동안 계속한 세미 세계일주를 마무리한다. 집으로 돌아가기 위해서는 귀국 여정이 이어지는 마드리드로 돌아가야 한다. 마드리드 공항에서 런던 히드로 공항을 경유해 인천행 영국항공을 타야 하기 때문이다. 그동안 나는 상파울루에서 마드리드에 도착한 이래 서유럽과 발칸을 여행했던 것이다.

마드리드로 가기 위해 나는 이지제트를 예약했다. 유럽이 무대인 이지제트의 경우 동남아를 석권한 에어아시아처럼 일부 공항에 전용터미널을 갖추고 있다. 하지만 기내반입 수화물을 1개로 엄격하게 제한하기 때문에 캐리어에 집어넣기 어려운 배낭이나 백팩을 소유한 승객은 6만원 상당의 추가요금을 지불해야 한다는 점에서 규정이 느슨한 다른 항공사를 이용하는 방안도 고려해야 한다.

스페인 마드리드에서
세미 세계일주를 마감하다

**❝ 내전과 독재로
얼룩진 스페인
현대사 ❞**

마드리드 공항에 도착한 나는 인근의 저렴한 호텔에 여장을 풀었다. 내일 오전에 런던을 경유하는 귀국 일정이 시작되기 때문이다. 저녁식사 장소를 정하기 위해 주변을 둘러보니 마드리드의 저녁은 축구의 나라답게 남녀노소를 가리지 않고 펍이나 바에서 경기를 시청하는 일이 주요 일과처럼 보였다. 그리고 웬만한 상점이나 식당들은 오후 8시를 전후해 문을 닫는 경우가 많았다.

간단히 저녁을 먹고 일찍 자리에 누우니 2015년 여름 마드리드에서 홍교수와 함께 뜨거운 여름을 보내며 톨레도와 세고비아를 누볐던 기억이 떠오른다. 당시 우리는 바르셀로나를 경유하여 남프랑스 해안도시를 일주하였고 몽블랑에 올라 유라시아 일주를 마무리했다. 다만 상대적으로 오래된 기억이라 이번 여행기에서 그때의 감동을 충분히 소개하지 못한 점이 아쉽다.

남미 곳곳을 여행하다 보면 스페인 통치시절의 나쁜 기억과 마주치는 경우가 많다. 영국과 프랑스가 개척한 북미는 '정주도적단' 스타일 식민통치가 이루어진 반면에 스페인과 포르투갈이 지배한 중남미는 '유랑도적단' 스타일 수탈체제가 고착되었다.

스페인 왕궁이 자리했던 톨레도

세고비아의 로마 유적인 수도교

정주 목적의 정상적 이민이 아니라 귀금속의 채굴이나 노예를 활용한 플랜테이션 운영이 주된 목적이었기 때문이다.

　중남미를 비롯해 세계 전역에 광대한 식민지를 소유했던 스페인의 현대사는 내전과 독재라는 부정적 유산으로 얼룩져 있다. 선거라는 민주주의의 기본을 훼손한 쿠데타는 중남미 국가들에게 부정적 학습사례로 작용했다. 19세기 말 부르봉 왕조를 대신해 등장한 제1공화국은 단명했다. 1898년 쿠바를 마지막으로 모든 식민지를 상실한 스페인의 20세기는 추락의 연속이다. 노동자를 기반으로 1931년 출범한 제2공화국은 기득권이 반발하면서 내전으로 비화되었다. 1975년 독재자 프랑코 시대가 저물면서 입헌군주제를 채택하였다. 스페인의 재도약은 우리의 서울올림픽을 연상시키는 바르셀로나 올림픽을 통해 이루어졌다. 관광과 건설이 주도한 스페인의 재도약은 남유럽 경제위기로 이어지기도 했다.

　최근에는 스페인 경제의 중심인 바로셀로나의 독립 문제가 부상하였다. 바르셀로나는 세계적인 관광도시이자 첨단산업을 겸비한 스마트 시티로 부상하고 있다. 권력의 중심 마드리드에는 스페인 왕궁이 있다. 하지만 스페인의 전성기에는 프랑스의 바르세이유와 유사한 톨레도에 왕궁이 있었다. 지리상의 발견 이전에는 이슬람 왕조가 그라나다에 알함브라 궁전을 건설하기도 했다.

　나는 지금 66일 간의 세미 세계일주를 마무리하고 귀국하는 비행기 안에서 여행기의 서문을 작성하고 있다. 이번에 집으로 돌아가면 아마도 한동안 해외여행을 떠나기 어려울 것이다. 하지만 세미 세계일주를 통해 쌓은 소중한 경험을 되살려 다음 여행은 더욱 알차게 준비하지 않을까 싶다.

Chapter 04
서유럽과 북아프리카 기행

서유럽의 땅끝 포르투갈 리스본의 매력

**❝ 리스본행
야간열차의
주인공처럼 ❞**

서유럽의 땅끝에 위치한 작지만 강한 나라 포르투갈은 지리상의 발견을 선도했다. 남미의 브라질을 비롯해 그들의 식민지였던 인도의 고아, 중국의 마카오 등이 영연방을 연상시키는 포어문화권으로 남아 있다. 이러한 포어문화권을 상징하는 대표적 사례가 광장이나 도로에 장식된 물결 모양의 타일이다.

이베리아 반도에 위치한 포르투갈 여행은 국적기가 취항하는 파리, 런던, 프랑크푸르트, 마드리드 등에서 경유 항공편을 이용해 각기 남부와 북부를 대표하는 도시인 리스본이나 포르투로 진입해야 편리하다. 물론 장기 배낭여행자들의 경우 오래된 고전영화 '리스본행 야간열차'의 주인공처럼 철도를 이용하기도 한다.

나의 리스본행은 제한된 일정으로 인해 인천에서 출발해 파리를 경유하고 리스본에 도착하는 항공편을 이용하였다. 따라서 와인과 축구로 유명한 포르투를 비롯해 코임브라 등 지방도시 방문은 후일을 기약하였다. 기회가 된다면 다음번 포르투갈 방문은 스페인 북부 산티아고 순례길을 경유해 포르투로 진입할 것이라 다짐해 본다.

한국인들의 포르투갈 여행은 이번에 내가 선택

한 여정과 마찬가지로 스페인-포르투갈-모로코 패키지에 포함된 리스본 도심과 인근의 산트라-호카곶-카시아스를 들르는 경우가 많다. 물론 시간여유가 있는 자유여행자들은 버스나 렌트카를 이용해 각기 기적의 성지와 매력적인 해안으로 유명세를 탄 파티마와 라고스를 다녀오기도 한다.

나의 자유여행패턴은 해당 도시에 도착해 1일이나 2일권 무제한 교통카드를 구매하면서 시작된다. 이번 여행에서는 시내와 인근 전철은 물론 유적지, 박물관 등의 무료 또는 할인이 가능한 리스본 카드를 구매하였다. 여기에 지리, 대중교통, 네비게이션 기능을 제공하는 구글지도 서비스를 활용해 자유여행이 수반하는 교통스트레스를 해소해 나간다.

리스본 시내와 근교는 패키지 스타일로 속성 일주가 가능하다. 몰아치기 여행에 익숙한 나는 하루 빡세게 여행하고 다음날 휴식을 취하며 여행기를 작성하는 경우가 많다. 이번에도 하루 18유로짜리 리스본 카드의 가성비를 극대화하기 위해 아침 일찍부터 서둘렀다. 공항에서 전철로 세 정거장 거리인 저가호텔 이비스(ibis)에서 숙박하고 다음날 아침 근교인 신트라 이동이 편리한 리스본 중심 호시우역 인근으로 이동해 구글지도에 표시된 주변의 명소들을 둘러보았다.

매시 정각에 출발하는 신트라행 기차는 40분이 소요된다. 역에 도착한 다음에는 왕복 순환 버스표를 활용해 2개의 궁전과 무어성을 속성 코스로 관람했다. 그래도 궁전의 벽면과 바닥을 장식한 타일에 그려진 아줄레주 예술의 독창성에 경탄하거나 마지막 항쟁을 준비하며 돌산 정상에 축성한 무어인들을 회고하며 제주도의 삼별초를 떠올렸다. 하여튼 2시간 만에 신트라 일주 신기록을 작성한 나는 12시 40분에 호카곶으로 향하는 403번 버스에 탑승하였다. 이름에서 호미곶을 연상시키는 땅끝 명소로 향하는 길은 1차선 교행이 빈번할 정도로 인프라

신트라의 오래된 건물과 산정의 이슬람 성채

지리상의 발견을 회고하기에 유리한 땅끝 호카곶

투자가 미진했다. 다음번 버스가 오기까지 30분으로 체류시
간을 제한한 호카곶의 경치는 유럽의 부자들이 별장 부지
로 탐낼 정도로 매력적이다.

벨렘지구에 위치한 지리상의
발견탑과 물결무늬 바닥

　버스를 타고 카스카이스 역으로 이동한 다음 리스본
행 전철에 탑승하였다. 해안을 따라 부설된 30여 분의 철
로는 프랑스 남부 지중해 철도 노선을 연상시킬 정도로 뛰
어난 경치를 자랑한다. 미리 읽고 온 신트라 여행소개 블
로그에는 없었던 내용이다. 하지만 이보다 필자의 눈길을
끈 대목은 지나가는 기차역이나 주택과 벽면을 장식한 그
림이나 낙서들이었다. 이른바 방치와 보존의 줄다리기 속
에 새로운 볼거리가 탄생하는 것이 아닌가 하는 생각이 들
었다.

　기차 안에서는 앞자리에 탑승한 이민자 가족들의 다정한 모습을 지켜볼 기
회가 있었다. 북아프리카 이민자 가정으로 보이는 그들을 보며, 가난했던 시절
부모가 희생하며 먹거리를 분배하던 돈독한 가족애와, 떠나간 무어인들의 재림
이라는 나만의 상상이 가능했다. 시리아 내전에 따라 난민이 급증하기 이전부
터 이슬람 이민은 유럽 각국의 공통적 애로였다. 미국이 멕시코 이민자들로 인
해 몸살을 앓는 것과 마찬가지로 중동과 북아프리카 이민자들은 영미에 비해
포용적인 유럽 대륙의 인내를 시험하고 있다.

　당초 나는 기차의 종점인 리스본 중심지로 이동할 예정이었지만 구글지도
를 가동한 결과 벨렘지구에 기차가 정차한다는 사실을 알게 되었다. 기차역에
서 발견기념탑이나 벨렘탑으로 이동하기에는 다소 거리가 있지만 시간과 경비
를 줄이기에 탁월한 선택이다. 브라질

리스본의 상징인 예수상과 5월 25일 다리

리우의 원조격인 예수상과 샌프란시스
코 금문교와 유사한 '5월 25일' 다리가
보일 정도로 탁트인 전망이 일품인 벨렘
지구는 대항해시대를 선도한 출발지라
는 점에서 의미가 각별하다.

　당일치기 리스본 여행의 대미는 28
번 트램을 타고 동서로 순환하는 것으로

정했다. 리스본의 오래된 주택가와 고갯길 곳곳에 포진한 전망 포인트들을 연결하는 28번 트램은 명불허전이 아니라 실속만점이다. 다만 시차와 여독으로 인해 골목길 탐방과 같은 보다 적극적인 체험관광을 포기한 것이 조금 아쉬었다.

28번 트램의 동쪽 종점에는 관광객들을 유인하는 야외무대와 노천카페들이 차려져 있었지만 고단백 식사가 절실했던 나는 지하철을 이용해 숙소 인근의 오리엔트 역으로 이동하였다. 테러를 대비해 역 곳곳에 배치된 경찰들에게 물어가며 찾아간 푸드코트는 바스코 다 가마 복합상가 안에 위치하고 있다. 야외 바베큐와 마찬가지로 실내에서 장작불을 피워 고기를 구워내는 식당으로 들

구도심을 횡단하는 28번 트램 내부에서 본 시가지

어가 메뉴를 주문하고는 시원한 생맥주를 연거푸 들이켰다. 예전에 일상의 취미이자 유일한 운동인 사우나를 마치고 길음시장 안에서 닭튀김을 안주삼아 마시던 시원한 생맥주가 생각났다. 누군가는 일본 온천에서 마시는 맥주가 최고라던데 우리 사우나에도 실내 음주가 가능해지는 규제완화의 그날이 오기를 기대해 본다.

호텔로 돌아와 샤워를 마치자 시차와 음주가 상승작용을 일으켜 졸음이 몰려오기 시작했다. TV에서는 포르투갈을 급습한 산불이야기뿐이다.

백색도시 카사블랑카에서
적색도시 마라케시로

**❝ 유럽에서
가장 가까운
아프리카,
모로코 ❞**

　　나의 모로코 여행은 리스본 방문의 부산물이다. 멀리 유라시아의 서단 포르투갈의 리스본까지 왔는데 다소 무리해서 북아프리카에 도전하는 것도 좋겠다는 생각이 들었기 때문이다. 일정상 2박 3일 뒤에는 스위스에서 서유럽 도시기행을 시작하기로 직장 동료와 약속했기 때문에 포르투갈 일정만큼이나 바쁘게 움직여야 했다.

　　근대 이전의 역사에 등장하는 아프리카는 대부분 사하라 이북의 아프리카를 의미한다. 지리상의 발견 이후 아프리카에 대한 제국주의 국가들의 개입과 통치가 강화되었지만 47개 국가에 달하는 사하라 이남의 아프리카에 대한 관심은 여전히 덜한 편이다. 일부 산유국을 제외하고 아프리카 국가들은 유엔이 지정한 최빈국 44국 중 33개가 몰려있을 정도로 가난하다. 이러한 이유로 국제적 관심을 끌지 못하는 아프리카 국가들을 냉전체제 이후 등장한 제3세계와 구분해 제4세계로 분류하기도 한다. 사하라 이남의 아프리카를 고립된 흑인의 땅으로 분류한 독일 철학자 헤겔의 인종주의적 편견은 오리엔탈리즘과 동일선상에서 동양을 비합리성이 지배하는 문화로 규정한 독일 사회학자 베버의 인식과 궤를 같이

한다. 공동체가 살아 움직이고 조상의 영혼과 소통하는 아프리카인의 삶은 오늘의 우리가 재발견할 오래된 미래일지도 모른다.

이슬람의 영향력이 강한 사하라 이북의 아프리카는 1917년 영국이 밸푸어 선언을 통해 팔레스타인 지역에서 유대인 국가의 건설을 허용하자 아랍인들은 배신감을 느꼈다. 이스라엘이 출범하자 역사적으로 아프리카의 대표 국가를 자임해 온 이집트는 1948년 중동전쟁까지 불사했고, 1956년 전략적 요충지 수에즈 운하에서 이스라엘과 전투가 발생하고 영국을 비롯한 서유럽 연합군까지 출병하자 이집트 총리 나세르는 운하의 폐쇄를 포함한 강경대응으로 결국 관할권을 확보하였다. 또한 베네수엘라 대통령 차베스를 연상시키는 리비아 국가원수 카다피는 풍부한 오일머니를 활용해 이집트를 넘어서는 내부 결속과 대외 지원을 과시하였다. 일례로 남아공이 인종차별정책을 철폐하도록 카다피가 만델라를 후원한 일화는 유명하다. 카다피는 한때 미국과 군사적으로 대립할 정도로 강경했지만 최종적으로 미국의 압력에 굴복해 핵 개발을 포기한 직후인 2011년 리비아의 재스민 혁명으로 비참하게 몰락했다.

시간은 많고 경비가 적은 배낭여행자들은 스페인에서 배편을 이용해 패스와 리야드를 경유해 카사블랑카로 오는 경우가 일반적이다. 하지만 나는 일정상 리스본에서 항공편을 이용해 카사블랑카로 들어가 마라케시에서 제네바로 나가는 항공일정을 설계하였다. 이로서 이번 여행의 테마는 자연스럽게 백색과 적색 도시의 앙상블로 결정되었다.

포르투갈 리스본에서 연착한 70인승 프로펠러기는 한시간 반가량 날아 자정을 넘긴 시간에 카사블랑카 공항에 도착했다. 동양인 1명을 포함해 비행기에 탑승한 다양한 인종의 승객들은 모로코의 정체성을 설명하기에 충분했다. 특히 '프리즌 브레이크'라는 드라마 주인공 석호필의 헤어스타일을 연상시키는 사람들이 많다는 점에서 제2의 포르투갈로 지칭되는 브라질만큼이나 혼혈이 주류임을 직감했다.

무어인의 후손으로 알려진 모로코 사람들은 칼과 말이 세계를 주름잡던 시절에 이슬람 세력의 확대를 표방하며 이베리아 반도에 진출하였다. 물론 로마 공화정 말기에도 북아프리카를 대표하는 카르타고 세력이 경제적 이유로 이베리아 반도를 경유해 프랑스 남부의 로마세력권을 위협했다는 점에서 생경한 일은 아니다. 하지만 15세기 중국에서 전래한 대포와 범선을 개량한 가톨릭 세력의 국토회복전쟁(레콩키스타)에 밀리면서 애착이 강했던 그라나다의 알함브라와 신트라의 무어성을 포기하고 세력의 본거지 모로코로 귀향하고 말았다.

　저가항공이 선호하는 심야 시간을 선택한 반대급부로 나는 4유로면 충분한 공항철도 대신에 30유로 상당의 총알택시를 타고 카사블랑카 호텔로 가야 했다. 숙소로 향하는 길은 초행길의 막연한 두려움에 심야에 도로변을 배회하거나 대중교통을 기다리는 군중의 대오로 인해 다소 위협감을 느꼈다. 여기에는 모로코의 밤거리 치안을 우려하는 인터넷상의 정보들도 크게 작용하였다.

　하얀 집들이 많아서 백색도시라는 의미를 지닌 카사블랑카로 명명되었지만 중국 자본의 투자로 도시재개발이 급진전된 상태에서 본래의 의미를 체감하기는 어려웠다. 냉전시기 미국과 소련이 양자 경쟁구도를 정립했던 제3세계 쟁탈전은 지금은 AIIB(아시아인프라투자은행)를 창설한 중국의 추격 속에 세계은행(IBRD)과 아시아개발은행(ADB)을 앞세운 서구의 수성 노력이 전개되고 있다. 더불어 비록 현지 촬영이 이루어지지는 않았지만 동명의 고전영화 제목도 도시의 인지도를 배가시키는 계기로 작용해 왔다.

　잠시 눈을 붙이고 일어나 시티센터에 위치한 호텔의 창문을 열어보니 항구와 기차역 인근이었다. 아침을 먹기 위해 나간 복도의 창문에서 해안가 멀리 존재감이 뚜렷한 하산2세 모스크를 조망할 수 있었다. 어제 포르투갈에서 묵었던 같은 계열의 호텔이지만 모로코의

백색도시 카사블랑카의 전경

이비스(ibis)는 절반의 가격만큼 시설과 음식에서 수준차이가 느껴졌다.

　한나절로 제한한 여행일정은 택시를 타고 하산2세 모스크를 방문하는 일에서부터 시작하였다. 명성대로 웅장한 규모의 모스크에는 하루에도 수차례 절하는 기도객과 세계 각지에서 찾아온 관광객이 뒤섞여 혼잡한 모습을 연출하고 있었다. 다만 각기 정숙과 안전을 이유로 내부관람과 해안난간 접근을 철저하게 통제하고 있는 것이 옥의 티였다.

　다음 목적지로 향하기 위해 잡아탄 고급 택시에서는 노련한 말솜씨의 기사가 한나절 대절을 제의하였다. 모로코는 관광지에서의 택시 호객행위가 심하다는 사전정보를 인터넷 블로그에서 숙지한 터라 자의반 타의반 흥정 끝에 기사

가 제안한 해안드라이브는 포기하는 대신에 시내의 왕궁과 메디나만 둘러보기로 했다. 현지 기사들은 시간단위로 계약하는 것을 선호하였는데 이는 카사블랑카의 심각한 교통체증과 무관치 않아 보인다.

사실 교통체증을 비롯해 각종 줄이 유발하는 대기비용은 정부실패(부정부패와 자원낭비)를 입증하는 대표적 사례이다. 카사블랑카의 대중교통은 서유럽의 최신 노면전차를 도입할 정도로 하드웨어 측면에서 선진적인 반면에 교통신호체계의 미비와 각자도생을 조장한 자가용의 증가로 한계상황에 직면한 것으로 보인다. 물론 시내 곳곳에서 목격되는 도로 확장과 인터체인지 부설이 일단락되면 다소 진정될 기미도 보인다. 하지만 궁극적으로 선진적 교통문화의 확립이라는 굿거버넌스가 전제되지 못한 상태에서 교통사고 사망률 최고라는 과거 우리의 정부실패를 답습할 가능성도 농후해 보인다. 이는 최근 경제적으로 성공한 중국과 태국의 도시들이 교통체증이 심각한 도시리스트에 거명된 사실을 통해서도 잘 나타나고 있다.

역사적으로 한적한 베르베르인의 어항에 불과하던 카사블랑카의 활성화는 15세기 무어인을 추방하고 동방무역의 해로를 개척한 포르투갈에 의해 이루어졌다. 이후 1757년 재기에 성공하여 부활한 모로코 술탄의 수중으로 넘어갔다. 현대 제국주의 시절에는 모로코가 프랑스 식민지로 전락하면서 구시가지인 메디나가 대부분 와해되는 슬픈 운명을 경험하였다.

심각한 교통체증에 실망해 그다지 인상적이지 못했던 카사블랑카 여행을 한나절만에 마무리하고 구시가지 초입 쉐라톤 호텔 뒤에 위치한 CTM(고속버스) 터미널에서 마라케시행 티켓을 구입하였다. 당초 기차를 타려했지만 택시투어가 종료되는 지점에 고속버스 터미널이 위치했고 가격도 저렴한 점이 나의 결단을 촉구하였다. 나의 갑작스런 스케줄 조정사유를 전해들은 택시기사도 양 도시의 시내관광을 병행할 수 있다는 점에서 잘한 선택이라고 응수하였다.

예약 없이 도착한 고속버스 터미널에서는 한 시간 뒤의 표를 만 원 정도의 가격으로 구입할 수 있다. 남는 시간 요기를 하기 위해 주변을 둘러보니 존재감 선명한 중국식당을 발견할 수 있었다. 평소에는 볶음밥 메뉴를 선택했지만 오늘은 경비를 절감했다는 생각에 간단한 요리와 맥주를 주문하였다. 다소 강한 조미료 향에 실망하였지만 후회 없는 선택을 입증하기 위해 최대한 열심히 먹었다.

우리나라에 비해 높은 층고로 설계되어 전망이 탁월한 고속버스를 타고 떠나는 길은 농지와 초원이 어우러져 뉴질랜드나 캘리포니아를 연상시킨다. 하지만 좀 더 내륙으로 들어가자 준사막인 내몽골이나 네바다와 유사해진다. 간간이 보이는 선인장 군락들은 마라케시가 사하라에 인접한 도시임을 실감케 한다.

마라케시로 향하는 출발 직후의 시내 정체까지 포함해 네 시간 반여의 여정동안 버스는 한 번도 정차하지 않았다. 베트남 사파로 향하는 길처럼 고속도로는 있지만 휴게소가 미비한 것이 이유로 추정된다. 급기야 마라케시 시내에 진입할 즈음 어린아이를 동반한 일부 승객이 강력히 항의하였고 버스 차장과 몸싸움 직전의 언쟁을 벌인다. 이 와중에 보이는 도시의 경관은 세도나를 연상시킬 정도로 황토빛 적색도시의 고고한 품격을 느끼기에 충분했다.

역시 교통이 문제인 모로코는 마라케시도 예외가 아니었다. 시내버스 노선을 정비하지 못한 관계로 다수의 시민과 관광객들은 이중삼중의 합승에 내몰려야 한다. 이 와중에 기사들은 승객을 가로채기하며 심한 언쟁을 벌이기 일쑤였고 요금은 그야말로 고무줄이라 기사와 승객의 흥정에 달려있다. 확실하고 단호한 대응없이는 바가지요금 물기가 다반사이다. 그래

적색도시를 상징하는 마라케시 초입의 건축물

도 내국인과 외국인 간에 이중가격제를 실시하고 있는 쿠바에 비해서는 다소 사정이 나은 편이다.

저녁식사 시간을 조금 넘겨 도착한 호텔에서는 1만 5천원에 만찬서비스를 제공하고 있었다. 간소한 서양식 조식뷔페에 더하여 모로코를 대표하는 카진 요리가 포함된 것이 특징이다. 한국인의 입맛에도 무리가 없는 카진 요리는 갈비찜이나 닭볶음탕을 연상시킨다. 그리고 후식으로 비치된 수박과 참외는 무등산수박과 머스크멜론을 연상시킬 정도로 당도와 풍미가 압권이다.

어제 무리했기 때문에 마라케시 메디나 여행은 오후로 미루었다. 오전에는 노트북을 활용해 최신 가요와 미드를 감상하고 욕실에서 밀린 빨래를 하는 것으로 대신했다. 간간히 여행메모를 병행하면서 시간을 보내다가 시장기가 느껴지는 오후 한시가 되어 시내일주를 시작하였다.

첫 번째 목적지 마조렐 정원까지는 뜨거운 오후 한시에 나서는 나들이임을

선인장이 테마인 마라케시 마조렐 정원

감안해 자칭 BMW라는 대중교통 마니아인 나였지만 택시를 이용하기로 결정하였다. 세계적으로 정원 가꾸기에 일가견이 있는 프랑스인이 만들었다는 정원은 규모가 작았지만 내용이 튼실했다. 특히 각양각색의 선인장들은 사하라 사막으로 향하는 관문도시 마라케시를 상징하는 것처럼 느껴졌다. 참고로 공원이 주전공인 영국의 식민통치를 경험한 싱가포르가 정원속의 도시를 표방하면서 프랑스인들이 가꾼 인도차이나 지역의 유명한 정원도시 프놈펜을 벤치마킹한 일은 리콴유 총리가 자서전에서 소개한 유명한 일화이다.

　　세계적으로 탁월한 프랑스인들의 정원역량은 베르사이유 궁전이나 엑상프로방스 지역에 산재한 자연정원들을 통해 잘 나타나고 있다. 또한 모네 그림속의 연못 정원들도 창조적 예술혼의 촉매제로 작용하기도 했다. 나아가 일본 교토의 불교사원을 대표하는 금각사의 연못정원이나 중국 소주의 저택정원을 상징하는 졸정원도 정원문화의 백미에 해당한다.

적색도시를 대표하는 마라케시 광장

마조렐 정원에서 나와 본격적으로 시작한 천년의 성곽도시 메디나 탐방은 엘프나 광장에서부터 시작하였다. 그리고 메디나의 상징답게 광장 안쪽에 자리한 재래시장들은 수천가지 상점마다 각기 다양한 매력을 발산하고 있었다. 짙은 아라비아 풍의 향료, 견과류, 과일, 양탄자 등이 필자의 눈길을 끌었다. 이 지역 특유의 해산물들과 부위별로 특화된 정육점들도 인상적이었다.

　　마라케시 여정을 마무리한 나는 숙소에서 공항으로 이동하기 위해 철도역으로 향했다. 이슬람 건축양식의 역사 건물은 과거 말레이시아 정부청사에서 보았던 멋진 모습이다. 도착한 공항 청사도 정원을 연상시킬 정도로 멋지게 단장되어 있다. 관광도시답게 공공시설물에 많은 공을 들이는 모양이다.

　　이지제트를 비롯해 유럽의 저가항공들은 성인이 유럽 여러 곳을 여행하기에 경제적으로 유리하다. 물론 단거리 구간은 미리 철도티켓을 예매해 저렴한 가격으로 대처하는 방식도 유용하다. 하지만 대부분의 저가항공은 요금이 저렴한 대신에 수화물 규정이나 기내 서비스가 제한적이라는 점에 유의해야 한다. 따라서 기내반입이 용이한 중규모 캐리어에 여유공간을 두었다가 유사시 항공사 직원의 문제제기에 직면하여 손가방이나 백팩을 가방에 밀어 넣어 하나로 합체하는 변신의 기지를 발휘해야 한다. 더불어 여행가방의 기내반입은 수화물 인도에 걸리는 시간절약은 물론 분실위험을 최소화한다는 점에서 매력적이다.

내가 지금 글을 쓰고 있는 지금 비행기 앞좌석의 일행들은 스마트폰에 저장된 여행 사진을 보며 담소하고 있다. 아마도 이집트에서 모로코까지 북아프리카 일주를 완성한 모양이다. 나도 다음에는 이집트와 터키 및 중동을 도전해 보겠다는 전의를 다져 본다. 그날이 오면 내친 김에 아프리카를 횡단하는 버스 투어에 동참할 것이다. 이제 하강을 시작하면 레만호와 알프스가 나를 반길 것이고 돌아온 유럽에서 새로운 여행을 이어갈 것이다.

선인장이 인상적인 마라케시 공항 청사   이슬람 건축 양식의 마라케시 철도역사

스위스에서 성찰한 국가경쟁력의 조건

**❝ 스위스의
고품격
도시들 ❞**

모로코 마라케시를 출발한 나는 아틀라스산맥과 지중해를 넘어 스위스 제네바 공항에 도착했다. 제네바는 융프라우나 몽블랑으로 향하는 여행객들이 많이 경유하는 도시이지만 나는 지금부터 서유럽 여정을 같이할 여행파트너 박교수님과 합류하기 위해 베른을 경유해 루체른으로 가야 한다.

스위스의 수도인 베른의 풍광은 고품격 역사와 행정 도시답게 깊이가 느껴졌다. 유명한 관광지는 아니지만 이런 곳에서 살면서 공부하면 좋겠다는 생각이 들었다. 김정은을 비롯한 세계 각국의 명망가 자제들이 베른 국제학교로 공부하러 오는 이유가 이해되었다. 역시 핵심은 도시를 휘감아 내려가는 청정 빙하수였다. 더욱이 거기에서 물놀이하는 광경은 탄성을 자아내게 한다.

고급 휴양도시로 알려진 루체른은 호수와 산악의 하모니가 일품이다. 루체른 호수에서 배를 타고 아름다운 마을들을 감상하는 일도 압권이지만 비츠나우(Vitznau) 역에서 내려 리기산 산악열차를 갈아타고 정상에 올라가면 알프스의 파노라마 전경이 펼쳐진다. 이처럼 모든 것들이 잘 어우러진 이곳의 풍광은 세계의 부호들을 끌어들이는 원동력이다.

베른 시가지를 감아 돌아가는 빙하수 강물

유람선에서 바라본 루체른 호수마을

　　독일 하이델베르그로 이동하는 과정에서 목격한 국경도시 바젤은 갈라진 도시를 연상케 한다. 스위스 제3의 도시인 바젤은 칸톤(canton, 행정자치주)으로서 인구 17만 명이 거주하며 스위스에서 세 번째로 큰 도시이고, 다문화 국가 스위스를 상징하는 도시이다. 바젤은 세계무형유산으로 지정된 바젤 카니발도 유명하다. 3일 동안 열리는 바젤카니발은 2만 명의 참가자와 관광객들의 음악, 분장, 음식 등이 결합된 인상적인 축제의 장을 연출하는 것으로 유명하다.

　　다양한 매력의 도시를 앞세워 세계를 대표하는 강소국으로 부상한 스위스의 성공 비결은 무엇인가? 특히 스위스와 유사한 스웨덴, 네덜란드, 덴마크 등과 더불어 서유럽 강소국의 성공신화를 이룩한 그들의 분투에서 우리가 배워야 할 논리와 전략은 무엇인가?

　　첫째, 중립성과 투명성을 겸비한 정부에 대한 높은 신뢰이다. 현대 정부의 성패와 직결된 국민의 신뢰는 인접한 유럽 국가는 물론 영미나 동아시아에 비해 압도적 우위를 자랑한다. 이때 중립성이란 정부가 계급적 이해관계를 초월해 균형잡힌 촉진자 역할을 수행한다는 의미이다. 그리고 투명성이란 정부가 부정부패에서 자유롭다는 의미이다. 나아가 중립성과 투명성에 기반을 둔 정부의 적극적 역할은 국민행복과 실용주의 정책기조를 강화시키고 있다.

　　둘째, 사회를 구성하는 핵심 변수들의 대표성을 중시하는 방식으로 격차구조를 완화시켰다. 여기에는 계층간 분리현상을 치유하는 보편적 복지를 비롯해 지역대표성을 고려하는 연방제와 지방분권, 정치경제적 측면에서 소수자를 제도적으로 배려하는 비례대표제와 약자 우대조치 등을 들 수 있다. 나아가 이러한 박애적 기풍은 공적개발원조의 활성화나 인종차별주의와의 단절로 이어지고 있다.

　　셋째, 사회적 시장경제를 표방하면서 성장과 분배, 개발과 보존 등의 조화를 추구하였다. 특히 경제위기에 직면할 때마다 노사정 대타협을 유도하는 방식으로 유연성과 안정성을 결합한 '유연안정성(flexicurity)' 정책기조를 채택했다. 일례로 네덜란드와 덴마크는 근로와 복지를 연계한 유럽 각국의 개혁을 촉발시킨 선구적 사례로 평가되고 있다.

넷째, 창조경제를 표방하면서 주변 강대국들과 차별화된 틈새 산업을 적극적으로 육성했다. 이를 반영하는 대표적인 사례로는 덴마크의 완구, 스웨덴의 가구, 스위스의 시계, 네덜란드의 물류 등을 들 수 있다. 더불어 바이킹이나 폴더스타일 개척정신은 외국인 투자유치나 해외시장 개척에서 성과를 창출하는 기반으로 작용하고 있다.

다섯째, 공멸을 회피하는 타협문화의 확산이나 거버넌스의 제도화를 추구해 왔다. 여기에는 공유지의 비극을 회피한 스위스의 공동목초지 관리규약이나 덴마크에서 일상화된 협동조합이나 자원봉사 활동이 포함된다. 특히 공공과 민간이라는 치열한 대립구도를 완화시키는 제3부문의 존재감은 거버넌스의 구현과 직결된 사례이다.

물론 스위스로 대표되는 서유럽 강소국의 경험은 문화나 규모의 차이를 고려할 때 한국적 맥락에서 직접적으로 적용하기에 무리가 있다. 하지만 이들의 경험은 한국적 발전모델을 재정립하는 지난한 여정에서 유용한 단서를 제공할 수 있을 것이다. 따라서 우리의 정부와 시장 및 시민사회가 보다 많은 숙의와 토론을 진행하기를 기대해 본다.

하이델베르크와 암스테르담 및 에든버러 도시기행

고품격 휴양도시 루체른의 감동은 다음 여정인 하이델베르크로 이어졌다. 독일을 대표하는 대학도시를 둘러보기 위해 우리는 기차와 트램을 수차례 갈아타는 수고를 감수했다. 중앙역에서 트램으로 갈아타고 도착한 호텔은 도시만큼이나 깔끔했다. 여기에는 걸어서 둘러보기 충분한 거리에 대학 캠퍼스와 하이델베르크성이 자리하고 있다. 대학가 곳곳에서 성가대의 공연이나 미술품 전시회를 자주 개최할 정도로 문화수준이 높은 도시였다. 하이델베르크성은 기대만큼 크고 웅장하지는 않았지만 고풍스러운 모습을 하고 있었다. 거대한 포도주 통도 보이고 성벽 사이로 보이는 도시의 전경이 아름답다. 하지만 내가 감동한 하이델베르크 최고의 명소는 강건너 맞은편 산허리에 조성된 철학자의 길이다. 도심이 보이는 오솔길을 걸으며 생각을 정리하기에 최적의 장소이다. 헤겔, 야스퍼스, 하이데거 등과 같은 세계적 철학자들이 느리게 산보하다 영감을 얻었다는 말에 공감하는 순간이다. 내가 다음에 다시 하이델베르크에 온다면 며칠 묵으며 산보삼아 탐구여행을 즐기고 싶다는 생각도 들었다.

철학자의 길에서 본 하이델베르크 전경

하이델베르크 대학 인근의 버스킹

　인구 14만의 하이델베르크시는 시청을 비롯한 공공시설과 다양한 단과대학들이 화학적으로 결합한 이상적 대학도시의 모습을 하고 있다. 수도권에 명문대학이 집중된 우리와는 다른 모습이다. 하이델베르크대학에서는 도서관을 비롯한 시설은 물론 수업도 시민들에게 개방한다. 시 당국은 교통, 도시계획, 문화예술 등에 관한 정책의 추진방향을 대학과 조율한다. 이러한 융합과 협치는 하이델베르크대학의 학생과 교수진이 3만여 명으로 시 전체 인구의 20%가량을 차지하기 때문이다. 내가 근무하는 경산도 한국을 대표하는 대학도시이지만 질적인 측면에서 많이 부족하다. 하지만 광활한 경산벌판은 유홍준이 나의 문화유산 답사기에서 호평했을 정도로 대학을 매개로 한 혁신의 거점이 자리하기에 충분한 잠재력을 지니고 있다. 서구의 명문대학을 연상시키는 넓은 교지와 쾌적한 주거여건을 소유한 지방대학에 자매결연이나 인수합병 형태로 서울 소재 명문대학의 일부라도 옮겨온다면 한국 대학의 경쟁력 강화와 수도권 분산에 기여할 수 있을 것이다. 혁신도시의 업그레이드 버전으로 서울의 명문대학과 주요 지방대학이 상생하는 방안을 고민할 필요가 있다.

　하이델베르크대학은 55명의 노벨상 수상자를 배출했다. 국내외 기관의 평가에서도 상위권을 유지하고 있다. 이러한 명성과 전통에 힘입어 독일 내 다른 지역에서 인재가 몰려온다. 외국 유학생 비율도 전체 재학생 중 20%가량을 차지하고, 석·박사 과정은 절반이 외국인이다. 나아가 서구의 다른 명문대학들과 마찬가지로 산학협력도 활발하게 이루어지고 있다. 그리고 대학의 유명세에 힘입어 한적한 소도시를 찾는 관광객도 연간 1,200만 명에 달하고 있다.

　독일과 프랑스의 접경이자 하이델베르크 인근의 특화도시로는 스트라스부르와 프라이부르크를 들 수 있다. 이들 3개 지역은 각기 대학, 공공기관, 친환경이라는 테마로 유명하다(국제신문, 2019.08.04자). 먼저 공공기관 지방이전의 효과를 체감하지 못하고 있는 우리의 입장에서 EU 의회와 고위관료의 산실인 명문대학원(그랑제꼴) ENA를 앞세워 지역혁신을 선도하는 프랑스 스트라스부르의 성공은 교훈적이다. 또한 독일의 프라이부르크는 1970년대 원전반대 운동을 선도하는 과정에서 생태도시로 각인되었다. UN이 추구하는 지속가능발전과 유사한 방식으로 환경보호와 경제성장이라는 두 마리 토끼를 잡은 그들의 성취는 인류의 미래와 직결된 정면교사 사례이다. 최근에 자전거와 태양광 및 트램의 중요성을 인식하기 시작한 우리는 그들의 성취를 보다 적극적으로 학습해야 한다.

다음날 오후 우리는 암스테르담으로 이동하기 위해 또다시 장거리 기차여행에 도전했다. 중부 독일을 철도로 횡단하며 기대하지 않았던 라인강변의 고성을 목격하는 횡재가 있었다. 자동차 여행이라면 잠시 쉬어가고 싶은 멋진 경관이었다. 쾰른역에 정차하기 위해 속도를 줄인 차창으로는 고딕 양식 종탑이 압권인 쾰른대성당의 모습도 보인다. 네덜란드에 진입해 내린 환승역은 키가 큰 사람들과 작은 꽃가게가 대비되는 인상적인 모습이다.

운하의 도시 암스테르담 중앙역 주변은 국제도시의 풍모가 느껴진다. 도로망처럼 조밀한 수로에는 작은 유람선들이 손님을 기다리고 있다. 역 건너에는 다국적 음식점과 다인종 홍등가를 기웃거리는 관광객들로 분주하다. 안네의 집을 찾아가려 구글지도를 가동했지만 다른 명소에 한눈을 팔다 지나치고 말았다. 암스테르담 인근의 역사도시 헤이그나 항구도시 로테르담도 찾아가 보고 싶었지만 촉박한 일정 때문에 다음을 기약해야 했다. 암스테르담 시내 호텔비가 비싸서 외곽에 자리한 공항 인근에 숙박한 우리는 다음날 오전 각자의 일정을 소화했다. 박교수님은 미술관을 찾아 나섰고 나는 운하를 걷는 시내 산보를 선택하였다.

간단한 시내투어 직후에 오후 비행기로 에딘버러 상공에 다다르자 도시의 전경이 한눈에 들어온다. 착륙하는 비행기 안에서 전망대에 올라온 느낌을 만끽했다. 공항에서는 트램을 이용해 구도시에 위치한 한인민박으로 이동해 여장을 풀었다. 사장님 부부는 스코틀랜드의 자연경관의 명소인 하이랜드 투어 인솔자로 외출한 상태였고, 사장님의 어머니가 한식으로 저녁을 차려 주셨다.

에딘버러 성으로 올라가는 골목길 '로열 마일'은 귀신을 비롯해 다양한 테

암스테르담 중앙역 앞의 캐널 크루즈

암스테르담 중심부를 가로지르는 캐널

마를 품고 있다. 성의 입구에 자리한 타탄체크 직물점이나 군악대 경연장이 이 곳의 유명한 관광상품이다. 검은색으로 탈색된 성벽이 고풍스러운 이미지를 자 아내는 성의 입구에는 스코틀랜드 민족의 독자성을 추구한 독립영웅들의 흉상 이 조각되어 있다. 영화 <브레이브 하트>로 유명해진 '윌리엄 월리스(William Wallace)'가 대표적 인물이다.

영국의 북부에 자리한 스코틀랜드는 켈트족의 후예로 영국의 주도세력인 앵글로 색슨족과 구별되는 정체성을 확립해 왔다. 스코틀랜드는 인접한 아일랜 드와 마찬가지로 로마의 식민통치가 종료된 이후에 잉글랜드의 식민지로 전락 하고 말았다. 스코틀랜드의 중심 도시인 에딘버러-스털링-글래스고에는 이러 한 독립항쟁의 추억을 담은 조형물들이 산재해 있다.

스코틀랜드를 대표하는 명물은 스카치 위스키다. 깔끔한 맛이 일품인 싱글 몰트 위스키는 보리를 원료로 단일 증류소가 제조하는 것으로 옥수수, 호밀 등 여타 곡물을 원료로 하는 그레인 위스키, 보리와 여타 곡물을 혼합한 블랜디드 위스키 등과 구별된다. 하지만 군대, 검찰 등에서 기원한 폭탄주 문화가 폭넓게 자리한 한국에서는 싱글몰트나 숙성기간이 의미를 지니기 어렵다. 이 점에서

에딘버러성 정상의 예포발사 장면

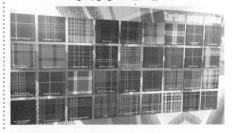
스코틀랜드 성 인근 타탄 체크 방직공장의 전시품

해외여행 술 선물로는 스코틀랜드 위스키 기술을 차용해 제임슨(Jameson) 등 착한 가격의 위스키를 판매하고 있는 아일랜드 위스키의 경쟁력에 주목할 필요가 있다.

스코틀랜드를 대표하는 명사는 '국부론'으로 유명한 아담 스미스다. 최근 국내에서는 자유한국당이 민부론을 주창해 더불어민주당의 김두관 의원과 원조 논쟁이 벌어지기도 했다. 잘사는 나라(국부)보다 잘사는 국민(국질)을 지향한다는 점에서 민부론은 원작인 국부론의 본질을 제대로 포착한 용어이다. 더욱이 아담 스미스의 국부론이 단순히 자유시장을 맹신한 원조가 결코 아니라는 점에서 민부론을 앞세운 탈규제나 민영화 메뉴는 신중할 필요가 있다.

스코틀랜드 출신 명사인
아담 스미스 동상

한편 스코틀랜드의 북부에는 하이랜드로 지칭되는 거대한 산악과 호수지대가 시작된다. 괴물의 전설을 간직한 내시호를 비롯한 호수들이 험준한 산악과 어우러져 관광객들을 유인하고 있을 뿐만 아니라 깨끗한 상수원으로 활용되기도 한다. 미국이나 유럽의 상수원이 빙하가 녹은 호수를 활용해 왔다는 점에서 중수도를 연상시키는 부산과 대구의 취수원은 진주 남강댐이나 구미 상류 낙동강으로 조속히 이전하는 것이 바람직하다.

네덜란드가 이룩한 균형발전의 비결

더치라는 별칭으로 유명한 네덜란드는 우리에게
간척지(polder), 풍차, 운하, 방조제, 튤립, 해양강국,
조선술, 하멜, 조총, 토탈사커, 히딩크, 프리섹스, 마
리화나 등으로 유명하다. 더불어 개인주의 사회인 서
구에서 일상적으로 행해지는 비용분담도 '더치 페이'
라는 용어로 우리에게 익숙해진 상태이다. 하지만
1980년대 초반의 경제위기를 사회협약 방식으로 해
결한 '더치 미러클(Dutch Miracle)'은 우리가 학습할
밀린 숙제이다. 당시 심각한 경제위기에 직면하여 네
덜란드의 노·사·정은 1982년 임금동결, 고용유지,
사회보장 등을 요체로 하는 고통분담 방식의 대타협
인 바세나르 협약을 체결하여 경제위기를 극복하는
네덜란드의 기적을 연출했다.

네덜란드는 한반도의 5분의 1 정도의 면적에 인
구는 1,700만 명이 사는 나라이다. 하지만 국가의 역
량이나 영향력은 강대국에 준하는 수준이다. 헤이그
에 국제사법재판소가 위치하고 마스트리흐트에서 유
럽통합 조약이 체결되었다. 또한 국질의 측면에서 투
명하고 안정된 사회의 전형에 해당한다. 매매춘과 마
리화나가 합법화된 상태이고 공직자들의 청렴도가
타의 추종을 불허한다. 더불어 강력한 지방분권의 전

통하에서 프랑스와 인접한 구교도 지역인 벨기에의 분리 독립을 허용하기도 했다. 이러한 모습은 중앙집권의 유전자가 강하게 작동하는 스페인이나 영국에서는 상상하기 어려운 일이다.

최근에는 네덜란드와 유사한 제도를 소유한 인접국가 덴마크가 행복국가의 전형으로 부상한 상태이다. 국제기구의 행복도 평가에서 1위를 차지했을 뿐만 아니라 국내에서는 오연호 씨가 행복국가 덴마크를 해부한 「우리도 행복할 수 있을까」라는 서적을 출판하여 화제가 되기도 했다. 네덜란드에 비해 좀 더 소박한 농업국가인 덴마크는 성실한 국민성과 공정한 소득이 국민행복의 제도적 기반으로 작용하고 있다.

서유럽과 북유럽을 연결하는 가교를 담당한 네덜란드의 수도 암스테르담은 토목의 선구자에서 스마트 시티로 방향을 전환하고 있다. 저지대 국가인 네덜란드는 해수의 범람을 예방하기 위해 대규모 간척공사를 추진해 왔다. 내가 1만 미터 상공의 런던행 항공기 안에서 목격한 32.5㎞에 달하는 주다치 방조제가 지금은 세계 최대인 새만금 방조제의 모델이 되기도 했다.

간척을 위한 방조제와 마찬가지로 항구를 위한 방파제도 현대 토목 기술의 총아이다. 제주도 강정 포구에 해군기지를 건설하면서 건설한 방파제는 육지에서 대규모 물자를 수송해야 했다. 방파제가 없었던 과거의 항구는 천혜의 만이나 강의 안쪽에 위치했다. 유럽의 관문 네덜란드 로테르담 항구나 템즈강 하류의 도크랜드 지역이 대표적 사례이다. 하지만 최근 대형 컨테이너나 크루즈 선박이 늘어나면서 오래된 항구들이 쇠퇴하는 경우가 많다. 하지만 로테르담은 아직도 과거의 영광을 계속 유지하고 있다는 점에서 독보적이다.

한편 유럽을 대표하는 스마트시티로 꼽히는 암스테르담은 시민들의 참여가 곳곳에 배어 있다. "상향식의 '풀뿌리 생태계'가 암스테르담의 도시 혁신을 이끄는 힘"이라는 것이다. 일례로 우리나라 지방자치단체에서도 시행중인 주민참여예산제와 유사한 시민투표 방식으로 다양한 스마트시티 사업이 결정되고 추진된다. 일례로 스마트 파킹 시스템은 길가에 차량이 10분 이상 주차돼 있으면 IoT가 장착된 태양광 센서가 이를 인식해 해당 차량에 경고한 뒤 주차관리원에게 알려주는 시스템이다.

네덜란드가 강대국에 준하는 국제적 지위를 유지하는 배경에는 지리상의 발견 이래 계속된 세계화 전략이 주효하였다. 상인의 나라답게 일본 막부시대의 쇄국정책을 뚫고 교역을 성사시킨 첫 번째 서방국가였다. 그리고 미국의 헤리티지재단과 포린 폴리시가 매년 발표하는 국가별 글로벌 지수에서 네덜란드는 항상 최상위권이다. 국민 대다수가 모국어 이외에 영어, 스페인어, 프랑스어, 독일어를 자유롭게 구사한다.

다시 아일랜드의 비극을 생각한다

일본의 식민통치가 우리에게 치유하기 어려운 상처를 남긴 것처럼 영국의 식민통치가 초래한 아일랜드의 비극도 아직 진행중이다. 800년의 식민통치를 경험하면서 아일랜드는 모국어인 게일어가 화석화되고 켈트족의 자긍심을 훼손당했다. 특히 영국의 산업화가 심화된 19세기 이후 식량수탈과 상품판매를 위한 정치경제적 침투가 강화되었다.

우리가 호남평야의 쌀을 일본에 보내고 만주산 잡곡에 의존했던 것처럼 아일랜드도 척박한 농토에서 생산한 밀을 영국으로 반출하는 대신에 감자로 연명했다. 영국계 신교도가 지주계급의 위상을 확보하자 박힌 돌 아이리쉬 구교도들은 소작으로 전락했다. 나아가 경성제국대학을 연상시키는 트리니티대학의 경우, 독립이전은 물론 독립 이후에도 한동안 구교도의 입학을 불허해 국민적 분노를 사기도 했다.

식민통치가 조장한 모순과 갈등의 와중에 19세기 중반 감자대기근이 닥치자 신대륙을 향한 아이리쉬들의 대탈주가 시작되었다. 지금도 더블린 시내를 관통해 흐르는 리피강 하류에는 그때의 참사를 기리는 조형물과 이민선이 전시되어 있다. 반면에 강하류 재개발 지역에는 구글을 비롯해 1980∼90

년대 아일랜드의 고도성장을 견인한 IT 다국적 기업들이 포진해 묘한 대비를 이루고 있다.

톰 크루즈와 니콜 키드먼이 출연해 1992년 개봉한 '파앤어웨이'에는 당시 흑인 못지않게 천대받던 아이리쉬들의 열망이 담겨 있다. 19세기 중반 감자대 기근에 시달리던 그들은 무일푼으로 목숨을 부지하기 위해 북미행 이민선에 몸을 실어야 했다. 나는 풀과 돌이 반반일 정도로 척박한 모허 절벽 인근 마을에서 당시 소작농들의 어려운 생활상을 회고할 기회가 있었다.

여행자를 압도하는 모허 절벽의 위용

1892년 금전만능주의가 판치던 도금시대 미국에 도착한 주인공 아이리시 조셉은 보스턴시 의원과 후원수혜관계를 형성하면서 경제적으로 안정을 찾게 되지만 애인 섀넌까지 넘보는 보스에게 대항하다 파문당하면서 고립무원의 처지로 전락한다. 영화는 보스턴을 떠나 방황하던 조셉이 당시 일자리의 원천인 철도부설 노동자로 근무하다 당초 이민의 목표였던 1893년 오클라호마 토지선점경주에 참여해 섀넌과 재회하는 해피엔딩으로 막을 맺는다. 아마도 영화가 실제라면 이후 농장경영으로 성공한 아이리쉬 부부의 자손들은 20세기 초반 동부로 진출해 부패구조 타파와 정부역할 강화를 추구한 진보주의 개혁운동에 동참했을 것이다. 나아가 이러한 열망이 아일랜드계 대통령 케네디나 아프리카계 대통령 오바마를 배출하는 원동력으로 작용했을지도 모른다.

한편 아이리쉬가 떠난 아일랜드에는 영국과 인접한 북아일랜드 지역을 중심으로 신교도들의 투자와 이민이 급증하였다. 19세기 말 산업혁명의 총아인 방직기와 증기선은 주도인 벨파스트시의 성장을 견인한 동시에 분단의 불씨를 잉태하였다. 참고로 벨파스트시에서 1912년 건조된 초대형 증기선 타이타닉은 최초 항해에서 빙산과 충돌하며 대서양으로 사라졌지만 당시의 도크와 공정은 박물관으로 부활해 관광객을 맞이하고 있다.

20세기 초 제1차 세계대전이 종결되고 아이리쉬와 친숙한 윌슨이 민족자결주의를 천명하자 세계 각지에서 식민지 독립을 추구하였다. 당시 3.1운동이나 5.4운동은 좌절했지만 아일랜드는 북아일랜드를 영국에 남기는 조건으로 미완의 독립을 성취하였다. 하지만 독립을 위해 선택한 분단은 이후 피의 복수전을 초래하게 된다. 제2차 세계대전 이후 북아일랜드에서 구교도에 대한 차별이 계속되자 독립운동과 테러행위가 1970년대 이후 급속히 확산되었던 것이다.

하지만 중국의 티베트나 신장위구르와 마찬가지로 북아일랜드 주민의 다수가 신교도로 재편된 상태에서 독립운동은 호응을 얻기가 어려웠다. 이에 구교도 급진파는 IRA을 결성해 무장투쟁을 전개하였다. 여기에 보수당 대처 정부가 강경 대응하자 코만도를 자처한 신교도 과격파의 보복암살이 자행되었고, 보비 샌즈를 비롯해 구교도 수감자들은 영화 '헝거'를 통해 알려졌듯이 정치범 대우를 요구하며 단식하다 아사하였다. 1990년대 중반 휴전이후 벨파스트에선 총소리가 사라졌지만 밤이면 신교도와 구교도 거주지 간의 이동을 차단하는 장벽이 작동하고 있다. 또한 적대적 벽화와 오래된 앙금이 여전히 충돌하는 상태에서 아일랜드의 불안은 계속될 것이다.

벨파스트 시내의 신교와 구교 주거지를 가르는 장벽

IRA 항쟁으로 투옥되어 아사한 보비 샌즈

강소국 모델은 우리가 추구할 미래가 아니다

"믿음을 주는 정부가 필요하다"

작고 강한 나라 강소국은, 크고 강한 나라 강대국만큼이나 우리가 추구할 목표와는 거리가 멀다. 강대국은 규칙형성자로서 상당한 영향력을 행사해 왔다. 반면에 강소국은 규칙적응자로서 신속한 전환능력을 발휘해 왔다. 세계도시에 기반한 싱가포르, 카타르, 파나마, 아일랜드 등은 기업식 정부를 표방하고 있다.

경제부활을 꿈꾸는 아일랜드의 협치와 균형발전이 위협받고 있다. 거시경제 지표의 긍정적 징후에도 불구하고 대부분의 아일랜드인은 경기회복의 징후를 체감하지 못하고 있다. 미국계 하이테크 다국적 기업에 기초한 수출경제와 대다수 서민들이 기대고 있는 내수경제의 구조적 격차가 심하다. 더불어 지역단위 사회협약을 토대로 지역특화 발전을 꾀하고 있지만 더블린 지역과 타지역의 격차 또한 여전하다. 회복세라는 실업률도 이민을 선택한 고학력 청년실업자들의 대열을 목격한 상태에서 쉽게 수긍하기 어렵다.

지금 우리에게 필요한 것은 국가경제와 서민경제가 동반성장한다는 기회와 희망 그리고 지속가능성에 대한 믿음을 주는 정부이다. 이를 위해 규제 완화가 아니라 규제의 적정화(rightsizing)에 대한 인식을 정립해야 한다. 수출과 내수, 대기업과 중소기업, 수도권과 지방, 장년과 청년 간에 존재하는 기회의 구조적 격차를 줄여가는 것이 바로 서민경제의 가능성을 살리는 길이다. 더불어 실적에 급급해 '보여주기식' 투자유치 구상으로 서민경제의 '환상심기' 정책을 남발하는 유혹도 이겨내야 한다.

더블린의 풍류를 상징하는 템플바 지역

　미·소의 중재자를 자임했던 북유럽이나 통치하기 어려운 문제에 맞서온 독일이나 프랑스가 우리에게 적합한 학습의 보고이다. 한국이 강중국의 미덕인 국내외 세력충돌의 조정자로 부상하려면 역량과 연대를 강화해야 한다. 이에 내셔널은 물론 로컬과 글로벌을 포괄해 거버넌스의 미래를 제안하고자 한다.

　내셔널 거버넌스는 경제와 사회를 절충해야 한다. 한국은 이윤을 중시하는 경제적 가치가 우선하는 나라이다. 성장지상주의와 효율만능주의가 조장한 환상과 거품 속에서 형평, 공감, 생태 등과 같은 사회적 가치를 간과해 왔다. 정부가 균형과 융합이라는 공공마인드를 망각하면 기업이익연합체, 전문사업자단체 등에 포획된다. 따라서 혁신적 포용국가에 부응하려면 창의적 기업가의 도전을 촉진하고 위축된 약자들의 안위도 대변해야 한다. 자본편향적 관료 행태나 문화를 혁신하기 위해 시민사회 파견과 교육기회 확대도 필요하다.

　로컬 거버넌스는 지방분권을 재검토해야 한다. 지방분권의 동력이 약화된 상태에서 주민들이 체감하는 실질적 자치가 요구된다. 수도권 규제완화는 강소국 논리이기에 아일랜드나 이스라엘과 같이 격차가 심화된다. 이에 공공기관이나 명문대학의 신속한 이전을 통해 독일이나 네덜란드처럼 특화도시를 조성해야 한다. 세종과 제주라는 특별자치시·도에 부가해 부산, 대구, 광주 등이 지역의 발전역량을 결집시켜야 한다. 마지막 보루를 지키는 심정으로 행정수도와 국제자유도시를 완성하고 세계도시의 육성을 통해 수도권을 발전적으로 해체해야 한다.

　글로벌 거버넌스는 미·일에 편중된 기존의 외교패턴을 북방외교와 남방외교로 보완해야 한다. 북한 핵의 연착륙을 위해서는 미국과 일본의 거센 압박을 남북공조는 물론 중국과 러시아의 후원으로 상쇄해야 한다. 또한 중국이 우리의 맞수로 부상한 상태에서 동남아, 중동, 아프리카 등 남방루트에 공을 들여야 한다. 교역이나 원조 같은 물자교류에 더하여 한류의 확산이나 유학생 유치를 통해 친밀한 유대감을 형성하는 공공외교가 유용하다.

국가의 크기를 떠나 만국 공통으로 국민들이 원하는 강한 정부는 국가자율성을 발휘해 협소한 이해관계를 타파하고 국민적 이익을 보장하는 정부이다.

독일통일의 상징 베를린과
통합도시의 전범 부다페스트

**❝ 묘한 공통점을
가진 두 도시 ❞**

아일랜드에서 출발해 그리스로 향하는 여정에서 경유지로 베를린과 부다페스트를 선택하였다. 19세기를 풍미한 제국의 수도이자 20세기 중반 이후 관광도시로 부상한 두 도시는 싼 가격으로 항공이동이 용이했다. 우리가 떠나는 아일랜드 국제공항의 경우 더블린은 물론 벨파스트 시민들이 많이 이용하고 있다는 점에서 실질적 경제사회통합을 이룩한 것처럼 보였다. 다만 브렉시트 이후 셍겐조약에 따른 통행의 자유가 지속될 것인가의 여부가 어렵게 갈등을 봉합한 북아일랜드 주민들의 관심사이다.

테겔 공항에 착륙한 우리는 택시를 이용해 한 인민박으로 이동했다. 공공성을 중시하는 시민의 공간이자 장기체류 여행자들이 선호하는 베를린은 박물관, 미술관, 전망대, 공원, 강 등 보고 느끼기에 손색이 없는 도시이다. 유럽연합을 주도하는 독일의 정치경제적 리더십을 성찰하기에도 유용한 장소이다. 더불어 저렴한 주거비와 충분한 녹지공간은 베를린이 소유한 도시경쟁력의 원천이다.

1871년 통일 이전의 독일은 도시국가 연합체 형식을 채택하고 있었다. 이러한 이유로 독일은 통일 이후에도 지역이나 도시의 정체성을 중시하는 연방제를 채택하였다. 우리에게는 행정수도 세종, 문화수도 광주, 해양수도 부산 등이 아직 구호에 불과하지만 독일 도시들은 확실한 별칭과 의미를 지니고 있다.

　베를린은 냉전시기에 동서를 가른 장벽을 경계로 이데올로기가 첨예하게 대립한 정치의 도시이다. 지정학적으로 동독에 위치했을 뿐만 아니라 북유럽과 구소련에 근접한 베를린은 지금도 사회적 시장경제의 기풍이 강한 편이다. 따라서 부동산 가격이 안정적이고 친환경적인 녹지공간이 충분한 편이다. 베를린 장벽이 붕괴하면서 독일연방의 수도역할을 회복한 베를린은 전시장, 공연장, 아파트, 호텔 등을 중심으로 활발하게 도시재생이 진행되고 있다. 최근 베를린에서 개최된 유럽 최대 가전박람회(IFA, 2019)는 화웨이를 비롯해 중국이나 대만의 가전업체들이 더 이상 한국의 추격자가 아니라는 사실을 대내외에 알리는 무대였다. 5G 휴대폰 기술의 우수성을 홍보하는 중국 업체들의 홍보전은 카이저 빌헬름 2세가 독일을 통일한 카이저 빌헬름 1세에게 경의를 표하기 위해 1895년 세운 카이저 빌헬름 교회 주변의 대형 빌딩을 중심으로 이루어졌다.

독일 분단의 상징 베를린 장벽

　베를린 투어는 박물관 섬과 미테 시가지를 연결하는 프리드리히 다리를 오가는 방식으로 이루어졌다. 베를린 대성당의 웅장하고 신비로운 모습은 '베를린 천사의 시'를 비롯해 영화의 배경으로 자주 사용될 정도로 성찰적이다. 다리를 건너 박물관 섬에 진입하면 다양한 주제의 박물관을 관람하기 위해 줄을 선 인파를 만나게 된다. 독일의 수도에 자리한 박물관 섬은 독일 내 여타 지역 박물관들과 달리 이집트, 그리스, 로마, 페르시아 등 해외의 다양한 고대 유물을 소장하고 있다. 이 중에서 최고의 전시품은 박물관의 이름과 동일한 페르가몬 신전이다. 오래된 타일과 정교한 조각이 압권인 신전의 벽체를 터키에서 통째로 옮겨온 일에서 19세기 후반 시작된 제국주의 독일의 위세를 실감하게 된다.

　한때 동베를린의 발전을 대내외에 홍보했던 상징적 장소인 베를린 타워에 오르면 평지인 베를린의 전경을 조망할 수 있다. 그리고 과거 동베를린 지역에 위치했던 훔볼트대학 구내식당에 들러 점심을 해결한 일도 기억에 남는다. 개명 이전 베를린 대학 시절에는 동독 당국의 탄압을 피해 1947~1948년 교수와 학생들이 서베를린으로 넘어가 베를린자유대학교(Freie Universität Berlin)를 설립하기도 했다. 통독 이후에는 두 대학이 공동으로 의과대학인 샤리테(Charité)를 운영하고 있다. 하지만 짧은 체류일정으로 인해 베를린 인근의 명소인 포츠담에 다녀오지 못한 일이 아쉽다. 나중에 기회가 된다면 여행파트너 홍교수가 최근에 혼자 다녀와서 극찬한 상수시 궁전이나 포츠담 광장을 가보고 싶다.

도나우강을 경계로 갈라져 있던 부다와

독일 통일의 상징 브란덴부르크문

페스트를 통합해 탄생한 부다페스트는 오래된 제국의 수도이자 동서양을 망라한 다양한 문명이 침입한 흔적이 남아 있다. 이러한 이유로 지금은 박물관과 도서관으로 사용중인 부다왕궁을 비롯해 역사적인 건축물이 많다. 그리고 20세기에는 나치 독일과 소련의 지배를 받기도 했다. 1956년에는 소련에 반대하는 민주화 시위로 시민 3천 명이 목숨을 잃은 슬픔을 간직하고 있다.

부다페스트 최고의 명소는 야경으로 유명한 도나우강이다. 독일 알프스에서 발원해 우크라이나 인근 흑해로 흘러 들어가는 2,850km의 강은 영어로 다뉴브강으로 불리기도 한다. 도나우강은 러시아 남부에서 발원해 카스피해로 흘러 들어가는 볼가강에 필적할 정도로 길고 깊은 강이기 때문에 여러 나라의 도시를 들르는 리버크루즈가 인기를 끌고 있다. 최근 부다페스트에서 거대한 리버크루즈용 큰 배가 작은 유람선을 추돌해 우리 관광객 수십 명이 참사를 당한 사건을 통해 알 수 있듯이 야경의 명소에는 치명적 위험이 도사리고 있다.

내가 확인한 도나우강 야경은 참으로

부다페스트 야경의 위험한 유혹

아름답다. 유람선 관광을 포기하는 대신에 세치니 다리 위에서 목격한 다양한 배들의 질주는 이순신 장군의 학익진을 연상시킨다. 강에 어둠이 내리면 국회의사당 앞과 같은 경관의 명소를 선점하기 위해 배들은 일제히 질주를 시작한다. 도로나 바다와 달리 교통정리가 어려운 강안에 사고의 위험이 상존했던 것이다. 세치니 다리 아래 제2차 세계대전 당시 파시스트에게 학살당한 유대인들을 기리는 신발 모형에 부가해 유람선 사고로 숨진 한국인 관광객들을 추모하는 촛불이 추가된 일은 실로 안타깝다.

　짧은 체류 일정을 마치로 공항으로 떠나는 이른 아침에 나는 택시 기사에게 부탁해 어제 저녁에 빼먹은 국회의사당에 잠시 들렀다. 야경만은 못하겠지만 조깅하는 시민들과 더불어 아침의 활력을 느낄 수 있었다. 산보와 더불어 목욕을 최고의 건강비결로 꼽고 실천하는 내가 세치니 온천을 가보지 못하고 헝가리를 떠나는 것도 못내 아쉬운 대목이다.

09

알렉산더와 메테오레를 품은
그리스 북부를 누비다

반도와 섬으로 구성된 그리스를 일주하는 방법은 매우 다양하다. 육지와 해양의 교차점 아테네를 기점으로 동서남북을 오가는 방법이 일반적이다. 하지만 그리스의 동서남북 접경을 대표하는 터키, 이탈리아, 중동, 발칸 등 경유하는 국가에 따라 여행의 경로가 달라진다. 나의 그리스 여행은 헝가리 부다페스트에서 항공기를 이용해 남진하는 방식을 채택하였다.

그리스 북부 마케도니아 지방의 테살로니키 공항에 착륙한 우리는 렌트카로 갈아타고 메테오레 수도원 지구로 이동하였다. 동로마 제국의 멸망 이후에도 정교회의 전통을 지키기 위해 깊은 산속의 봉우리에 방어용 터전을 마련한 수도사들의 기상은 감동적이다. 죽어서 수도원에 뼈를 남길 정도로 치열한 정진이 정교회의 확산을 가능케 한 결정적 동인이다.

메테오레 지역은 버섯 모양의 기묘한 사암 봉우리마다 수도원이 위치한다. 나는 렌트카를 이용해 어제 저녁과 오늘 아침에 걸쳐 편리하고 신속하게 봉우리를 일주하였지만 도보나 자전거를 이용해 천천히 음미하면서 살펴보는 것도 색다른 재미가 있을

것이다. 수도원은 접근하기 어려운 사암 봉우리에 위치하고 있을 뿐만 아니라 산 아래쪽 평원을 조망하는 경치도 일품이다. 불교식으로 치자면 지리산, 팔공산, 설악산 등 기도발이 통한다는 암석 봉우리마다 주요 암자들이 포진한 형국이다.

다음날 오후 테살로니키로 돌아온 우리는 산토리니행 비행기에 탑승하기 전에 시내를 둘러보았다. 마케도니아를 대표하는 알렉산더의 흔적을 찾기는 어려웠지만 정교회 사원이나 철학자의 동상은 이정표에 나타난다. 시내의 종교 시설들은 문명의 접경인 터키나 발칸과 마찬가지로 다양한 종교를 품었던 모습이 이색적이다. 더불어 서유럽의 고위도 지방에서 남하한 탓인지 적응하기 어려운 그리스의 고온 건조한 지중해성 날씨가 남달라 보였다.

그리스 북쪽에는 원래 1991년 유고연방에서 독립한 '마케도니아공화국'이 자리하고 있었다. 그러자 그리스는 마케도니아가 알렉산더 대왕이 통치하던 고대 그리스 왕국의 국명인 데다 그리스 북부에 이 명칭을 그대로 딴 마케도니아주가 있다며, 국명 변경을 요구했다. 이러한 논란 끝에 마케도니아는 북마케도니아로 국가의 명칭을 변경하였다. 이와 유사한 사례는 구 소련의 일원이었던 '그루지야'가 독립한 이후 미국스타일 '조지아'로 명칭을 변경한 사례를 들 수 있다.

메테오레 봉우리 위에 자리한 수도원	산정에서 바라본 메테오레 전경

로마는 기원전 공화국에서 기원후 왕국으로 전환하였다. 왕국으로 전환한

서로마가 '5현제 시대'를 지나 '군인 황제'들이 발호하는 혼란 속에서 제국의 영토를 방어하는 일에 주력한 반면에 고대 그리스 지역에서 번성한 동로마는 지속적인 변화와 혁신에 힘입어 서로마 제국의 멸망 이후에도 거의 천년이나 더 존속하였다. 동로마 제국은 후일 콘스탄티노플과 이스탄불로 개명한 고대 도시 비잔티움을 수도로 삼았기 때문에 비잔틴 제국으로 지칭되고 있다.

1453년 오스만 제국에 콘스탄티노플이 함락되기 이전까지 비잔틴 제국은 기독교 문명의 방파제 역할을 수행하였다. 이후 기독교 문명은 에게해에서 동서양 연합군이 지중해의 패권을 둘러싸고 격돌한 레판토 해전(1571)의 승리로 이탈리아와 서지중해로 진출하려는 이슬람 세력을 억제하였다. 실제로 14세기를 전후해 오스만 제국의 영토로 편입된 발칸, 그리스, 터키 등지에는 다양한 종교와 문화가 혼합된 흔적을 발견할 수 있다. 또한 비잔틴의 영향으로 그리스 정교회가 전파된 모스크바 공국은 이슬람과 라마 불교를 신봉하는 초원의 유목 세력을 제압하면서 성장하였다.

지금도 터키 서부나 그리스 북부에는 비잔틴과 오스만 제국의 흔적이 남아 있다. 얼마 전 백종원이 진행하는 '스트리트 푸드파이터' 이스탄불 편에 소개된 서민들의 음식문화가 대표적 사례이다. 서로마 황제가 원형경기장에 모인 시민들에게 빵과 재미를 선사한 것처럼 보편적으로 빵을 공유하는 전통이 흥미롭다. 후추, 정향, 계피 등 세계 3대 향신료를 중개한 무역의 중심지답게 음식의 풍미도 압도적이다. 내가 잠시 들렀던 그리스 북부 데살로니끼에는 터키 이스탄불과 마찬가지로 식후에 즐기는 디저트 카페가 도심 곳곳에서 성업중이다. 그리고 천년 제국의 고급스런 음식문화는 지중해 전역은 물론 서유럽과 서아시아 지역으로 확산되었다. 그리고 땅이 달아오르는 오후에는 지중해의 서단 스페인과 마찬가지로 잠시 휴식을 위해 상점을 철시하는 삶의 지혜를 채택하고 있다.

10

에게해를 장식한 그리스의 보물섬

**" 에게해의
진주 산토리니 "**

늦은 오후 데살로니키 공항을 이륙한 비행기는 밤이 돼서야 산토리니 공항에 도착했다. 내륙의 산과 바다의 섬으로 구성된 그리스 관광의 단점은 이동거리가 멀다는 점이다. 이에 우리는 에게해 섬에 항공편으로 들어갔다가 배편으로 나오는 방식을 채택하였다. 최근에는 이탈리아에서 출발해 에게해 섬을 일주하는 지중해 크루즈가 인기를 끌고 있다. 이번 여행의 동행자인 박교수님은 2019년 여름 가족들과 지중해 크루즈를 이용해 나와의 여행에서 가보지 못했던 크레타, 로도스, 시칠리, 피렌체 등을 다녀오셨다. 크루즈로 유명한 노르웨이안 선사 홈페이지에 접속해 세 달 전에 예약하면 12일짜리 크루즈를 저렴한 캐빈 선실기준 1인당 130만원에 이용이 가능하다고 한다.

그리스에는 무려 6,000여 개의 크고 작은 섬이 있다. 그중 사람이 사는 섬은 227개 정도이고 가장 낭만적인 여행지가 산토리니와 미코노스이다. 물론 해양문명 발전에 관심이 많은 여행자라면 크레타와 로도스가 제격이다. 더불어 정말 여유가 있는 여행자라면 소아시아 인근의 섬들을 경유해 터키에 상륙하는 것도 도전적인 여정이다.

내가 예약한 산토리니의 숙소는 한적한 곳이라 그런지 무료 객실 업그레이드를 비롯해 서비스가 좋았다. 숙소 주변의 몽돌과 화산재 해변에는 해수욕을 즐기는 사람들이 많았지만 강한 햇볕에 대한 두려움으로 야간 산보로 대신했다. 하지만 경관이나 일몰의 명소를 가려면 한 시간 가량 마을버스를 타야 한다는 단점이 있었다.

산토리니는 기원전 1500년경 대규모 화산 폭발로 형성된 섬으로 하와이 빅섬과 마찬가지로 아직도 화산과 지진활동이 진행중이다. 다만 빅섬은 분출한 용암이 섬의 면적을 늘리고 있는 반면에 산토리니는 화산폭발로 섬이 갈라지면서 거의 절반이 절벽 저편으로 사라졌다고 한다. 물론 섬의 면적은 줄었지만 새로 생긴

화산이 조각한 산토리니 절벽마을

절벽에 늘어선 하얀 집들이 산토리니 관광의 테마이다. 여기에 추가된 또 다른 테마가 하얀 마을에서 바라보는 일몰이다. 매일 이아마을의 언덕에는 해지기 몇 시간 전부터 최고의 전망을 사수하려는 여행객들이 모여든다. 그러나 나는 이동거리와 교통체증을 감안해 미리 나와서 숙소와 이아의 중간인 센터 마을에서 일몰을 감상하였다.

산토리니에서 미코노스는 배편으로 이동했다. 미코노스 여정은 해안가 파도가 들이치는 리틀 베니스와 한무리 풍차에서 시작한다. 섬의 중심인 초라마을은 항구를 중심으로 반경 1㎞도 채 안 되는 작은 마을이다. 건물은 물론 바닥까지 하얀 골목에는 쇼핑의 명소와 맛집들이 산재해 있다. 마을 맞은편에는 아담한 항구와 작은 비치가 자리하고 있다. 이번에도 나의 숙소는 중심과 떨어진 언덕 위에 있었지만 산보삼아 오르내리기에 큰 불편이 없었다.

에게해의 중앙에 위치한 미노코스 앞바다에는 해양권력의 본산인 델로스 동맹을 찾아 떠나는 역사투어가 가능하다. 근거리에 위치한 델로스 섬이지만 동맹의 보물창고를 호위하듯이 파도가 사나웠다. 겨울철에는 방문을 허락하지 않는 날이 많을 정도로 바다가 험하다고 한다. 섬에는 신전을 비롯해 다양한 문명의 흔적이 남아 있었다. 고대에는 이집트에서 시작한 문명이 크레타를 경유해 북상하였지만 19세에는 러시아가 크림반도를 경유해 에게헤로 진출을 시도

했지만 영국의 간섭으로 실패했다. 영국이 1885년부터 1887년까지 2년간 거문도를 점령한 일이나 일본이 명성황후를 시해한 을미사변을 일으킨 일도 러시아의 남하 정책과 밀접한 관련성을 지닌다.

델로스섬에 남겨진 동맹의 흔적

미코노스를 떠나 아테네로 향하는 연락선

11

고대의 흔적과 현대의 숨결이 혼합된 아테네

고대 그리스는 지금의 한반도와 마찬가지로 문명의 교차로였다. 멀게는 BC 3000년경 이집트와 메소포타미아 문명을 흡수하는 방식으로 크레타, 미케네, 트로이라는 문명의 삼각축을 형성했다. 각기 지금의 에게해, 그리스 반도, 아나톨리아 반도에 위치한 문명의 중심지들은 그리스 신화를 통해 알 수 있듯이 깊고 넓다. 하지만 BC 1200년경 로마의 게르만족 침입을 연상시키는 도리아인의 남하를 계기로 한동안 문명의 정체현상을 경험하였다. 하지만 철기문화를 흡수한 폴리스가 재도약을 추구하면서 민주정치와 인문정신이라는 신기원을 이룩하였다. 일례로 트로이의 목마로 유명한 트로이 지방은 지금의 그리스와 마주보는 터키의 해안지대이다. 고대 그리스의 전성기에는 에게해 전역이 다양한 도시국가 연합체의 무대인 것이다. 그리스인을 경계해야 한다는 트로이의 제사장 라오콘의 절규가 이제야 통했는지 근대의 터키는 최근까지 그리스를 압도해 왔다.

서구 문명의 기원이자 라틴 문명의 기반인 그리스 스타일 민주주의는 도시국가를 중심으로 발전하였다. 아테네와 스파르타 중심의 동맹정치가 대표적인 사례이다. 학술적으로는 주관적인 소피스트와 객관적인 도덕정치 간의 경쟁구도가 형성된 것이다. 중국의 춘추전국시대 세력 판도와 제자백가를 연상시키는 동맹정치의 촉진과 인문학의 진흥은 후일 알렉 산더 대왕의 동방원정과 문명혼합을 가속화시키는 결과로 나타났다.

소피스트의 대가 프로타고라스는 '인간은 만물의 척도'라는 상대주의 관점 을 견지했지만 도덕철학을 추구한 소크라테스는 '너 자신을 알라'며 대화를 통 해 보편적 진리에 도달하는 절대주의 관점을 옹호했다. 이후 소크라테스는 플 라톤과 아리스토텔레스로 이어지는 그리스 철학의 계보를 확립하였다. 특히 플 라톤이 제시한 동굴의 비유는 진리에 접근하려는 인간들의 노력을 은유적으로 표현하였다. 하지만 소크라테스는 신을 모독하고 인간을 타락시켰다는 죄목으 로 아테네 시민들에 의해 고발되고 500명의 시민배심원단의 판결에 따라 죽음 까지 당했다는 점에서 직접민주주의의 희생양이 되기도 했다.

근대 서구에서 만개한 민주주의의 기원은 그리스이다. 소규모 도시국가 연 합체 방식을 채택한 고대 그리스는 직접민주주의 실현에 유리한 환경을 지니고 있었다. 물론 노예와 여성을 제외한 제한된 참여였지만 시민권을 소유한 남자 들의 의사를 반영해 국정을 운영하였다는 점에서 다수에 의한 지배라는 새로운 거버넌스 양식을 창출하였다. 물론 도편추방제의 부작용이나 소크라테스의 사 형을 통해 알 수 있듯이 다수의 결정이 언제나 바람직한 결과를 초래하는 것은 아니다. 이처럼 중우정치에 대한 우려를 반영해 플라톤은 현자가 통치하는 철 인정치의 필요성을 제기하기도 했다. 나아가 현대 민주주의는 제도적 유용성과 보편성에도 불구하고 자유민주주의와 사회민주주의 간의 긴장관계를 좀처럼 극 복하지 못하고 있다.

아테네를 방문한 사람들은 '파르테논 신전'을 놓치지 않는다. 기원전 479년 아테네인들이 아테네 수호여신인 아테나에게 바친 신전으로, 그리스 건축물 중 가장 위대한 작품으로 손꼽힌다. 물론 대부분의 조각품들은 영국의 대영박물관 으로 옮겨진 상태이고 신전의 기둥이나 바닥의 곡선들이 과거의 영화를 웅변하 고 있을 따름이다. 이는 제국주의가 기승을 부리던 시절에 메소포타미아나 페 르시아 문명을 대표하는 터키의 유물인 타일 장식이나 조각들이 독일의 베를린 의 페르가몬 박물관으로 이동한 일과 비슷한 이치이다. 더불어 신전을 오르거 나 내려오는 길에는 노천극장이나 아고라 광장과 같은 문화의 흔적들을 접하게 된다.

서구 문명의 상징인 파르테논 신전

파르테논 신전에서 본 제우스 신전과 도심

　파르테논 신전 아래의 평지에는 관광객들이 즐겨 찾는 제우스 신전을 비롯해 올림픽 경기장, 국립정원 등이 자리하고 있다. 특히 1896년 제1회 근대 올림픽이 개최된 파나티나이콘 스타디움 안쪽에는 운동의 중요성을 해학적으로 표현하는 대조적인 남성성기 조형물이 설치되어 있다. 이 조형물의 의미는 나이가 들어도 운동을 열심히 하면 건강하지만 젊어도 운동을 게을리하면 정력이 퇴조한다는 의미를 해학적으로 전달한 것으로 꽃할배 프로그램에서 소개되면서 유명세를 치르기도 했다.

　고대 문명과 흔적이 아니라 현대 아테네의 숨결을 느끼고 싶다면 리카비토스 언덕이나 플라카 지구를 찾아가기를 권장한다. 리카비토스 언덕은 아테네 시내의 역동적 모습을 한눈에 담을 수 있다는 점에서 매력적이다. 야경이 좋다지만 주간의 경관도 나쁘지 않다. 고대 아테네의 시장에서 기원한 플라카 지구는 아테네 시민들의 숨결을 느끼기에 적합하다. 특히 지중해의 해산물과 올리브로 조리된 그리스 식단의 경쟁력을 확인하기에 유용한 장소이다.

아고라에서 조망한 파르테논 신전

리카비토스 언덕 전망대에서 본
아테네 시내 전경

12

문명의 교차로 그리스의 정체성을 찾아서

고대 그리스는 서구 문명의 모태지만 현대 그리스는 유럽연합을 위협하는 뇌관이다. 이는 그리스에 내재된 상반된 정체성을 대표하는 상징적 표현이다. 지리적으로 지중해 안쪽에 자리한 그리스는 문명의 출현 이후 지중해 동쪽과 대서양 연안을 매개하는 교차로 역할을 수행해 왔다. 특히 국토가 여러 갈래의 반도와 에게해에 산재한 섬들로 이루어졌기 때문에 바다를 개척하는 일에 두각을 나타내었다. 실제로 나는 렌트카를 이용해 아테네에서 파트라스까지 그리스를 동서로 횡단하는 과정에서 코린트 운하와 인근의 역사유적을 살피며 문명의 기원을 회고할 기회가 있었다. 코린트는 아테네 동맹과 스파르타 동맹의 중간 지대에 존재한다. 성경의 고린도 전서에 나오는 코린트 유적 탐방은 로마에서 증폭된 기독교 문명이 그리스로 넘어오는 과정을 확인하고 학습하는 계기였다.

바다를 접한 나라는 교역에 유리하지만 침입에 취약하다. 특히 문화적, 종교적 이유로 갈라진 동서양 문명의 대립은 분쟁의 원인이다. 이스라엘이 이집트나 페르시아의 침입으로 경험한 BC 15세기 모세의 엑소더스나 BC 6세기 바빌론 유수도 유사한

코린트 운하

코린토 인근 그리스 유적지

사례에 해당한다. 페르시아의 그리스 침입, 십자군의 동방원정, 모로코 이슬람의 이베리아 진출 등도 대표적 사례이다.

중동 지역에서 만개한 인류 최초의 문명 이집트와 메소포타미아를 창의적으로 토착화시킨 고대 그리스는 시민의 자유와 개성을 중시하는 민주정치를 고안하였다. 이는 아테네의 상징적인 유적인 아크로폴리스와 아고라가 각기 신과 인간의 영역을 대표한다는 사실에서도 잘 나타나고 있다. 특히 로마에도 영향을 미친 그리스의 12신은 교조적인 유일신이 아니라 너무나 인간적이고 다양한 삶의 양식을 고유한 문화로 구현한 산물이었던 것이다.

그리스는 상상의 세계인 신화의 창조에 부가해 철학, 예술, 과학, 체육 등의 발전도 선도하였다. 우선 소크라테스, 플라톤, 아리스토텔레스 등으로 이어진 그리스 철학은 동시대 동양의 제가백가나 인도의 다신교를 연상케 한다. 또한 호메르스의 서사시 오디세이아나 일리아드를 통해 알 수 있듯이 민족의 고통과 역경을 예술로 승화시켰다. 그리고 피타고라스의 수학이나 아르키메데스의 물리학에서 목격되는 창의성은 현대 과학의 토대로 작용하였다. 나아가 4년마다 도시국가들의 단합을 다지던 올림픽은 근대 올림픽의 기원이기도 하다.

서구 문명이 시작된 고대 그리스에서는 자연과학과 인문학을 결합한 융합적 접근이 학문세계의 주류를 형성하였다. 이러한 전통은 로마와 르네상스를 경유해 현대 산업사회로 이어졌다. 우리나라에서도 1970년대까지만 해도 주요 대학에 문과와 이과를 결합한 문리과 대학이 단과대학으로 설치되어 있었다. 하지만 학문의 분화가 촉진된 1980년대 이후 융합적 사고가 약화되었다. 이에 차세대 고교 교육과정에서 문과와 이과를 통합하거나 대학의 교양교육에서 창조융합을 중시하려는 경향이 표출되고 있다. 일례로 애플을 창시한 스티브 잡스도 전산학과 서체학을 결합해 메킨토시를 출시하고 픽사라는 에니메이션 회사를 창립해 성공하기도 했다.

전방위적으로 외적의 침입에 취약했던 그리스는 도시국가의 한계를 극복하기 위해 동맹의 유용성에 착안하였다. 아테네 주도로 해양세력이 결합한 델로스 동맹과 스파르타 주도로 내륙진영이 동조한 펠로폰네소스 동맹이 체결되었기에 강력한 전제국가 페르시아의 침입을 격퇴할 수 있었다. 물론 영화 '트로이'를 통해 알 수 있듯이 그리스 본토나 소아시아 지역을 중심으로 체결된 동맹 간의 힘겨루기도 빈번했다. 나아가 북부 마케도니아의 맹주였던 알렉산더는 그리스 통합 이후 헬레니즘을 앞세워 중동은 물론 북인도까지 진출하여 간다라 문화를 촉진하였다. 하지만 중세 이후 고립을 택하면서 바이킹에 지중해의 패권을 넘겨주게 된다.

기원후 제정 로마의 패권이 강화되자 그리스는 헬레니즘의 주창자에서 기독교의 수호자로 역할을 변경하게 된다. 하지만 제국의 피로와 대륙의 불안이 결부된 내우외환으로 서로마 제국이 멸망하자 동로마 제국의 적자를 자임한 그리스는 이후 천년동안 정교회를 앞세워 비잔틴 문화를 꽃피우게 된다. 지금도 교회 건축에 많이 남아있는 비잔틴의 유물로는 돔 형태의 수려한 지붕과 건물 내부의 화려한 프레스코화가 대표적이다.

자유와 개성을 중시하는 그리스인의 기상은 이슬람 세력인 오스만투르크의 오랜 지배에도 불구하고 이어져 왔다. 그리스 중북부 사암지대 메테오레의 산정에 자리한 수도원들은 굴하지 않는 그들의 저항정신을 대표한다. 수도원을 지키는 성직자들은 협소한 공간에서 풍장으로 유골을 남겨가며 정체성을 지켜냈다. 또한 1920년대에 군함도나 우토로의 재일동포처럼 아나톨리아반도 연안과 에게해 동쪽에 진출했던 120만 명의 그리스인들이 터키에 의해 강제로 추방되는 참사를 경험하기도 했다. 나아가 1940년대 나치 독일의 점령기에는 수천의 그리스인들이 레지스탕스 독립운동에 헌신하다 처형당했다.

현대 그리스의 고난과 저항은 '그리스인 조르바'로 유명한 니코스 카잔차키스의 문학과 대중음악인 렘베티카 선율 속에 녹아 있다. 특히 카잔차키스는 미노스 문명을 창시한 크레타의 후예답게 섬사람 특유의 강인함과 자립심을 자유에 대한 갈망으로 승화시켰다.

지금의 그리스는 유럽연합 출범 이후 회원국 간 산업경쟁력의 불균형이 초래한 경제위기로 고통을 받고 있다. 유럽의 또 다른 극단 영국이 브렉시트를 선택한 것처럼 그리스도 유럽연합 탈퇴를 공언하는 벼랑 끝 협상전략을 구사해 왔다. 특히 유럽연합의 맹주 독일처럼 비교적 최근에 그리스에 위해를 가했거나 오래전 문명의 혜택을 향유한 회원국들의 양보를 당당하게 요구하고 있다. 또한 시리아 내전으로 촉발된 대규모 난민이 그리스를 디딤돌 삼아 서유럽으로 이주한다는 점에서 유럽연합 차원의 공동 대응을 촉구하고 있다. 실제로 그리스의 출입국 관리들은 대낮에 항구의 담을 넘어 밀항하려는 이민자들을 방관하거나 난민촌 운영의 애로를 토로하는 방식으로 회원국들의 관심과 지원을 유도해 왔다.

13

이탈리아 남부여행의 빛과 그림자

**" 여행자들의
발길이 끊이지
않는 곳 "**

나의 이탈리아 남부여행은 그리스 파트라스에서 매일 오후 6시에 출발하는 바리행 카페리를 타면서 시작되었다. 출항과 더불어 이오니아 해를 맞이한 배는 드라마 '태양의 후예'에서 가파른 해안절벽과 난파선이 어우러져 호젓한 분위기를 연출했던 자킨토스 섬을 저멀리 스치고 그리스 서부 해안을 타고 북상하기 시작하였다. 아마도 새벽 무렵에는 이탈리아 동부 해안을 따라서 아드리아해로 진입하게 될 것이다.

출항에서 도착까지 15시간이 소요되는 짧지 않은 여정이라 승객들은 객실을 예약하는 경우가 많다. 하지만 주머니 사정이 여의치 않은 배낭여행자나 이주노동자들은 식당이나 휴게실과 같은 공용공간에서 침낭을 깔고 쪽잠을 청하기도 한다. 나는 그리스를 떠나며 계획한 대로 객실에서 밀린 업무를 처리하기로 했다. 일하다 나와 기분전환삼아 둘러본 갑판의 풍경은 여객보다 화물을 중시하는 배라는 인상을 받았다. 벌크선을 연상시키는 후미의 차량적재 공간에는 자정 무렵 그리스의 중간기착지에서 승선한 대형 화물차들이 줄지어 도열해 있다. 무리한 화물선적이 침몰로 이어진 세월호와 마찬가지로 경쟁력이 약화된 단거리 카페리들은 화물운송으로 수지를 맞추고

이탈리아 바리와 인접한
그리스 항구도시 파트라스

이탈리아 바리로 향하는 배의 갑판

있을 터이다. 다소 불길한 상상에도 불구하고 은은한 달빛이 투영된 호수 같은 바다나 좀처럼 불빛을 찾아보기 어려운 한적한 그리스 해안이 인상적이었다.

늦은 아침 바리 항구에 배가 정박하자 사람보다 차가 먼저 하선을 시작하였고 오랜 기다림 끝에 하선한 승객들 앞에는 예약 손님을 기다리는 관광버스나 승합차가 기다리고 있었다. 우리 일행은 내심 일반 승객들을 항만터미널이나 대중교통망까지 연계하는 셔틀 서비스를 기대하였으나 역시 화물차가 주된 고객인 선사라 그런지 우리의 낙관적 기대를 외면하였다. 뜨거운 날씨에 어깨에 배낭을 메고 손으로 캐리어를 끌며 기차역으로 향하는 버스정류장에 도착했지만 시내버스의 냉방상태는 남부 이탈리아의 열악한 경제사정 때문인지 나의 인내를 시험하고 있었다.

바리역에 도착해 나폴리행 기차표 구입을 시도하였지만 오후 늦은 시간이나 이용이 가능하다는 말에 역사 반대편에서 출발하는 고속버스를 이용하기로 결정하였다. 한때 우리나라에서 유행했던 묻지마 관광버스 정차장을 연상시키는 바리역의 시외버스 터미널은 도로변에 정차한 출발대기 버스는 보이지만 발권창구나 안내요원을 찾기가 어려웠다. 인근에 모여있는 승객들에게 물어보니 도로 옆 상가의 카페테리아에서 아무런 안내표시 없이 발권업무를 대행하고 있었다. 인근 도시는 물론 나폴리나 시칠리아로 버스들이 연이어 출발하지만 터미널의 서비스 수준은 우리의 시골마을 공영버스와 유사했다.

바리를 떠난 버스의 차창에는 남부 이탈리아가 자랑하는 올리브와 포도밭이 메마른 벌판의 주역임을 과시하고 있었다. 드넓은 벌판과 산마루의 풍력발전기도 자주 눈에 들어왔다. 버스가 나폴리에 근접하자 외곽의 구릉지에는 전원주택들이 자리하고 있었다. 꽤나 경사가 있지만 우리와 같은 여름철 집중호우와는 거리가 먼 기후대라 그런지 안전에는 큰 문제가 없어 보인다.

기나긴 여정 끝에 도착한 나폴리 시외버스 터미널도 바리와 마찬가지로 대중교통이나 택시를 이용하기가 어려웠다. 치안이 불안한 나폴리를 감안해 택시를 잡아타고 도착한 구도심 호텔은 실내가 넓고 쾌적했다. 인근의 골목에는 낡고 허름한 주택들이 밀집해 있지만 호텔은 리모델링을 마친지 얼마되지 않아 보였다. 나폴리 도착전에 사전준비가 부실했기 때문에 시내지도를 펼친 호텔 매니저의 간단한 브리핑을 청취한 다음 관광일정을 시작하였다. 카페리를 포함해 거의 24시간을 부실한 식사를 하고 이동했던 관계로 식당을 먼저 찾아갔다. 나폴리의 특산물인 피자와 생선구이는 다소 가격이 있었지만 토마토, 치즈, 참치 등 튼실한 재료 덕분인지 담백하고 신선했다. 우리가 찾았던 식당 앞에는 누오보성이 자리하고 있었고 그 너머에 세계 3대 미항 산타루치아 항구와 해변이 자리하고 있다.

나폴리 산타루치아 항구의 누오보성

나폴리 민요 '창공에 빛난 별 물 위에 어리어, 바람은 고요히 불어오누나, 내 배는 살같이 바다를 지난다 ~' 산타루치아로도 유명한 항구는 지금은 나폴리 경제 전반의 침체와 더불어 그만저만한 항구로 전락한 상태이다. 하지만 항구에 인접한 활기찬 해변과 주변의 명소인 카프리섬, 폼페이, 소렌토, 포지티노, 아말피 등을 연계한 상태에서 충분한 관광잠재력을 지니고 있다. 우리나라 동남권의 중심지 마창진(마산-창원-진해)을 연상시키는 이탈리아 남부 캄파니아주의 명소인 나폼소(나폴리-폼페이-소렌토)는 광역경제 또는 연담도시의 성격을 지니고 있다. 특정한 어느 하나만으로는 큰 가치를 지니기 어렵지만 상호 연계된 시너지 창출효과는 상당하다는 것이다.

통상 로마를 경유하는 자유여행이나 패키지는 당일이나 1박 2일 일정으로 남부투어를 진행하는 경우가 많다. 이에 우리도 로마 테르메니 역에서 고속철도로 1시간 10분이 소요되는 나폴리 중앙역을 기점삼아 건물지하로 연결된 가리발디역에서 전철을 타고 폼페이-소렌토-포지티노-아말피로 이어지는 투어에 도전하였다. 과거 로마에서 출발하는 버스패키지를 활용해 폼페이-소렌토-포지티노를 경험했던 터라 이번에는 종점인 소렌토 전철역에서 출발하는 투어버스를 활용해 아말피에 다녀왔다. 네셔널지오그래픽이 선정한 버킷리스트

1위답게 '아말피 코스트'로 명명된 90여 분의 드라이브 코스는 환상적이다. 특히 40km 뚫는 데 47년 걸렸다는 해안절벽길은 비탈에 층층히 들어 찬 알록달록한 집들이 눈부신 코발트색 바다와 어우러져 보는 이의 눈을 시원하게 한다. 특히 소렌토와 아말피의 중간 경유지 역할을 수행하는 포지티노는 마을 상부 도로변에 정차해 골목을 따라 해안까지 내려오는 걷기코스가 유명하다. 여기에 더해 상공의 수륙양용기가 해안가 산비탈 경사면을 따라 급강하하는 장면을 바라보는 것도 이색적인 볼거리이다.

소렌토 해안의 풍광

소렌토 절벽 마을의 운치

국가나 도시의 정체성은 인종이나 종교에 기인하는 경우가 많다. 이러한 관점에서 지구촌의 문화를 분류하면 라틴스타일 구교문화권, 앵글로색슨스타일 청교도 문화권, 게르만스타일 신교문화권, 노르만스타일 바이킹문화권, 슬라브스타일 정교회문화권, 한족스타일 유교문화권, 남방스타일 도교문화권, 북방스타일 해양문화권, 북방스타일 고원문화권, 남인도스타일 힌두문화권, 북인도스타일 혼합 문화권, 중동스타일 이슬람문화권, 대양주스타일 도서문화권, 아프리카스타일 토속문화권 등으로 분류가 가능하다.

남유럽의 라틴족은 중동과 북아프리카에 포진한 해양세력과 지중해의 패권을 둘러싸고 경쟁해 왔다. 공화국 로마가 북아프리카 튀니지를 무대로 성장한 카르타고와 거듭한 포에니 전쟁이 대표적 사례이다. 기원후 시작된 왕정 로마는 기독교 공인을 전후해 라틴문화권에 대한 지배력을 강화하였다. 지금의 프랑스 남부와 그리스 반도가 로마의 외연확대를 촉진한 양대 날개였다. 이후 로마는 북상을 거듭하며 양날의 검인 게르만과 경계를 설정하였다.

제국의 수도 로마는 지금도 세계 각지에서 오는 관광객들로 넘쳐나고 있다. 항공시대를 맞이한 로마의 관문은 파우치오 공항이지만 이탈리아는 서유럽에서 철도를 이용해 찾아오는 여행자가 다수이다. 이탈리아 남부와 북부의 도

로마 시내의 판테온 유적

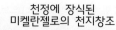
로마 바티칸 성당

천정에 장식된
미켈란젤로의 천지창조

시들을 경유하기 편리하기 때문이다.

　　남부여행을 마무리하고 도착한 로마는 여전히 번잡하다. 예전에 들르지 못한 콜로세움의 내부를 관람하기 위해 이번에는 큰맘 먹고 열심히 줄을 섰다. 하지만 바티칸 박물관은 현지 여행사에 급행료를 지불하고 줄서기의 고생을 회피할 수 있었다. 골목 안에 자리한 트레비 분수도 찾아가 인증사진도 찍었다. 나머지 유적들은 더운 날씨에 발품을 팔기보다는 투어버스를 이용해 여기저기를 들르는 방식으로 해결하였다. 로마에서 서울로 돌아오는 비행기의 항로는 다음번 여행에서 내가 도전하고 싶은 흑해 상공을 지나 스탄 공화국들이 위치한 초원지대로 진입하고 있다.

Chapter 05

하와이에서 카리브까지 휴양벨트 탐방기

여행자들이 공감하는 하와이의 매력

**" 니가 가라
하와이 "**

저가항공의 호놀룰루 취항을 계기로 미국 하와이 주를 찾는 한국인 방문자들이 늘어나고 있다. 허니문의 천국 하와이가 가족관광의 메카로 탈바꿈하고 있는 것이다. 하와이 여행에 수반되는 고단한 여정과 상당한 경비에도 불구하고 새로운 추세는 일본의 경험에 비추어 상당기간 지속될 것이다. 아마도 쾌적한 기후와 쇼핑의 매력이 관광의 비용을 압도하는 편익으로 작용하고 있는 것으로 보인다.

태평양 판의 중앙이자 북회귀선에 걸친 하와이의 기후는 이미 우리에게도 친숙한 동남아 휴양지처럼 적정한 온도에 부가해 깨끗한 공기와 낮은 습도까지 덤으로 제공한다. 따라서 하와이 방문이나 생활에서 경험하는 평온과 안락은 대다수 인류의 숙명인 기후스트레스를 한방에 날려버리는 결정적 매력이다. 평온한 기후가 순박한 사람들의 섬 알로아(Aloha) 하와이의 원동력인 것이다.

도심의 알라모아나(Ala Moana)와 아울렛 와이켈레(Waikele)로 대표되는 하와이 쇼핑의 강점은 집적과 가격에 부가해 주변의 유명 관광지들을 연계하는 원활한 교통망이다.* 제주보다 작은 오하우 섬에

---

* 오하우섬 쇼핑은 명품 브랜드 쇼핑에서 알뜰 쇼핑까지 취향에 따라 다양하게 경험할 수 있다.

집중된 100만의 현지인과 관광객의 교통수요를 감당하기 위해 하와이 당국은 방사형 고속도로, 흐름중시 일방통행로, 도심근접 공항, 강력한 교통단속 등을 전략적으로 연계하였다.

하와이 노스 쇼어의 안락한 힐링을 즐기는 사람들

하와이는 1천년 전 용맹한 폴리네시아 전사들의 도전적 항해로 정착의 역사가 시작된 이래 다양한 부류의 사람들이 찾아왔다. 1778년 쿡 선장의 기착을 계기로 이루어진 서양인들의 이주는 포경과 설탕이라는 경제적 목적을 추구하였다. 1898년을 전후해 미국의 해외진출이 본격화된 국면에서는 개신교 포교활동, 농장주 권익보호, 아시아계 농업이민 등이 현안으로 부상하자 자의반 타의반으로 미국에 합병되었다.

하와이의 지정학적 중요성은 1959년 알라스카와 같이 미국의 마지막 주로 편입된 사실에서도 재확인되고 있다. 특히 경유지로서 하와이의 가치는 항해시대는 물론 항공시대에도 그 본질이 계속 유지되고 있다. 더불어 1941년 12월 7일 일본의 진주만 공습으로 군사적 중요성이 부각되자 농장지대가 군사기지로 전환되었다. 나아가 2016년 12월 아베와 오바마가 진주만에서 연출한 화해의 만남을 통해 알 수 있듯이 탈냉전 이후 군사기지에서 관광단지로의 패러다임 변화를 추구하고 있다.

세계적 관광단지로서 하와이의 매력은 8개의 섬이 간직한 자연유산이나 문화유산을 통해 잘 나타난다. 우선 현대 하와이의 중심지이자 주청사가 위치한 오하우는 비치의 대명사인 와이키키, 서핑의 명소인 노스쇼어(North Shore), 스노클링의 적지인 하나우마베이, 휴화산의 전형인 다이아몬드헤드 등 다수의 자연유산은 물론 폴리네시아 문화센터, 돌 플랜테이션, 진주만 사적지 등을 품고 있다.

고대 하와이 왕국의 수도였던 마우이는 크기나 풍광에서 제주도와 흡사하

명품 브랜드 쇼핑은 와이키키 비치 주변 명품 브랜드샵과 알라모하나 쇼핑센터를 이용할 수 있으나, 보다 싼 쇼핑을 원한다면 외곽에 위치한 와이켈레 아울렛을 추천한다. 브랜드가 다양하진 않지만 가격이 시내 명품샵보다는 훨씬 저렴하다.

다는 점에서 친근감이 느껴진다. 하지만 전원도시 하나에서 접하는 아열대 밀림의 신비스러운 경관이나 할레이칼라 정상 분화구의 초지구적 모습은 마우이의 독특한 자산이다. 지금도 활발한 화산활동을 통해 면적을 늘리고 있는 빅섬은 생생한 지리 학습장이다. 더불어 대륙을 동경할 정도로 광활한 빅섬의 농경지는 특산물인 코나 커피나 마카다미아 땅콩의 재배에 활용되고 있다.

마우이 할레이칼라 정상의 분화구   마우이 해변 드라이브에서 만난 녹색 계곡의 향연

　　하와이 주와 지방정부는 연방정부의 협력을 유도하는 방식으로 창의적인 우수정책사례를 창출하였다. 우선 서비스산업 활성화와 직결된 방문객 유치전략은 자연유산에 의존하던 소극적 방식을 탈피해 대규모 행사나 인센티브 관광을 활용하고 있다는 점에서 '니가 가라 하와이'라는 동수의 대사처럼 비자발적 방문자들을 흡수하기에 유용하다. 또한 규제와 안전을 결합하는 방식으로 도심지 공항을 계속 유지하거나 산비탈을 친환경 명품 주거지로 조성한 일은 대구공항의 외곽 이전이나 도시재생의 실효성 논란을 반복하고 있는 우리의 부러움을 사고 있다.

　　이번 여행은 여러모로 유익했지만 다소 비싸고 무례한 숙소가 옥의 티었다. 우리 일행은 와이키키 해변에 밀집한 리조트 호텔을 저렴한 비딩 방식으로 예약하면서 호텔피와 세금까지 지급하였지만 체크아웃 때 예상치 못한 리조트피, 어메니티피, 주차료 등을 추가로 요구받았다. 반면에 해변에서 한두 블럭 떨어진 운하주변의 콘도형 호텔은 가격이 저렴하고 음식물 조리도 가능하다는 장점이 있었다.

미서부 일주의 시발점
샌프란시스코와 세도나

**❝세계 유수의
항만도시
샌프란시스코❞**

마우이에서 가족들을 인천으로 떠나보내고 나와 홍교수는 서부 공략을 위해 샌프란시스코로 이동했다. 미국 대통령이나 한국 교민들이 한국을 방문하고 돌아가는 길에 하와이를 들르는 경우가 많다는 것에 착안해 우리도 미국 본토로 날아간 것이다. 밤늦은 시간에 착륙하는 샌프란시스코 베이 에어리어 지역의 야경이 새로운 여행에 대한 기대를 부풀리기 충분할 정도로 환상적이다.

아침에 호텔 주변인 시청 인근을 둘러본 우리는 오늘의 목적지인 요세미티로 가는 길에 한국 마트에 들려 장을 보고 인근의 버클리 대학에도 들렀다. 고풍스런 대학 캠퍼스를 둘러보다 종탑에 올라 오르간 연주를 들으며 도심과 해안이 펼쳐진 경관을 감상했다. 멀리 보이는 도심, 금문교, 소살리토 등으로 구성된 경관의 하모니가 일품이다. 하지만 샌프란시스코 일정을 단축하고 급히 달려간 요세미티는 때마침 내린 폭설로 진입도로가 차단되어 인근에서 발생한 산불의 흔적을 확인하는 것에 만족해야 했다.

요세미티 인근 모텔에서 숙박한 우리의 다음 일정은 어제보다 먼 거리를 이동해야 한다. 뜨거운 사막 데스밸리를 경유해 라스베가스로 진입하는 일정

버클리 대학 종탑서 본 교정과 해안

폭설로 차단된 요세미티 입구

이기 때문이다. 겨울철이라 사막을 자동차로 횡단하는 부담은 덜었지만 이동시간은 생각보다 많이 걸렸다. 늦은밤 도로가에서 별보며 휴식을 취하는 방식으로 밤 11시를 넘겨서야 호텔에 도착할 수 있었다. 우리는 라스베가스에 단 하루만 묵는 일정임에도 불구하고 과감하게 화려한 중심지 스트립 관람을 포기하고 외곽에 새로 지어진 복합리조트의 위용을 확인하는 것으로 대신했다. 내일의 일정도 그랜드캐니언을 경유해 세도나까지 이동해야 하는 강행군이기 때문이다.

눈으로 인해 시야가 흐린 상태에서 서둘러 그랜드캐니언 관람을 마치고 세도나로 향하는 길은 쉽지 않았다. 가는 날이 장날이라고 사막지대인 네바다와 아리조나 일원에 폭우주의보가 내리는 이상기후에 직면된 것이다. 대낮에 사막에 내리는 비는 반갑지만 해지고 2천미터 산길에서 만난 폭설은 위협적이다. 불행 중 다행으로 초저녁 노면에 내린 눈이 대부분 녹았기에 망정이지 심야에 결빙된 눈과 직면했다면 조난까지 감수할 정도로 아찔한 상황이었다.

조심조심 초긴장 상태에서 세도나 고개 정상을 넘어 내리막길로 들어서자 눈이 비로 바뀌는 환희의 순간을 맞이했다. 어렵게 도착한 세도나의 호텔은 고

남미의 우유니를 연상시키는 데쓰벨리의 소금사막

대자연의 웅장함을 느끼는 그랜드 캐니언

품격 휴양지답게 시설과 서비스 모두 수준급이었다. 특히 아침에 객실 창으로 사방에 도열한 캐니언스타일 봉우리의 향연을 목격하고 감동한 일이 기억에 남는다. 아마도 이런 느낌이 강력한 기가 통한 것은 아닐까 하는 생각이 들 정도였다.

고지대 주거지를 둘러싼 붉은 사암의 매혹적 자태는 사람들에게 안식과 영감을 주기에 충분하다. 미국 전역에서 사시사철 관광객들이 찾아오고 있을 뿐만 아니라 명상 수련자들은 장기 체류를 마다하지 않고 있다. 일설에 따르면 세도나에는 한때 세계 100대 화가의 절반이 거주할 정도로 예술가의 천국으로 알려져 있기도 하다.

세도나를 마지막으로 짧은 서부일정을 마감하고 귀국하는 후배를 위해 우리는 항공교통이 편리한 아리조나의 주도 피닉스로 이동하였다. 세도나에서 피닉스로의 여정은 하산길처럼 내리막의 연속이었다. 우리에게는 피닉스가 평온한 휴식을 제공한 세도나의 아쉬움을 달래는 여행의 종착지였지만 동부나 남부 및 유럽에서 오는 많은 여행자들에게는 여행의 시작을 알리는 출발지로 활용되고 있기도 하다.

세도나 숙소에서 조망한 도심의 전경

예술적 영감을 자극하는 세도나의 기암

라스베가스의 재도약을 선도한 복합리조트

" 엔터테인먼트 도시 라스베가스 "

미국의 서부 개척은 인디언 토벌과 식민지 매입을 병행하는 방식으로 이루어졌다. 19세기 중반 이후 본격화된 서부 개척은 단순히 국가의 경계선을 확정했다는 소극적 의미를 초월해 미국의 정치경제적 위상을 제고시키는 계기로 작용했다. 대내적으로 근대화를 완성하고 대외적으로 패권국가로 공인받았기 때문이다.

캘리포니아를 대표하는 거대 도시들의 부상과 함께 서부개척의 정점에 해당하는 사건이 라스베가스의 건설이다. 사막과 협곡으로 둘러싸인 섬 같은 네바다 주의 황무지에 도시를 건설한다는 구상은 영화 벅시를 통해 알 수 있듯이 개척정신으로 충만한 선구자들이 주도하였다. 이후 라스베가스는 그랜드캐니언과 데스밸리로 대표되는 풍부한 관광자원과 후버댐과 도심공항이라는 안정적 기반시설을 활용해 고도성장세를 구가하였다. 특히 대공황 직후인 1931년 경제활성화를 위해 후버댐 건설과 병행하여 카지노 합법화를 선포하면서 엔터테인먼트 도시로 진화했다.

라스베가스가 위치한 네바다 주는 19세기 후반 금·은과 같은 광산개발(Gold Rush)로 도시가 형성되었지만 대공황을 계기로 각지에 카지노 도시를 육성했다. 네바다 남부를 대표하는 라스베가스는 물론 캘리포니아 주와 인접한 네바다 북부에는 리노, 버지니아시티, 카슨시티 등이 자리를 잡고 있다. 나아가 21세기가 시작된 지금 네바다 북부도시들은 법인세가 없다는 강점을 앞세워 테슬라의 전기자동차나 대기업의 물류센터를 유치하는 일에 성공하였다.

하지만 라스베가스는 1950년대 초반 도시화에 성공하였지만 도박과 매춘의 도시로 각인되기 시작하였다. 이에 라스베가스는 1980년대 이후 재도약 추구와 이미지 개선이라는 두 마리 토끼를 잡기 위해 Wynn을 비롯해 대규모 복합리조트 투자를 유도하기 시작하였다. 그렇다면 라스베가스의 재도약을 선도한 복합리조트가 우리에게 주는 의미와 교훈은 무엇인가?

최근 우리나라도 제조업의 한계를 극복하기 위해 경제성장과 고용창출에 유리한 복합리조트 건설을 서비스산업 활성화의 선도과제로 설정하였다. 이러한 인식의 전환에는 우리의 경쟁자였던 싱가포르와 마카오가 라스베가스를 벤치마킹해 MICE 산업 육성이라는 복합리조트 유치효과를 선점하였기 때문이다. 여기서 복합리조트란 호텔과 같은 숙박 기능은 물론 도박과 회의 및 컨벤션을 동시에 제공함으로써 관광, 쇼핑 등과 시너지를 창출하기에 유리한 고부가가치 업종이다.

Wynn을 비롯해 복합리조트가 부상한
라스베가스의 야경

분수쇼를 비롯해 독특한 테마로
손님을 유혹하는 호텔

특히 싱가포르는 우리나라와 마찬가지로 초기 고도성장 과정에서 도박을 사회적 오염으로 간주해 철저히 차단하였다. 하지만 아버지 리콴유를 대신해 싱가포르의 재도약을 선도한 리센룽은 도박의 도시에서 복합리조트의 메카로 재탄생한 라스베가스 사례에 주목할 것을 역설하면서 마리나베이와 센토사에 복합리조트를 유치하였다. 더불어 미국계 복합리조트 투자유치의 전제조건이자 양날의 칼인 내국인 카지노 출입을 허용한 일에도 주목할 필요가 있다.

뉴올리언스가 미남부 여행의 거점으로 부상한 이유

미국 여행의 양대 산맥인 동부와 서부에 부가해 상대적으로 오랜 역사와 문화를 간직한 남부여행이 주는 매력에 주목하는 사람들이 늘어나고 있다. 통상 한국인들이 선호하는 남부여행의 경로는 국적기가 취항하는 텍사스나 조지아에서 시작해 플로리다 일주나 카리브해 크루즈로 마무리하는 경우가 많다.

미국 남부여행은 아직 국내나 현지의 한인 패키지가 활성화되지 않은 상태이기 때문에 자유여행에 수반되는 상당한 비용을 감수해야 한다. 최근 미국 내수경기의 활성화로 인상된 숙박과 음식 요금은 물론 거의 고정비용에 가까운 자동차 렌트나 크루즈 여행을 선택할 경우 추가적 부담을 감수해야 한다. 물론 국내선 환승과 공항 셔틀을 적절히 연계할 경우 비용절감에 유리하지만 이미 잘 알려진 것처럼 미국의 대중교통은 도시규모를 불문하고 절대적으로 빈약한 실정이다.

필자의 경우 2010년 가을학기에 플로리다 주도인 탈라하시에서 연구년을 보낸 경험이 있기 때문에 올랜도, 탐파, 마이애미, 키웨스트 등과 같은 명소가 익숙한 편이다. 따라서 2016년 감행한 두 번째 미국 방문은 하와이와 서부에 부가해 뉴올리언스에 주력하였다. 미시시피강의 광활한 풍광과 어울어진 남부 흑인문화의 정수를 느끼고 싶었기 때문이다.

세도나에서 서부여행을 마무리하고 서너 시간의 환승 끝에 도착한 뉴올리언스 여행은 일단 미시시피강을 경계삼아 동서로 포진한 다운타운과 주거지역을 둘러보아야 한다. 물론 낮에는 주거지역, 밤에는 다운타운이 제격이다. 그리고 다음 날에는 뉴올리언스 주변에 산재한 호수와 습지를 가로질러 다음 여정인 플로리다 북부 해변을 대표하는 데스틴까지 이동하였다.

도착 당일 오후 다운타운 선착장에서 배를 이용해 쉽게 접근이 가능한 동편 주거지역 알제(Algiers)의 초입에는 지역의 대표 산업인 수리조선소들과 재즈음악의 거장 루이 암스트롱의 동상이 이정표 역할을 담당하고 있었다. 미시시피강 하류의 뉴올리언스는 강폭과 수량에 비해 제방이 높지 않은 관계로 홍수에 취약하다. 2005년 허리케인 카트리나가 몰고온 홍수로 도시의 대부분이 물에 잠긴 참사의 기억은 세계인의 이목을 집중시킨 바 있다.

이에 미국은 지방자치단체의 경계를 넘어서는 대규모 강을 통합관리하기 위해 별도의 특별지방자치단체인 홍수관리청(Flood Protection Authority)을 설치해 운영하고 있다. 우리나라에서 광역행정을 구현하기 위해 수도권교통카드조합이나 경제자유구역청을 운영하는 것과 유사한 방식이다. 또한 영국의 경우 지금은 민영화되었지만 수계별 물관리를 위해 권역별로 광역물관리공사를 운영하기도 했다.

1719년 건설된 오래된 마을 알제는 플랜테이션에서 일하던 흑인 노예들의 거주지로 개발되었다. 지금도 다수의 흑인들이 거주하고 있는 알제는 루이 암스트롱과 같은 재즈 음악가들을 다수 배출하기도 했다.* 20세기 중반 군항이 폐쇄되면서 도시경제가 쇠락하자 암스트롱을 비롯해 저명한 음악가들이 뉴욕이나 시카고로 떠나갔지만 이들의 흔적은 아직도 도심 곳곳에서 쉽게 찾아볼 수 있다.

---

* 흑인 노예들의 고향 아프리카에서는 타악기를 주로 사용했지만 아메리카의 백인 농장주들은 타악기의 리듬과 소리가 흑인들의 저항의식을 유발한다는 우려 때문에 엄격하게 금지하였다. 하지만 흑인들도 1861~1865년 남북전쟁 기간에 군악대에서 다양한 악기들을 접하면서 음악적 소양을 배양하였다. 더불어 흑인의 노동요인 블루스에 아프리카 특유의 운율이 섞인 영가스타일 연주곡인 재즈는 1930년대 이후 루이 암스트롱으로 대표되는 프랑스와 흑인 혼혈 인재들이 주도하는 방식으로 발전하였다.

물의 도시 뉴올리언스는 안개가 자욱한 낮보다 밤에 활기를 찾는다. 다운타운 지역인 프렌치쿼터 골목마다 네온사인과 재즈음악이 넘쳐나고 있기 때문이다. 국내외에서 몰려든 방문자들이 자신의 취향에 맞는 카페를 물색하느라 골목이 붐비기 때문이다. 더불어 어둠은 지저분하고 냄새나는 도심의 치부를 감추는 가름막의 역할을 수행하기도 한다.

　　밤의 환락이 지나간 도심의 아침은 조용하다. 아직도 범람의 흔적이 곳곳에 남아있는 공영주차장의 음습한 기운과 찌들은 냄새를 멀리하고 시작한 외곽으로의 드라이브는 운치가 있었다. 광활한 호수와 습지의 부산물인 안개로 인해 시야가 넓지는 않았지만 바다와 어우러진 특이한 풍광들이 인상적이었다. 나아가 데스틴을 향한 서너 시간의 드라이브는 하얀 모래 해변과 정리된 수변공간을 만나게 해준다는 점에서 환락가에서 휴양지로의 공간이동을 체감하기에 제격이다.

휴양도시 데스틴의 명소인 하얀모래 해변

203

플로리다의 활력을 충전하는 도시들

**❝국토의 균형과
조화를 위해❞**

남북전쟁을 전후해 정립되기 시작한 미국의 산업지도는 남부의 농업과 동부의 공업에 부가해 후발주자 서부의 서비스업을 요체로 한다. 상당히 오랫동안 지속된 지역 간 분할구도는 플로리다를 비롯해 조지아, 텍사스 등 남부지역이 그동안의 부진을 털고 움직이기 시작하면서 변화의 조짐을 보이고 있다.

이는 다시 말해 동부와 서부에 집중된 고부가치 산업기반이 남부로 이동하고 있음을 시사한다. 동부의 자동차 산업기반이 남부로 이동하고 있을 뿐만 아니라 서부의 전유물이었던 서비스업도 남부에서 급속히 재생하고 있다.

한편 남부의 산업기반이 확충되면서 여타 지역에서 남부로 이주하는 주민들이 늘고 있을 뿐만 아니라 중남미 이주민들도 급속히 증가하고 있다. 나아가 경제의 활력과 인구의 집중은 남부의 정치력 강화로 나타나고 있다. 부시와 고어의 대선기간에 부각된 플로리다 재검표 사태는 이후 신흥 스윙주(swing state)가 추가되었음을 시사한다.

연방제를 채택하고 있는 미국이나 독일의 경우 전통적으로 주정부나 지방정부 간의 기능분담이 잘 이루어져 왔다. 일례로 독일은 학문과 문화적 기능은 뮌헨이 담당하고, 공업도시의 역할은 라이프찌히나 슈트르가르트가 담당한다. 또한 국제교류의 중심지는 베를린과 프랑크푸르트가 수행하며, 항구도시는 함부르크와 브레멘이 수행하는 등 지역적 특성과 기능의 분산을 통해 국토의 균형과 조화를 추구하고 있다.

이는 플로리다 곳곳에 산재한 주요 도시들도 예외가 아니다. 관광과 무역의 거점인 최남단 마이애미와 키웨스트를 비롯해 반도의 중간에 위치한 대도시 올랜도와 템파는 사계절 관광객이 넘쳐나는 국제적 위락도시로서의 명성을 확보하고 있다. 더불어 사라고사, 파나마시티, 잭슨빌, 데이토나비치 등 해안의 중소도시들은 연금생활자나 장기체류형 관광객들을 위한 천국으로 확고하게 자리를 잡은 상태이다. 더불어 상대적으로 소외된 북단의 내륙도시에 해당하는 탈라하시나 게인스빌에는 행정이나 교육기능을 집중적으로 배치한 상태이다.

플로리다 중부 올랜도의 명소인 디즈니 월드   플로리다 남부 키웨스트

결국 지역과 도시에 환경적 특성에 부합하는 고유한 기능을 분산배치하는 일은 국토나 지역의 균형발전은 물론 내부경쟁을 통해 발전의 새로운 동력을 제공한다는 점에서 긍정적이다. 하지만 우리나라는 전통적으로 미약한 지방분권 의식이나 특화발전전략까지 갈수록 약화되는 추세를 보이고 있다는 점에서 문제의 심각성이 있다.

노무현 정부는 2004년 「국가균형발전특별법」을 제정하여 심화된 지역 간의 불균형 문제를 해결하고자 하였다. 이를 위한 실천전략으로 공공기관 이전, 행정중심복합도시(세종시) 건설 및 지역혁신체제 구축을 추진하였다. 하지만 이명박 정부의 '5+2 광역경제권' 정책이나 박근혜 정부의 '지방 중추도시권(10+α)'은 자치분권의 약화로 나타났다.

**❝혁명의 향수가
진동하는 쿠바❞**

2017년 1월 미국 방문길에 재개된 직항편을 활용해 쿠바 여행에 도전했다. 마이애미에서 이륙한 항공기는 한 시간의 비행 끝에 시엔푸에고스에 안착했다. 우리의 통영처럼 호수같이 잔잔한 내해와 시리도록 파란 하늘이 어우러진 도시의 이름은 피델 카스트로와 체 게바라에 필적하는 쿠바 혁명의 주도자를 기리기 위해 명명되었다.

비단 도시의 이름뿐만 아니라 아직도 쿠바 전역에서는 혁명의 향수와 잔재를 어렵지 않게 접하게 된다. 중앙은 물론 지방 곳곳에 산재한 혁명 기념관을 비롯해 동상, 광장, 포스터, 기념품 등에서 우리는 혁명이 음악에 부가해 쿠바를 대표하는 문화상품으로 자리잡고 있음을 실감하게 된다.

사실 쿠바의 자연경관과 기반시설은 문화유산에 비하면 빈약한 실정이다. 특히 단조로운 육지의 경치에 부가해 허술한 하수도의 악취와 부실한 자동차의 매연은 관광지로서의 품격을 떨어트리는 주범이다. 더욱이 고풍스런 주택들이 제대로 보수되지 못한 채 방치된 모습은 쿠바의 낭만과 희망을 찾아 온 이들의 마음을 아프게 한다.

인접한 도시 트리니다드로 이어진 여정에서

는 스페인의 톨레도나 세고비아를 연상시키는 평온
한 전경이 인상적이었다. 적기와에 투영된 아름다운
노을이 물러난 도심의 광장에서는 쿠바가 자랑하는
밴드의 음악에 맞추어 흥겹게 즐기는 것이 주요한
테마이다. 하지만 생소한 중남미 살사 음악의 현란한
리듬에 몸을 맞추기에는 다소 무리가 있어 보였다.

트리니다드 종탑에서 바라본
적색기와 마을

다음날 아침 사탕수수 농장을 찾아 떠나는 패키
지 기차여행을 계획하였지만 기차는 고장이라 운행
정지 상태이며 아바나행 고속버스는 향후 3일 연속
매진이란다. 노후한 합승택시로 수백킬로를 달려 어
렵게 도착한 마지막 여정 아바나는 관광 지향의 역
사지구, 주거 용도의 빈민가, 업무 위주의 신도시가
각기 다른 목표에도 불구하고 미래를 위한 공존을
모색하고 있었다.

지난 500년 신대륙 아메리카의 역사 속에서 쿠
바는 식민지 수탈구조의 전형적 사례로 자리해 왔다. 귀금속과 설탕이 서인도
항로를 대표하는 무역상품으로 부상하는 과정에서 쿠바식 발전의 원형이 형성
됐기 때문이다. 흑인 노동력을 활용한 대규모 설탕 농장에서 창출된 부는 스페
인으로 유출되거나 토착 자본의 수중에 집중되었다. 19세기를 거치며 대다수
중남미 국가들이 독립에 성공하였지만 쿠바는 호세 마르티의 분투에도 불구하
고 1898년 미국의 식민지로 귀결되었다. 결국 20세기 혁명 이전의 쿠바는 매판
자본과 결탁한 독재정부가 민중의 권리를 억압하거나 재산을 착취하는 기형적
구조로 재편됐다.

체 게바라가 헌신한 쿠바혁명은 우리의 촛불혁명처럼 순수하고 감동적이
었다. 하지만 이후 50년 동안 피델 카스트로 정부가 보여준 '또 다른 발전'은 쿠
바혁명으로 밀려난 바티스타 정부의 추종세력을 연상시키는 기득권의 거센 반
격에 직면해 그 종착지가 유동적인 상태다. 실제로 카스트로 사망 이후 쿠바식
발전의 공과와 미래에 대한 관심이 커지고 있다. 사회주의의 관료화를 극복하
고 신사회주의를 선도한 그이지만 자본주의와 단절하는 과정에서 국부와 직결
된 신성장동력을 창출하는 일에는 미흡했기 때문이다.

아바나 시내의 혁명기념탑

1989년 미국의 파나마 침공을 통해 알 수 있듯이 쿠바혁명은 구소련의 후원을 배제한 상태에서는 유지되기 어려웠다. 1962년 쿠바 미사일위기를 계기로 미국과 근접한 쿠바는 소련에 근접한 한국처럼 자국의 지정학적 가치를 원조정치에 활용하였다. 이후 소련과 미국은 냉전의 최전방 쿠바와 한국에 대한 경제·군사 원조를 확대했다. 하지만 냉전 해체 이후 동병상련의 처지로 전락한 북한과 쿠바는 그들만의 리그를 유지하며 자력갱생에 몰두해 왔다.

혁명 이후 미국과의 단절은 물론 세계화에 역행한 쿠바는 수출지향산업화를 채택한 동아시아 신흥공업국가와 달리 중남미 특유의 수입대체산업화를 표방하면서 식량자급을 위한 유기농업 중시, 의료서비스 강화를 위한 의과대학 확충, 베네수엘라나 북한과의 구상무역을 활용한 석유와 무기 확보 등에 주력했다. 향후 가속화될 쿠바의 개혁·개방은 북한의 진로에도 영향을 미칠 것이다.

온화한 기후와 화려한 풍광을 자랑하는 카리브해에 위치한 쿠바는 미국 플로리다와 멕시코 칸쿤을 능가하는 관광잠재력을 지니고 있다. 지난해 미국과의 직항노선이 재개되자 관광과 교통 인프라 확충의 필요성이 제기되고 있다. 앞으로 스페인의 식민통치와 미국의 경제봉쇄가 합성한 박제화된 쿠바의 고전적 이미지도 약화될 것이다. 물론 쿠바의 급격한 시장화를 우려한 집권세력의 속도조절이 한동안 계속되겠지만 중국과 같은 연착륙을 기대하기는 어려워 보인다.

카스트로의 쿠바는 차베스의 베네수엘라, 룰라의 브라질, 모랄레스의 볼리

아바나 말래콘을 위협하는 거센 파도

아바나 시내일주를 인도하는 올드카

비아, 무히카의 우루과이 등으로 대표되는 중남미 신사회주의 열풍의 진원지이자 행복국가의 시금석이었다. 최근 중남미 신사회주의가 약화되고 있지만 신자유주의의 부작용을 경험하고 있는 멕시코, 군사정부의 유산인 포퓰리즘의 후유증에 시달리는 아르헨티나 등과 비교하면 우위를 점하고 있다. 국격을 중시하는 쿠바 모델이 국부까지 장착해 새로운 모델로 탈바꿈할 수 있을지 기대된다.

칸쿤에서 체감한 중남미 행복국가의 비결

산업사회의 경쟁력은 고도로 관료화된 치열한 경쟁구조 속에서 창출된다. 이러한 명제는 20세기를 통해 선발산업국가 영·미를 순차적으로 추월한 후발산업국가 독일, 일본, 한국, 중국 등의 산업경쟁력 구현사례를 통해 잘 나타나고 있다. 하지만 인간을 수단시하는 산업사회의 비정한 조직과 경쟁 논리는 단기적 국부 창출에 유리하지만 시민들의 행복까지 담보하기에는 무리가 있다.

OECD가 선정한 가장 행복한 나라 13개국을 살펴보면 캐나다와 호주를 제외하고 대부분 서유럽 국가 또는 중남미 국가의 범주에 포함된다. 독일, 영국, 프랑스, 이탈리아 등 서유럽 강중국과 달리 국민행복을 중시하는 노르웨이, 덴마크, 스웨덴, 스위스, 아이슬란드, 핀란드, 룩셈부르크 등 서유럽 강소국들은 시민의 자율과 창의를 토대로 탈산업사회를 지향해 왔다. 중남미의 경우도 브라질, 아르헨티나, 칠레, 페루 등에 비해 상대적으로 작은 나라들의 행복도가 높은 것으로 나타났다. 아마도 국가의 통제와 독려보다는 개인의 자유와 만족이 국민행복도 증진에 크게 기여한 것으로 보인다.

독일의 행복연구자인 마이케 반 뎀 붐이 행복한

나라 13개국 국민 300명을 인터뷰해 출간한 「행복한 나라의 조건」에 따르면 행복의 원천은 여유, 축제, 낙관, 자유, 기회, 신뢰, 가무, 만족, 공존, 배려, 겸손, 단순, 자연 등으로 나타났다. 이 중에서도 특히 중남미는 공존, 여유, 낙관, 가무, 만족, 자연 등에 상대적으로 높은 가치를 부여하고 있는 것으로 분석된다.

중남미 국가 중에 행복도 상위권에 포진한 멕시코와 콜롬비아는 '마약과의 전쟁'으로 매년 수만 명이 납치나 살해를 당하고 있다. 하지만 이러한 살벌한 환경에 위축되기보다는 운에 자신의 운명을 맡기고 일상에 몰입하거나 축제로 위안을 삼는다. 또한 코스타리카와 파나마의 경우 각기 화산과 운하와 연계된 관광자원을 적극 활용하는 방식으로 국민행복도 증진을 도모하고 있다.

2017년 1월 나는 미국과 쿠바를 경유해 마지막 여정으로 잠시 들른 세계적 휴양지 칸쿤에서 해적쇼를 관람한 현장에서도 이러한 특징을 확인할 수 있었다. 해적쇼의 사회자가 승선자들을 대상으로 국가별 장기자랑을 진행하였는데 양과 질 모두에서 중남미 출신들이 북미나 유럽 및 아시아를 압도하였다. 특히 옆자리에 동석했던 콜롬비아 출신 가족은 가수 박상민과 예능인 이다도시를 연상시키는 푸근하고 발랄한 외모의 부부가 3명의 자녀까지 대동해 선박 관람석의 복도로 나와 가무본능을 한껏 발휘하였다.

| 칸쿤의 테마인 명품 비치 | 선상 해적쇼 출항을 준비하는 부두의 모습 |

물론 자신의 어려운 처지를 비관하기보다 주어진 여건에서 최대한의 행복을 추구하는 중남미 스타일을 산업사회의 경쟁논리가 지배하는 한국에 그대로 적용하기는 어렵다. 하지만 부정보다는 긍정, 욕망보다는 만족, 간판보다는 내실, 낭비보다 절제, 경쟁에서 연대, 과도한 노동에서 적정한 여가로 등과 같은 우선순위의 전환을 지속적으로 추구해야 한다.

Chapter 06

유라시아의 동서남북을 넘나들며 유랑하기

바람의 나라 몽골에서 민족의 시원 바이칼로

**❝ 시베리아의
보석, 바이칼 ❞**

인천을 출발한 항공기는 동북 3성을 따라 북상하더니 어두워진 몽골상공에 다다랐다. 착륙과정에서 우리는 바다를 능가하는 고원 바람의 위력을 실감했다. 공항 인근의 허름한 숙소에서 하루를 보낸 우리는 다음날 오전 현지 인솔자인 바타르와 만났다. 대구대에 유학한 바타르가 학생 식당에서 아르바이트 하던 모습이 희미하게 떠올랐다.

바타르가 한국에서 수입한 중고 승용차에 탑승한 우리는 시내 곳곳을 둘러보았다. 오후에는 국립공원인 테를지로 이동해 게르 호텔에 투숙하였다. 광활한 초원과 산이 어우러진 경관의 명소이다. 바위산에 오르면 바람이 연주하는 자작나무들의 합창이 청량하다. 거북바위 인근에서는 한국에서 경험하기 어려운 장거리 승마 트레킹도 즐겼다. 겁이 많은 나는 말등의 높이에 얼어버리는 바람에 금방 내려왔지만 홍교수는 바타르와 함께 한참을 고개넘어 사원까지 다녀왔다.

울란바토르로 돌아오는 길에는 시내가 한눈에 들어오는 자이승 전망대에 올랐다. 청일전쟁과 러일전쟁의 승리를 토대로 1931년 만주까지 진출한 일본은 청나라의 마지막 황제 푸이를 앞세워 1932년

테를지 초원의 게르호텔

자이승 전승기념탑에서 본 울란바토르 시내

만주국을 출범시켰다. 당시 만주국은 1868년 메이지유신 이후 지방분권파인 봉건영주와 사무라이를 몰아내고 강력한 중앙집권국가 수립을 열망했던 일본 군부와 관료들의 이상을 실현한 무대였다. 1939년 노몬한 전투는 만주를 넘어 몽골까지 넘보던 일본의 야욕이 소련군의 개입으로 실패한 사례이자 자이승 승전기념탑의 유래이기도 하다. 하루키를 비롯해 일본인들은 지금도 그때의 추억을 찾아 만주와 몽골의 접경지대를 찾는다고 한다.

최근 국내에서 북방 기마민족과 신라 김씨 왕족과의 긴밀한 연계관계에 주목하는 주장들이 화제가 된 적이 있다. 금이라는 귀금속을 선호하고 금관을 장식한 나무모양이 중앙아시아 전역은 물론 서진한 투르크(터키), 헝가리의 훈족(흉노) 등과 높은 연관성을 지니고 있다는 것이다. 더불어 여진족이 건국한 금나라의 실질적 주도세력이 패망한 신라 김씨 왕조의 후예라는 주장이 제기되기도 했다. "조선은 형제국이니 발발굽 아래 두지 말라"는 아버지 누루하치의 유언을 따른 청태종의 결정도 비슷한 일화이다. 나아가 최근에는 멕시코 고대문명과 신라가 교류했다는 가설이 제기되기도 했다.*

시내로 들어온 우리는 바타르의 지인이 운영하는 카페에서 현지인들과 어울려 과음했다. 주인장의 호의로 현지 아파트에서 하루를 지내는 호사를 누리기도 했다. 다음날 일정은 바이칼에 오래 머무르고 싶다는 홍교수의 성화에 예정보다 하루 일찍 몽공횡단열차에 탑승했다. 베이징에서 출발해 몽골을 경유하

---

* 아메리카를 향한 이주민들의 방문은 1만 2천년 전 인디언들이 선도하였다. 이후 신라인들의 멕시코 방문이나 아이슬란드 바이킹의 북미이주가 이루어졌지만 분명한 기록은 미약한 실정이다. 이후 1492년 콜럼버스의 서인도제도 기착이나 1607년 청교도의 북미진출은 역사적인 사건이다. 나아가 사탕수수 농장이 위치한 중남미에 집중적으로 배치되던 흑인 노예들은 18세기 북미에서 방직산업이 발전하면서 면화농장이 위치한 미국 남부로 팔려오기 시작했다.

고 바이칼의 초입인 울란우데에서 시베리아횡단철도와 합류하는 기차를 타고 만 하루가 지나 이루크츠크에 입성했다. 바이칼의 물이 유일하게 흘러나오는 강변도시 이루크츠크는 시베리아 개척의 전초기지로 성장한 도시이다.

베이징과 울란우데의 경유지인
울란바토르 기차역

동방의 파리 이루크츠크 강변의 유람선

숙소를 예약하지 않았던 우리는 북경대학교에 유학중인 미국 여자 대학원생을 역에서 만나 호스텔을 소개받았다. 저녁에는 고고학을 전공한다는 그녀와 함께 유라시아 초원문화권을 대표하는 꼬치구이 사슬락을 안주삼아 맥주를 마셨다. 다음날 아침에는 호스텔에서 예약한 미니버스를 타고 바이칼로 향했다. 바이칼 알혼섬으로 가는 가도에는 초원과 산림이 번갈아 펼쳐진다. 대부분 비포장 도로를 질주하지만 도로의 상태는 별다른 흔들림 없이 안정적이다.

호수 가운데에 위치한 알혼섬에 가기 위해서는 노르웨이나 캄보디아처럼 페리의 도움을 받아야 한다. 섬의 중간에 위치한 마을에는 현지인들이 운영하는 민박집 형태의 숙소가 많다. 우리 민족의 시원으로 알려진 바이칼 호수에는 자연과 소통하는 샤먼의 의식을 접할 수 있다. 여름에도 차가운 호수에서 물놀이를 즐기기 위해 현지인들은 차에 매달고 온 이동식 사우나를 애용하기도 한다. 냉수대가 자리한 바이칼이라 물고기의 종류는 많지 않지만 송어과 생선 오물의 맛은 일품이다.

바이칼의 석양

러시아에 남겨진 소련의 유산을 포착하기

**" 짙은 소련의
그림자 "**

소련은 몰락했지만 그 그림자는 아직도 진하다. 2015년 유라시아 일주의 초반부에 나는 여전히 불편한 러시아의 실상을 경험했다. 바이칼 여행을 마치고 이루크츠크로 귀환한 홍교수와 나는 다음날 아침 떠나는 모스크바행 비행기를 타기 위해 공항 인근의 호텔을 예약하였다. 문제의 호텔은 아파트를 개조해 에어비앤비의 형태로 운영중이었는데 현지인의 도움 없이 구글지도로 찾아가는 것이 불가능에 가까웠다.

어렵게 도착한 호텔이지만 나의 예약 기록은 없다고 한다. 물론 남은 방에서 숙박이 가능했지만 러시아 지방도시의 숙박 인프라 수준을 실감하는 순간이다. 호텔 여주인은 한 도시에 8일 이상 체류하면 거주등록 신고를 해야 한다며 우리의 출입국 기록까지 꼼꼼하게 따진다. 다음날 아침 공항에서 우리는 최악의 순간과 다시 마주한다. 비행기 출발시간을 착각한 나의 실수로 다음 비행기로 변경수속을 해야 했지만 창구 직원과의 소통이 어려웠다. 영어를 모르는 직원들과 간신히 소통해서 알아낸 사실이지만 창구에서는 탑승수속만 담당하고 변경수속은 다른 층에 위치한 항공사 사무실에서만 가능하다는 것이다. 우리는 지금 서구에서 일상화된 원스톱/논스톱 행정

처리의 무풍지대를 목격한 것이다.

어렵게 도착한 모스크바의 풍광은 인상적이다. 공산주의 모국의 수도인 모스크바는 크레믈린궁전, 붉은광장, 모스크바 대학, 호텔, 가로, 강변 등에서 어딘가 모르게 평양의 모습과 비슷하다는 생각이 들었다. 러시아 루블화의 가치가 폭락했음에도 불구하고 아르헨티나와 마찬가지로 서유럽에 필적하는 높은 물가수준을 유지하고 있다는 점도 의외였다. 모스크바에서 상트페테르부르그 사이에는 고속철도가 운행중이지만 개표시스템은 이중적이라는 한계를 보여준다. 표트르 대제가 전근대적 농노국가 러시아의 근대화를 위해 철저하게 유럽화를 추구했던 최일선에 위치한 뻬쩨르는 과거의 건물이나 현재의 상가에서 유럽과 닮아 있다. 하지만 서구적인 자유와 활력과는 다소 차이가 있다는 느낌이 들었다.

볼셰비키 혁명으로 공산주의 정권을 수립한 소련은 강력한 권력을 행사하면서 난공불락과 같은 '철의 장막'을 구축했다. 레닌의 사망 이후에는 스탈린 시대(1924~1953), 흐루시초프 시대(1953~ 1964), 브레즈네프 시대(1964~1982)를 거치면서 미국과 소련이 주

구 소련의 심장부였던 크레믈린 궁전

도하는 냉전체제를 확립시켰다. 그러나 치열한 냉전의 와중에 국력을 소진한 소련은 고르바초프의 서기장 취임을 전후해 공산주의가 붕괴하는 '소리없는 혁명'을 겪게 되었다.

그렇다면 무엇이 소련의 체제전환을 초래한 변인인가? 하나는 상황적 요인이고, 다른 하나는 리더십 요인이다. 소련 해체라는 역사의 흐름에서 고르바초프의 리더십과 더불어 '페레스트로이카'와 '글라스노스트'는 극적인 사건(trigger event)이 상황적 요인으로 작용하였다. 고르바초프의 개혁은 전형적인 '위로부터의 개혁'이라고 할 수 있다. 위로부터의 개혁이 성공하기 위해서는 최고통치권자의 리더십이 필요한데 그의 리더십은 안정적으로 개혁을 추진하고 완수하는 데는 미흡하였다.

고르바초프의 리더십 부재는 민족문제의 해결과정에서 잘 나타난다. 소련은 외견상 15개 '자치'공화국들이 모인 연방국가지만 공산당의 강한 집권성과 폭력으로 결합된 사실상의 제국이었다. 발틱 공화국들(에스토니아, 라트비아, 리투

아니아)의 분리운동에 대한 우유부단한 대응이 1991년 8월 보수주의자들의 쿠데타로 이어졌다. 쿠데타는 진압되었지만 쿠데타가 실패했다고 해서 고르바초프의 위치와 지위까지 회복된 것은 아니었다.

지금의 러시아는 계몽군주제의 전성기 짜르인 표트르를 연상시키는 강력한 대통령 푸틴의 재등장으로 국정의 활력을 회복한 상태이다. 가스수출을 통한 경제활성화와 테크노크라트가 주도한 제도개선으로 대중적 인기가 증진되었다. 하지만 최근 크림반도 사태를 통해 재연된 러시아의 과욕은 분쟁의 불씨라는 점에서 속도조절의 미덕이 요구된다.

러시아 황제들의 휴양지 여름궁전

발트해로 출항하는 상트페테르부르그 항만

유라시아의 동서남북을 누비며 체득한 교훈

나의 유럽행은 나이에 비해 빠르지 않은 2013년부터 시작되었다. 절친한 후배의 제안으로 북유럽 일주에 동행하면서부터이다. 당시 여행은 비교적 짧은 일정에도 불구하고 웅장한 피오르로 유명한 노르웨이 해안도시 베르겐은 물론 화산과 빙하가 공존하는 아이슬란드 내륙을 일주하였다.

유럽 최고 수준의 국민소득을 자랑하는 노르웨이와 아이슬란드는 높은 세금과 살인적 물가로 인해 생각만큼 풍족한 생활을 즐기기는 어렵다. 소박한 외양에 외식까지 자제한다는 현지 교민의 전언을 통해 이러한 분위기를 충분히 감지할 수 있었다. 하지만 북유럽은 정부 주도의 복지를 토대로 민주 시민의 정정당당한 기풍이 분출되는 곳이다. 특히 바이킹의 후예답게 다소 배타적이지만 연대가 살아 숨쉬는 산골과 도서 공동체의 기풍을 유지한다는 점이 특징이다.

북유럽 방문만으로 유럽에 대한 갈증을 해소하지 못한 나는 다음해 여름방학을 활용해 서유럽과 동유럽을 넘나드는 나홀로 배낭여행에 도전했다. 서유럽을 대표하는 주요 도시와 문화유산을 꼼꼼히 살펴보면서 대리석과 적벽돌 문화의 차이점을 발견해 융프라우 산장에서 칼럼을 작성하기도 했다. 여행의 후반부는 뮌헨 인근의 성곽도시 뇌르틀링겐에서 시작한 동유럽 패키지 여행이다. 물가가 비싼 서유럽의 대도시에서는 한인민박을 활용해 경비를 절감했지만 동유럽은 교통수단과 이동거리의 애로를 타개하기 위해 현지에서 패키지 여행팀에 합류했다. 오스트리아 빈과 체코 프라하를 대표하는 다양한 유적들을 돌아보면서 동유럽 왕조국가의 부침을 성찰하는 글을 작성하였다.

핀란드의 공공디자인을 대표하는 암석교회

핀란드 헬싱키 도심의 노면전차

마지막 퍼즐을 완성하겠다는 일념으로 시작한 세 번째 방문은 홍교수와 둘이서 유라시아 기행을 다녀왔다. 몽골에서 시작해 기차로 초원을 가로질러 바이칼에 들려 충만한 기를 체험한 이후에 러시아의 핵심 모스크바와 상트페테르부르크로 이동하였다. 제정 러시아의 영광을 웅변하는 표트르 대제의 동상과 화려한 궁전은 물론 냉전시절 미국과의 체제경쟁에서 우위를 점하기 위해 건설한 웅장한 스탈린 고딕 방식의 7자매 빌딩을 둘러본 일이 인상적이었다.* 더불어 남유럽으로 향하는 경유지로 선택한 핀란드 헬싱키의 경우 도심 곳곳을 장식한 실용적 공공디자인과 노면전차라는 친환경적 교통수단에 주목하였다.

유럽의 저가항공은 이동거리와 무관하게 저렴한 경우가 많다. 이에 우리도 헬싱키에서 마드리드로 별다른 요금부담 없이 이동할 수 있었다. 스페인의 수도 마드리드는 우리의 명동과 마찬가지로 혼잡한 사람구경의 명소이다. 따라서

---

* 냉전시절 스탈린은 뉴욕 엠파이어스테이트빌딩 못지 않은 건물을 지어 전승의 상징이자 소련의 위세를 과시하는 수단으로 삼으려 했다. 그렇게 해서 태어난 것이 모스크바국립대, 우크라이나 호텔, 레닌그라드호텔(지금 힐튼호텔), 러시아 외무부, 붉은문광장 행정부 건물, 코텔니체스카야 강변 아파트, 구드린스카야광장 아파트 등 '스탈린의 7자매'이다. 그리고 모스크바의 도심지 설계는 오늘날 북한 평양이나 몽골 울란바토르의 모습에도 투명되어 있다. 나아가 미국에서 통용되는 7자매란 메이저 석유회사인 로열더치·쉘, 엑손, 브리키시 페트롤리엄(BP), 텍사코, 걸프, 세브론, 모빌 등을 일컫는 의미로 사용되고 있다.

바르셀로나 시장의 야채

바르셀로나 시장의 과일

바르셀로나 시장의 건어물

바르셀로나 시장의 축산물

인근 고도인 톨레도나 세르비아를 방문하는 것이 스페인 여행의 진정한 의미를 찾기에 유리하다.

가우디와 피카소의 흔적이 남아 있는 바로셀로나는 스페인을 대표하는 관광의 명소이자 산업의 원천이다. 주야를 가리지 않고 관광이 이루어지는 바로셀로나에서 우리는 아침 일찍부터 도심의 시장과 해안 유원지를 둘러보았다. 도심의 시장에서는 이슬람의 영향인지 중동 국가의 바자르를 연상시키는 색깔이 다양한 육해공 먹거리들을 목격한 일이 특이했다. 해변에는 누드 존이 설치되어 있었는데 실제로 다양한 연령대의 남녀들이 뒤섞여 알몸으로 비치발리볼에 열중하는 모습을 목격한 일도 이국적이다.

저녁에는 한국인 대상의 야경투어에 참여했는데 가장 먼저 들른 곳은 가우디가 설계한 건축물이다. 야간조명을 받은 건물의 몽환적 분위기를 그림으로 남기려는 백인 소녀의 스케치 모습에서 예술이 일상인 서양인들의 감각과 문화가 부러웠다. 다음으로 바르셀로나 야경의 명소인 벙커(Bunkers del Carmel)에도 들렀다. 해안가 평지에 돌출한 언덕 위에 자리한 이곳은 스페인 내전 기간인 1937년 프랑코 군대와 독일, 이탈리아 등 극우 파시스트 지원군의 전투기 공격으로부터 시가지를 방어하기 위해 만든 대공포 기지이다. 중남미를 지배한 식민 모국인 스페인과 포르투갈에서 20세기 전반 정부를 무력으로 전복하려는 쿠

가우디가 설계한 건물

가우디가 설계한 성당

데타와 내전까지 발생하였으니 20세기 후반 중남미 국가에서 빈발한 쿠데타가 이해가 되었다. 서유럽이 식민통치한 북미가 정주도적단의 무대였다면 중남미는 유랑도적단의 무대로 은유가 가능하다. 나아가 2017년에는 바르셀로나가 포함된 카탈루냐 독립운동이 관심을 끌기도 했다. 당시 마드리드 기반의 스페인 중앙정부는 FC 바르셀로나 팬들의 독립운동을 우려해 무관중 경기를 치르기도 했다. 카탈루냐는 경제적으로 풍요롭고 문화적으로 독자적인 지역이기 때문에 1714년 스페인에 강제 병합된 이래 지속적으로 분리·독립을 요구해 왔다. 야경 투어의 후반에는 몬주익 올림픽 경기장과 분수쇼도 관람하였는데 같이 갔던 한국인 자매가 소매치기를 당하는 불운을 목격하기도 했다. 주간에 시내 투어를 하면서 나와 홍교수도 현재 소매치기 일당의 시찰대상으로 낙점되었지만 눈치 빠른 홍교수가 험악한 인상을 지어 퇴치하는 기지를 발휘하기도 했다.

바르셀로나에서 기차를 타고 남프랑스로 이어진 여정에서는 원형경기장이 멋진 남프랑스 소도시 님에서 기차를 갈아탄 다음 아를의 원형경기장 인근에 숙박했다. 과거 로마 제국이 통치했던 남프랑스 지역에는 콜로세움의 브랜치를 연상시키는 원형경기장이나 타원형 노천광장이 도시마다 세워졌다. 이곳에서는 민주 시민의 회합이나 당시 유랑극단의 스타였던 글레디에이터의 검투가 개최되었을 것이다. 파리 인근의 오베르쉬즈우아르와 더불어 고흐 그림의 마지막 무대였던 아를은 론강의 하구에 위치한 관계로 삼각주를 연상시키는 벌판의 풍광이 아름답다. 모네의 정원에 인공미가 넘친다면 고흐가 포착한 아를의 수차는 자연미가 담겨 있다. 아를 시내의 카페에는 너무나 고독하고 불우했던 화가의 내면을 술로 달랬던 정겨운 풍경을 확인할 수 있다. 오베르쉬즈우아르의 벌판에서 권총으로 자살하는 마지막 순간 아마도 그는 아를의 매혹적인 석양이나

고흐가 그린 아를의 다리

고흐가 단골이었던 아를의 카페

친구 고갱과의 화해를 떠올렸을지도 모른다.

아를에 머무는 동안 나는 혼자서 기차를 타고 아비뇽에도 다녀왔다. 중세를 대표하는 신의 아들 교황과 근대를 출범시킨 권력의 화신 황제 간의 쟁투를 느끼고 싶었기 때문이다. 중세에는 대체로 교황이 힘없는 신성로마제국이나 프랑스 황제를 압도했지만 아비뇽의 유폐는 예외이자 황제의 시대를 알리는 전조였다. 1309년에 교황 클레멘스 5세가 프랑스 아비뇽으로 교황청을 옮긴 뒤 1377년에 그레고리우스 11세가 로마로 돌아갈 때까지의 7대에 걸친 기간은 중세의 종말을 예고하는 대목이다. 교황이 로마로 돌아간 지금의 아비뇽은 널찍한 안뜰에서 여름밤의 공연무대인 빛·소리의 쇼가 개최되고 있다. 이곳에서는 인문과 예술의 도시답게 다양한 문화행사도 빈번하게 개최된다. 우리보다 먼저 주요 관광지를 개척한다는 일본인들의 모습도 자주 보인다. 오래된 성당과 성벽도 매력적이지만 인근의 호젓한 강변과 천년의 세월을 이기지 못하고 지금은 반쪽만 남은 생 베네제 다리도 사람들을 끌어모으는 이곳의 명소이다. 그리고 돌아가는 길에 경험한 골목투어에서 창문이나 1층에 부과하는 높은 세금을 피하기 위해 편법을 동원한 중세의 특이한 건물들을 감상한 일도 유용했다. 페루 리마에서 신축 건물에 부과되는 절세의 노하우로 주택의 일부가 계속 공사중이라는 사연과 유사한 대목이다.

남프랑스 서쪽을 둘러본 우리는 센터에 해당하는 마르세유로 이동했다. 마르세유 인근에는 프로방스의 아름다운 풍광을 대표하는 루시용, 몽방투 등 명소가 많지만 우리는 한나절 경유지로 이곳에 들렀기 때문에 항구 투어에 만족해야 했다. 어시장이 열리고 요트가 정박한 마르세유 항구에서는 단지 한국인이라는 이유로 배불뚝이 아저씨에게 사진찍기를 요구하던 프랑스 한류 소녀팬들에 둘러싸여 사진을 찍었던 어색한 장면이 추억으로 남아 있다.

남프랑스 지중해를 휴양지 니스 해변

알프스 몽블랑의 고품격 스키리조트

　　남프랑스 동쪽의 숙소는 수년 전 트럭 테러가 발생한 니스 해변이다. 영국인들이 몰려온다는 해변의 풍광은 매혹적이지만 나는 그동안 누적된 피로로 인해 주로 호텔에 머물렀다. 나보다 체력이 좋은 홍교수는 그래도 남은 힘을 발휘해 인근의 항구를 열심히 둘러보고 다닌다. 여기에서는 모나코 왕국이 지척이고 좀 더 나아가면 이탈리아 국경을 넘어 제노아나 밀라노에 다다르게 된다.

　　니스를 떠난 우리는 샤모니 몽블랑에 도전했다. 아찔한 수직선상의 케이블카를 타고 4,807m 알프스 최고봉에 근접한 일이 짜릿했다. 하지만 산악지대의 직선거리를 간과하고 가격에 압도되어 성급하게 예약한 알프스 몽블랑 품안의 스키리조트를 찾아가기 위해 알프스 터널 넘어 이탈리아까지 경유하며 산넘어 프랑스 산골을 찾아갔던 험난한 여정이 최고의 하이라이트였다. 한국으로 귀국하기 위해 마지막 숙박 장소로 택한 파리에서는 골목을 누비다가 들어간 식당의 크림스파케티 맛이 입안에 여운으로 남아 있다.

레미제라블에 투영된 프랑스 대혁명의 실상

**❝ 프랑스 혁명의
시작과 끝! ❞**

레미제라블(Les Miserables)은 프랑스의 소설가 빅토르 위고가 19세기 프랑스를 배경으로 쓴 장편소설이다. 제목은 프랑스어로 '불쌍하고 비참한 사람들'이란 의미로 대혁명 직후 공화정과 왕정이 교차한 혼돈의 프랑스에서 살았던 민중의 고단한 현실을 담고 있다. 우리에게는 소설보다 동명의 영화나 뮤지컬이 보다 친숙한 편이다.[*]

파리를 무대로 전개된 프랑스 대혁명은 부르주아가 주도한 점진적 방식의 영국 명예혁명과는 달리 민중주도의 급진적 변화를 이룩하였다. 근대의 시작과 더불어 본격화된 유럽의 절대국가는 왕을 정점으로 귀족이나 성직자들이 권력을 분점한 과두제였다. 중세의 봉건영주와 마찬가지로 절대군주는 관직을 판매한 반대급부로 귀족이나 성직자에게 면세특권을 부여하였다. 이처럼 구체제의 모순이 누적되는 과정에서 재정위기가 발생하자 루이 16세는 국정혁신을 위해 삼부회를 소집하지만 상하 계층의 반목 속에 단지 평민의 각성과 결집만 촉진되었다. 평민의 세력화에 위협을 느낀 국왕이 군대를 동원해 국

---

[*] 레미제라블 원작 소개 https://www.youtube.com/watch?v=aBEc0oEpFSE

민의회를 압박했지만 왕국에서 공화국으로의 대전환을 막기는 어려웠다.

프랑스 대혁명의 파고는 나폴레옹의 등장과 함께 유럽은 물론 아메리카로 확산되었다. 중유럽에 확고한 지배권을 확립한 오스트리아 합스부르크 왕국이 흔들렸고, 스페인이 점령당하자 포르투갈 왕실은 브라질로 피신했다. 급기야 입헌군주제를 채택한 영국까지 위협을 느끼면서 나폴레옹에 대한 협공이 시작되었다. 비엔나가 주도한 구체제의 반격으로 유럽의 왕실은 잠시 안정을 찾지만 한번 시작된 자유주의 바이러스를 완전히 차단하기는 어려웠다. 프랑스 공화정의 부활과 중남미 독립의 확산 및 비엔나 체제에 저항한 동유럽 민족자결주의가 대표적 사례이다.

영화 레미제라블(Les Miserables, 2012)이 묘사한 것처럼 프랑스 대혁명을 전후해 힘없는 평민들은 과중한 조세부담이나 가혹한 징벌체계의 희생양으로 전락했다. 영화의 주인공 장발장(휴 잭맨)도 굶주림으로 죽어가는 누이와 조카를 위해 한 조각의 빵을 훔쳤다는 죄목으로 19년간의 강제노역 형벌을 받는다. 그는 영화의 첫 장면에 나오는 것처럼 조선소에서 대형 밧줄로 배를 견인하는 노역에 시달리다 워털루 전투가 일어난 1815년에야 가석방된다.[*] 하지만 또 다른 차별이 기다리고 있는 사회의 감시와 냉대에 시달리다 우연히 만난 신부의 손길에 구원을 받고 새로운 삶을 결심한다. 정체를 숨기고 마들렌이란 새 이름으로 시장에 당선되어 가난한 이들을 보살피던 와중에 장발장은 운명의 여인, 판틴과 마주치고, 죽음을 눈앞에 둔 판틴은 자신의 딸, 코제트를 장발장에게 부탁한다. 그러나 코제트를 만나기도 전에 경감 자베르(러셀 크로우)는 장발장의 진짜 정체를 알아차리고, 보호관찰 의무위반이라는 죄명으로 다시 체포된 장발장은 코제트를 찾아 탈옥을 감행한다.

이후 십여 년을 수도원에 은거하며 코제트를 양육하던 장발장은 왕정과 공화정이 반복적으로 교차하던 대혁명의 여파에 휘말리며 또다시 위기를 맞이한다. 장발장은 코제트와 사랑에 빠진 혁명가 청년 마리우스의 목숨을 구하는 과정에서 다시 도망자로 전락한다. 단순히 범죄자 검거를 최고의 사명으로 치부하는 경찰의 편협한 원칙에 함몰된 자베르는 장발장의 호의를 경험하며 고뇌하다 결국 다리에서 떨어져 자살한다.[**]

---

[*] 레미제라블 도입부 'Look down'의 영상 https://www.youtube.com/watch?v=RP4evZVuLkM
[**] 범죄자 검거를 다짐하는 자베르의 별 https://www.youtube.com/watch?v=RgQmSp-5bTk

영화에 등장하는 프랑스 파리의 자랑은 성당과 왕궁이다. 제2의 파리를 표방하는 몬트리올이나 부에노스아이레스에는 '성모 마리아'라는 의미가 담긴 노틀담(Notre-Dame) 성당이 복제된 모습으로 자리한다. 그리고 유럽을 대표하는 왕국에는 베르사이유 궁전을 모방한 건축물들을 어렵지 않게 발견할 수 있다. 또한 자베르가 자살한 세느강의 다리나 장발장이 부상당한 마리우스를 도피시킨 파리하수도의 대형 관로도 인상적 장면이다. 일례로 영화가 시작되는 시점인 19세기 초 민간위탁 방식으로 전환된 파리 상하수도는 이후 세계 최고의 산업경쟁력을 자랑하고 있다. 다만 레미제라블의 촬영은 너무 번잡해진 파리가 아니라 영국의 오래된 역사휴양도시 바스(Bath)시를 무대로 이루어졌기 때문에 해당 지역의 도시기반시설이나 교량(Pulteney Bridge)이 유명세를 타기도 했다.*

영화 레미제라블의 촬영지 바스의 펄트니 브리지

*레미제라블 엔딩 https://www.youtube.com/watch?v=hiVPW4tenyU

동유럽의 관문인 오스트리아의 부침

동유럽 여행의 관문 오스트리아를 방문하면 비엔나를 무대로 한때 전유럽을 호령했던 합스부르크 왕조에 관한 이야기를 접하게 된다. 합스부르크는 베르사이유와 더불어 13세기 이후 유럽을 대표하는 최대 왕가로 성장해 신성로마제국을 표방했지만 나폴레옹이 전파한 자유주의 바이러스와 제1차 세계대전의 후유증을 극복하지 못하고 오스트리아를 비롯해 헝가리, 체코 등으로 분할되는 운명을 맞이하였다.

서유럽의 절대왕정은 16~17세기 전성기를 구가하였지만 18세기 이후 공화정으로 대표되는 자유주의 사고가 확산되면서 몰락의 길을 가게 된다. 절대국가는 군대와 관료제라는 양대 권력기반을 토대로 부국강병과 국민행복을 추구하였지만 소수 지배그룹이 근친혼까지 불사하며 그들만의 리그를 형성하는 과정에서 국민적 지지를 상실하였다.

물론 간간이 세종이나 이순신을 연상시키는 현명한 군주나 불굴의 영웅이 나와 왕조의 토대를 강화하기도 하였다. 프라하를 무대로 제국의 외연을 확대한 까를 4세나 라데츠키 행진곡에 나오는 3대에 걸친 요제프 가문의 충신들이 대표적인 사례이다. 나아가 모차르트나 프로이드와 같이 비엔나가 배출한 출중한 인물들도 왕조의 국격을 향상시키는 일에 기여하였다.

이제 역사로만 존재하는 신성로마제국의 영광을 21세기 방식으로 재연하는 일은 일차적으로 왕조의 적장자인 오스트리아 연방공화국의 어깨에 달려 있다. 이는 과거 북방의 주도자였던 고구려의 영광을 현대적으로 재연하는 일이 대한민국의 역량과 전략에 달려 있다는 문제제기를 연상시킨다.

교육부총리를 역임한 원로 행정학자 안병영 교수가 저술한 「왜 오스트리아 모델인가」에는 양차 대전과 계급갈등이라는 척박한 환경에도 불구하고 합의와 상생을 토대로 유럽을 대표하는 강소국으로 재탄생한 그들의 저력이 담겨져 있다. 특히 중립화 통일, 합의제 정치, 사회적 파트너십, 사회적 시장경제, 복지국가 건설, 새로운 국민형성 등과 같은 핵심성공요소들은 우리나라가 벤치마킹하기에 영미나 북유럽 모델보다 유용할 것으로 보인다. 하지만 20세기 중반에 이룩한 기적을 통해 독일을 능가하는 국민소득을 창출한 오스트리아는 과거의 무대였던 동유럽과 결부되는 것을 그다지 달가워하지 않는다는 점에 유의할 필요가 있다.

지나친 기우에 불과하지만 이제 좀 살만해진 우리가 민감한 문제인 남북통일이나 북방영토에 대한 관심을 접는 우를 범하지 않기를 기원해 본다. 동유럽이기를 거부하고 서쪽을 바라보는 오스트리아가 '냉전의 추억'에 사로잡혀 북쪽을 애써 외면하고 미국의 울타리에 안주하려는 우리의 모습이어서는 곤란하기 때문이다.

물론 느슨한 제국의 비효율성과 단절하고 작고 다부진 강소국을 건설한 오스트리아의 기적은 한강의 기적만큼이나 소중한 의미와 가치를 담고 있다. 하지만 동서라는 지역감정에 부가해 슬라브, 마자르, 유태인, 집시 등과 같은 인종적 이질감까지 그들이 극복하기를 기대하는 것은 무리이다. 분할 독립과 양차 대전을 거치면서 폐쇄적 공동체를 중시하는 오스트리아의 인종적 순수성은 오히려 강화되었기 때문이다. 더불어 아리안의 인종적 순수성을 전쟁의 명분으로 설정한 히틀러의 광기도 오스트리아 제국의 몰락을 재촉한 프란츠 요제프 황제의 충복인 카를 뤼거 비엔나 시장의 인종분리정책을 추종했다는 점에서 역사적 경로의존의 중요성을 재확인하게 된다.

이 점에서 우리는 지역이나 인종을 둘러싼 편견이 국가발전의 심각한 장애

요인으로 작용한 역사의 교훈을 확실히 되새겨야 한다. 각기 지중해와 대서양을 매개로 지역과 인종을 극복한 로마와 미국은 물론 방대한 북방 초원길을 활용해 지역과 인종을 초월한 고구려와 몽고도 특유의 개방성을 앞세워 방대한 제국을 건설하고 오랫동안 유지하였기 때문이다.

한국적 발전의 새로운 진로를 노르웨이에 묻다

❝ 바이킹의 후손 노르웨이 ❞

우리는 북유럽하면 스칸디나비아 반도에 있는 노르웨이, 스웨덴, 핀란드의 3개국을 연상한다. 하지만 스칸디나비아 3국에 부가해 덴마크와 아이슬란드까지 포함된 노르딕 국가 5개국이 북유럽의 범주에 포함된다. 나의 북유럽 여행은 덴마크 코펜하겐을 경유해 노르웨이 베르겐에서 트론하임까지 렌트카로 북상하는 방식을 채택하였다.

베르겐과 트론하임은 오슬로 이전에 노르웨이 왕국의 수도였다는 공통점을 지니고 있다. 노르웨이를 대표하는 피오르 여행의 관문인 베르겐은 15세기 근대의 시작을 전후해 한자맹동이 개척한 오래된 항구도시이다. 지금도 베르겐 항구에는 그때를 대표하는 독일식 목조건물이 15채가량 남아 있다. 항구의 노점에서는 다소 비싸지만 북해의 청정 해산물을 활용한 케밥이나 생물 어패류를 경험할 수 있다.

예술의 도시라 불리는 베르겐의 백미는 항구 인근의 푸미쿨라를 타고 해발고도 320m의 플레엔 산 전망대에 올라 만으로 이루어진 항구의 광활한 전경을 조망하는 일이다. 얼마 전 시청한 '걸어서 세계속으로'를 통해 노르웨이를 대표하는 민족주의 음악가인 그리그가 작곡한 '솔베이지의 노래'를 베르겐

출신 가수 시셀 슈샤바가 부르는 노래를 들으며 그때의 감동을 회상했다.

트론하임으로 향하는 여정에서는 빙하가 조각한 좁고 깊은 U자 모양의 협만(峽灣) 피오르의 장엄한 풍광은 산위의 빙하와 설원, 계곡과 폭포 등으로 대표되는 자연경관을 접했다. 여러 겹의 산악과 피오르를 횡단하는 과정에서 조명 없는 자연터널을 관통하고 다리를 대신하는 자동차 페리를 목격한 일도 인상적이다.

대구(cod)를 찾아 험난한 바다를 개척했던 바이킹의 후손인 노르웨이는 오늘날 세계 최고 수준의 국가경쟁력을 지닌 철인의 나라로 많은 이들의 부러움을 사고 있다. 다방면에 걸쳐 유능한 면모를 보이는 노르웨이는 아이언맨(鐵人)의 이미지는 물론 성숙한 현자(哲人)의 풍모를 겸비하고 있기 때문이다.

오늘날 노르웨이는 국가경쟁력을 지탱하는 삼각대인 국부, 국질, 국격 모두에서 압도적 성취를 이룩한 나라이다. 국부에서는 1인당 GDP가 10만 달러에 육박하고 있다. 이러한 경제력은 노르웨이가 유럽연합(EU)이나 석유수출국기구(OPEC)에 가입하지 않고 독자노선을 표방하는 원동력으로 작용하고 있다.

국질(國質)의 견지에서 노르웨이는 '국민행복'에 최고의 우선순위를 부여하는 선도적 복지국가로 자리매김해 왔다. 또한 천혜의 자연환경과 더불어 국민들의 높은 친환경 의식은 '녹색성장'의 실질적인 제도화로 이어졌다. 하지만 이민자 대상의 폭력이나 배제행위가 늘어나고 있다는 점은 우려스럽다.

국격의 측면에서 노르웨이는 소박하면서도 헌신적인 국가의 이미지를 정립해 왔다. 외식, 치장 등 자신을 위한 지출에는 한없이 인색하지만 기부, 봉사 등에는 누구보다 앞장선다. 이는 노르웨이가 이미 오래전부터 공적개발원조(ODA)의 모범국가로 자리해 온 사실을 통해 잘 나타나고 있다. 우리나라는 GNI(국민총소득) 대비 ODA 비율이 0.14%로 노르웨이의 1%는 물론 OECD 산하 개발원조위원회 회원국 평균 0.28%의 절반에 불과하다. 또한 전반적인 국격은 한류가 이룩한 최근의 성취에도 불구하고 안전, 안보, 타협, 소통 등의 측면에서 '위험국가'의 이미지를 좀처럼 탈피하지 못하고 있다.

결국 노르웨이가 이룩한 기적의 비밀은 석유, 관광 등 호의적 환경과 교육, 모험 등 양호한 역량에 부가해 적절한 제도가 결부되어 나타난 결과이다. 이는 노르웨이가 부국의 조건인 지리설과 인종설은 물론 제도설의 측면에서도 의미가 있음을 시사한다. 석유가 초래할지 모르는 자원의 저주를 피하기 위해 별도의 국부펀드를 만들어 윤리적으로 운영하거나 해상석유시추에 수반된 위험관리의 강화를 위해 해외 전문인력을 적극 유치한 일이 여기에 해당한다.

노르웨이를 비롯해 북유럽과 비교해 우리나라의 공공성 수준은 대체로 미약하다. 이에 20세기 초 한국의 지식인들은 덴마크의 그룬투비(Grundtvig) 사상을 도입해 일제 강점기에도 자생적 농촌계몽운동을 추진하였다. 또한 박정희 정부는 산업화 초기에 새마을운동을 주창하며 '근면·자조·협동'의 가치를 농어촌 중심으로 확산시켰다. 하지만 이후 심화된 시장화 추세하에서 공동체의 상실을 막기에는 역부족이었다.

우리는 남미가 아니라 북유럽으로 가고 있다

**" 성장!
복지!
제도! "**

최근 최저임금 인상과 공공 일자리를 앞세운 소득주도성장의 부작용이 표출되면서 국가발전전략의 전환을 요구하는 목소리가 커지고 있다. 이른바 경로 의존을 추구하는 성장지상주의 명제가 경기침체가 길어지면서 부활을 모색하는 것이다. 정책오류를 치유하는 점진적 정책 환류는 필요하지만 정부 때리기에 굴복하는 급진적 정책 변화는 일관성과 시의성 측면에서 득보다 실이 많다.

포용국가를 표방한 문재인 정부의 발전전략은 적정한 정부의 선도하에 성장과 분배 또는 경제와 사회의 조화를 추구한다는 점에서 남미가 아니라 북유럽의 발전전략과 유사하다. 남미는 지리상의 발견 이후 이베리아가 자행한 잔혹한 수탈을 경험했다. 19세기 중반 정치적으로 독립했지만 경제적 종속상태가 지속됐다. 이에 종속이론이 제안한 고립주의 발전전략인 수입대체산업화를 채택하였다. 경제적 성과는 저조했으나 농축수산물이나 지하자원을 대체하는 제조업이나 서비스업 기반의 신성장동력을 찾기 어려웠던 남미로서는 불가피한 선택이었다.

20세기 중반 이후 노르딕 국가와 우리는 자원과 내수의 한계를 보완하기 위해 교육강국을 표방하면서 제조업을 육성했다. 핀란드의 노키아나 스웨덴의 볼보, 한국의 반도체나 자동차가 대표적 사례이다. 하지만 전략산업의 비교우위를 위해 대기업에 올인한 수출지향산업화가 한계에 다다르자 스타트업이 선호하는 온라인 게임이나 생활 디자인으로 전환했다. 핀란드의 앵그리버드, 스웨덴의 이케아, 한국의 인터넷포털과 의약·바이오 등이 여기에 해당한다. 20세기 중반 남미는 세계대전과 같은 구대륙의 혼란이 가중되자 반사이익을 누렸다. 노동과 자본이 유입되고 전쟁특수도 찾아왔다. 하지만 호황기에 축적한 부를 새로운 도약의 원천으로 부상한 기술이 아니라 탱고와 삼바 같은 예술에 소비하고 말았다. 짧았던 호황이 지나고 위기가 닥치자 국부 유출과 계층 간 대립이 심화됐다.

냉전시절 중개무역에 의존한 북유럽 국가들은 구소련이 붕괴하자 경제위기에 직면했다. 전후 고도성장기에 축적한 부를 복지에 투자한 북유럽은 사회민주주의에 신자유주의를 절충한 '유연안정성(flexicurity)'과 국가적 난제에 직면해 노사정이 고통을 분담한 '사회협약'을 앞세워 위기를 극복했다. 또 공동체를 중시하는 북유럽에서는 양성평등, 워라밸, 친환경 등이 제도화된 상태이다.

하지만 복지마인드보다 안보마인드에 충실했던 한국은 1997년 외환위기를 맞이하여 사회협약보다 구조조정을 중시했다. 단기적으로 경제는 살아났지만 계층 간 격차확대와 산업생태계 파괴라는 후유증에 시달리고 있다. 특히 우리의 산업현장에는 독선과 불통의 갑질 문화가 온존한 상태이다. 수직적 하청구조를 악용한 단가 후려치기나 벤처기업의 신기술을 가로채는 정글의 법칙이 통용되고 있다.

결국 우리가 추구해야 할 발전전략은 포용국가의 비전하에 성장(시장), 복지(사회), 제도(정부)라는 균형 잡힌 3가지 목표를 설정하는 것이다. 다시 말해 최근의 논란을 극복하는 미래의 국정관리는 활기찬 시장(혁신성장, 고용주도성장, 공정경제 등), 안정된 사회(근로장려, 주거안정, 양성평등 등), 적정한 정부(공공서비스, 규제개혁, 정부 간 협력 등)를 추구해야 한다.

Chapter 07

동아시아와 대양주 힐링캠프 참여기

베이징에서 확인한 중국몽의 허실

**❝ 고도성장한
중국의 과제 ❞**

　'세계일주로 배우는 사회탐구'를 표방하며 시작한 2018년 여름 연구년의 마무리는 고향 친구들과 다녀온 3박 4일 베이징 패키지였다. 12년 만에 다시 찾은 베이징은 올림픽 이전 번잡했던 공사현장들이 정리되면서 중후한 세계도시의 느낌을 풍기고 있었다. 홍콩에 인접한 중국의 남단 선전에서 시작한 개혁·개방이 상하이를 경유해 베이징에서 완결된 모양새다. 우리 일행의 여정과 겹친 김정은 위원장의 베이징 방문도 중국의 성취에 대한 벤치마킹과 무관하지 않아 보인다.

　중국의 발전성과는 일본이나 한국이 올림픽 개최를 전후해 정치경제와 시민생활에서 도약한 일을 연상시킨다. 우선 베이징은 천안문과 자금성으로 대표되는 구도심을 여러 겹의 순환도로가 둘러싼 형국이다. 우리의 강남이나 판교와 유사한 상업지구와 업무단지들이 순환도로를 따라 포진해 있다. 고품격 쇼핑의 명소로 부상한 왕푸징이나 실리콘밸리를 추격하는 첨단산업의 메카 중관춘이 대표적 사례이다. 하지만 재개발 열풍속에서 폭등한 주택가격으로 인해 주거가 불안정한 수천만의 서민들은 장거리 출퇴근과 장시간 노동에 시달리고 있다.

또한 소나타 일색이었던 서울올림픽 직후의 88택시처럼 지금 베이징은 엘란트라 택시가 대세를 장악한 상태이다. 나도 경험한 엘란트라의 완결성과 효율성이 미국은 물론 중국에서 연이어 히트한 원동력으로 작용했을 것이다. 2008년 올림픽 직전에 내가 경험한 베이징 택시는 뉴욕의 옐로 캡처럼 교도소 면회실을 연상시키는 단절되고 불안정한 장소였다. 비유하자면 싱가포르 북미 정상회담에서 목격된 과잉경호는 자국민이나 인접국과 제대로 소통하지 못하는 비정상 국가의 지도자들이 감수하는 비애이다.

최근 삼성전자와 현대자동차가 주도해 온 대중국 수출은 약화되고 있다. 소니와 도요타를 앞세워 한때 세계를 호령한 일본의 침체가 연상되는 대목이다. 특히 애니콜 신화에서 시작해 중국 내 시장점유율 1위를 자랑하던 삼성 스마트폰은 샤오미와 화웨이 열풍속에 급속히 퇴조하였다. 실제로 베이징의 복합 쇼핑몰 '더 플레이스(The Place)'의 샤오미 매장에는 삼성과 유사한 디자인의 스마트폰을 비롯해 드론이나 소형가전에 열광하는 젊은이들로 가득했다. 보스턴 중앙도서관 앞에 위치한 애플 매장의 압도적 위엄처럼 샤오미가 중국몽을 선도하고 있는 것이다.

중앙집권적 발전국가의 수도 베이징은 원조인 일본의 도쿄와 마찬가지로 자치분권을 앞세운 지방의 도전에 직면해 있다. 하지만 기득권에 연연하는 관습헌법 수사를 동원하지 않더라도 전통과 권위를 확립한 양국의 수도는 천도 직후부터 안정적으로 작동해 왔다. 자금성과 만리장성, 황궁과 도쿄만은 국내외 관광객들이 찾아오는 명소로 부상한 상태이다. 물론 진정한 힐링을 갈구하는 여행자라면 지방의 도서벽지를 대표하는 하이난과 오키나와 또는 장자제나 홋카이도가 제격이다.

근현대 중국사의 영욕을 간직한 천안문 광장 너머 자금성에는 명·청시대

자금성과 더불어 왕조의 유적을 대표하는 이화원

베이징 인근에 위치한 수상유원지 용경협

의 궁중 비화나 꽌시 문화가 내재되어 있다. 또한 베이징 외곽에서 목격한 만리장성은 험준한 산세와 인공 구조물이 어우러진 최고의 요새다. 물론 실질적 방어효과는 의문시되지만 군사정부가 건설한 평화의 댐처럼 국민을 조정하기에 유용했을 것이다. 나아가 물이 귀한 베이징에서 역대 황실의 권력자들이 이화원이나 운하를 건설한 것처럼 중화인민공화국의 지도자 장쩌민은 용의 모양을 닮은 계곡에 댐을 건설해 구이린과 후버댐에 필적하는 물놀이 명소 용경협을 창출하였다.

중국은 싱가포르와 유사한 국가주도의 권위적 자본주의를 통해 고도성장을 이룩하였다. 하지만 이윤을 중시하는 자본주의 관념이 확산되는 과정에서 농민공 차별이나 생태계 파괴가 제기되었다. 이에 부강하고 민주적이며 조화로운 사회주의 현대화국가를 추구한다는 중국의 고민이 시작된다. 또한 식품안전을 통해 건강생활을 확보하자는 길거리 현수막의 구호를 통해 국부 증진이나 국격 향상에 필적하는 국질 제고가 균형발전 목표에 부응하는 당면과제임을 확인할 수 있었다.

고전으로 배우는 리더십

역사를 호령한 지도자의 일대기를 기록한 동서양의 고전은 다양하다. 동양의 경우 역사서의 최고봉으로 꼽히는 사마천의 사기열전을 비롯해 손자병법, 삼국지, 정관정요, 조선왕조실록, 난중일기 등이 대표적이다. 또한 서양의 경우 신화와 역사가 혼재된 호메로스의 일리아드, 플루타르크의 영웅전, 플라톤의 국가, 마키아벨리의 군주론 등이 유명하다. 하지만 여기에서는 제왕 리더십의 백미로 꼽히는 정관정요와 군주론에 주목하고자 한다.

당태종 이세민(재위기간 626~649)은 우리에게 형제를 죽인 패륜아이자 고구려를 침공한 원수로 알려져 있다. 하지만 고구려의 붕괴가 당제국의 공고화로 이어졌을 뿐만 아니라 오늘날 중국의 영토를 대내외에 각인시켰다는 점에서 그는 중국인들의 영웅이다. 우리나라로 치자면 고구려의 대막리지 연개소문이나 조선의 태종 이방원이 집권전략이나 통치성과에서 그와 필적하는 인물이다.

중국인의 우상 당태종의 면모는 그의 통치술을 기록한 정관정요를 통해 드러난다. 한때 전장의 맞수였던 양만춘과 마찬가지로 그는 용인술의 귀재이자 현장리더십을 중시했다. 위징과 방현령 등 훌륭한 신하들을 폭넓게 기용했고, 솔선수범으로 백성들의 마음을 사로잡는 감성능력도 탁월했다. 안시성주 양만춘은 핵심 참모들과 함께 성 내외부를 꼼꼼히 보살피는 방식으로 주민들의 신뢰를 확보해 기적같은 성과를 창출하였다.

중국의 춘추전국시대(B.C. 770~B.C. 221)나 5호16국시대(304~439)와 마찬가지로 476년 서로마 제국이 멸망하자 이탈리아 반도에는 다수의 도시국가들이 탄생했다. 르네상스를 전후해 이탈리아에는 피렌체, 밀라노, 베네치아 등 그리스의 전성기를 연상시키는 도시들이 경제력을 앞세워 부상했지만 인접한 절대국가들의 간섭에 취약했다.

1469년 출생한 마키아벨리는 1498년 약관의 나이로 피렌체 공화정에 참여해 외교업무를 담당했다. 이 과정에서 프랑스 황제나 로마의 교황이 강력한 권력을 앞세워 자신의 의지를 관철하는 과정을 지켜보았다. 더욱이 1512년 스페인 왕정의 개입으로 피렌체 공화정이 무너지고 메디치 가문의 군주정이 복원되자 그는 공직에서 추방되었고, 반정음모에 연루되어 투옥되기도 했다.

이처럼 국민국가의 토대인 강력한 권력에 대한 열망이 군주론 저술로 이어졌다. 군주론은 현실의 정치와 이상적 윤리를 구분하였다. 또한 정치의 역할은 오늘날 정부나 기업에서 일상화된 전략기획처럼 국가의 역량과 주변 환경을 고려해 공동체가 번영하는 전략을 찾아내는 과정으로 이해했다. 따라서 전략의 주도자인 군주는 너무 쉽게 믿거나 경솔하게 행동해서는 안 되고 두려움에 겁을 먹어서도 안 된다. 나아가 실용적인 목표지향 리더십의 요체로 권력추구의 화신과 냉혹한 권모술수 및 강력한 권력기반을 지목하였다.

이론은 당대의 현실을 반영하기 마련이라는 지식사회학의 논거처럼 정관정요나 군주론에는 유교적 덕성론이나 근대적 합리성이 자리하고 있다. 하지만 시대가 변하면 리더십도 달라져야 한다. 왕조에서 공화국으로, 권위주의에서 민주주의로, 하향식에서 상향식으로, 사일로에서 네트워크로, 대립에서 협력으로 패러다임이 전환된 상태에서 철지난 제왕학에 연연하는 방식으로 사람들의 공감을 유도하기 어렵다. 근자에는 헌신적인 봉사를 중시하는 서번트 리더십이나 역동적 혁신을 선도하는 변혁적 리더십이 각광받고 있기 때문이다.

결론적으로 리더십의 요체는 '사람을 변화시켜 자발적으로 따르게 하는 힘'에 있다고 할 수 있다. 고양군수를 역임한 백성운에 따르면 사람이 사람을 따르는 이유는 다양하다. 첫째, 권위적 리더십이 수반하는 두려움 때문이다. 둘째,

거래적 리더십이 수반하는 경제적 혜택이나 이익 때문이다. 셋째, 변혁적 리더십이 표방하는 지도자의 원칙과 가치를 신봉하기 때문이다. 그렇다면 사람들이 공감하고 신뢰하는 변혁적 리더십을 창출하기 위한 조건은 무엇인가? 첫째, 행정의 모든 판단기준을 국민에 두어야 한다. 둘째, 미래의 변화를 읽고 장기적 관점에서 대비해야 한다. 셋째, 개방과 경쟁이나 분권과 자율은 행정의 기본가치이다. 넷째, 행정에는 사랑과 신뢰를 바탕에 두어야 한다.

❝아픈 상처의 역사❞

직장 선배인 전교수님을 모시고 현대 일본의 수도이자 발전국가의 흔적이 산재한 도쿄를 둘러볼 기회가 있었다. 대구를 이륙한 비행기가 나리타에 안착하자 우리 일행은 JR동일본이 저렴한 요금으로 운영하는 버스를 타고 도쿄역으로 이동하였다. 도착 당일이고 숙소도 멀었지만 가벼운 차림이라 도쿄역사를 오가며 다부진 빌딩들의 안정된 스카이라인을 감상하다 인접한 황거로 이동하였다.

도쿄역 앞에서 대로와 광장을 지나면 해자와 성벽으로 둘러싸인 황거에 다다른다. 창덕궁 후원과 마찬가지로 일본의 황거참관도 단체 가이드 투어가 원칙이다. 하지만 제한된 참관 기회로 인해 수백 명의 관람객이 궁내청 직원들의 통제하에 움직이기 때문에 주마간산 이상을 기대하기는 어렵다.

1868년 메이지 유신 이전 교토에 거주하던 천황이 도쿄로 옮긴 이유는 1871년 통일을 전후한 독일 황제처럼 신흥권력 관료제에 대한 후원을 위해서였다. 이후 천황을 앞세운 일본의 근대화 세력은 발전국가 건설과 식민지 개척을 선도하였다. 이에 시민사회나 약소민족은 언터처블 국가에 대항하는 우회 경로로 무정부주의나 사회주의에 몰입하기도 했다. 1923년 간토대지진의 희생양으로 조선인이 학살당하자 국내외 여론조작을 위해 무정부주의자 박열의 불령사를 단죄한 일은 유신체제를 유지하기 위해 재일동포 간첩단을 조작한 국가의 야만을 연상시킨다.

제2차 세계대전에 패하며 일본의 발전국가는 위기에 직면하지만 한국전쟁을 전후해 기사회생한다. 패전국 독일과 달리 분단의 비극을 회피했을 뿐만 아니라 천황제도 유지할 수 있었다. 더욱이 1951년 패전국의 속박을 조기에 탈피한 샌프란시스코 강화조약을 체결하였고, 1955년 자민당의 절대안정의석을 토대로 고도성장체제를 재가동하는 일에도 성공하였다.

1993년 자민당 정권이 붕괴하고 10여 년의 장기침체가 이어지자 발전국가는 또다시 위기에 직면한다. 하지만 트럼프 대통령의 선배격인 아베 총리가 극우민족주의를 선동하는 방식으로 집권기반을 재구축하였다. 전쟁의 책임자인 천황의 위세가 여전하고 아베의 각료들이 야스쿠니를 참배하는 현실에서 위안부나 징용자 같은 과거사 문제의 해결을 기대하기 어렵다. 더욱이 북한의 핵과 미사일이 촉발한 일본의 강경대응 기류도 불리한 상황요인이다.

일본의 양심을 대변해 온 시민사회나 대학의 침체도 안타까운 대목이다. 물론 일본 내 반발여론으로 혐한류 시위가 잦아들고 있지만 욘사마 팬들의 귀환은 멀어 보인다. 숙소로 정한 캡슐호텔 적응에 실패하고 옮겨간 아파호텔에는 성경을 비치하는 미국 호텔처럼 극우 진영의 홍보책자가 넘쳐나고 있다. 그리고 와세다 대학 방문에서는 부당한 권력에 저항하던 과거의 기상을 발견하기 어려웠다. 교정을 안내한 박사과정 유학생에 따르면 지금의 와세다는 기업의 후원금을 유치해 캠퍼스 단장에 몰입하는 한국의 명문대학과 크게 다르지 않다고 한다.

여행의 후반부에서는 도쿄 인근과 도심을 둘러보았다. 도쿄 인근의 명소는 하코네와 닛코가 유명하지만 짧은 일정과 먼 거리를 감안해 후일을 기약했다. 차선으로 선택한 요코하마와 카마쿠라에서 항구재생의 경험을 학습하고 막부시대의 추억을 회상했다. 특히 카마쿠라행 전철에서 해변 마을의 풍광을 느끼고 월미도와 유사한 야노시마를 일주한 일이 유용했다.

임진왜란 이후 지금의 도쿄인 에도(江戶)가 부상한 계기는 전국시대의 혼란을 잠재운 오다 노부나가와 도요토미 히데요시의 기반을 토대로 도쿠가와 이에야스가 새로운 막부를 수립하였기 때문이다.* 이후 에도막부는 가마쿠라(鎌倉)와 무로마치(室町) 막부를 능가하는 강력한 통치력을 행사했지만 오사카 중심의 상인계급(죠닌)과 개화를 선도한 전문가 그룹이 부상하면서 역사의 저편으로 사라졌다.

마지막 여정인 도심일주는 숙소인 신주쿠를 출발해 전철로 아사쿠사, 우에노, 긴자, 롯본기, 시부야 등을 찾아가 보았다. 교토를 모방해 재단장한 아사쿠사, 우에노 공원의 널찍한 호수, 오래된 백화점이 산재한 긴자, 젊은 인파로 붐비는 시부야 등도 인상적이었지만 경사면의 숲에 계단식 빌딩을 조성한 롯본기힐에서 싱가포르의 도심형 첨단산업단지 원노스에 필적하는 일본의 저력을 확인할 수 있었다.

도쿄 인근의 카마쿠라 유원지

일본의 전통문화를 재연한 도쿄 아사쿠사의 풍광

도쿄 여행자들의 천국
신주쿠역

---

* 중국 한나라의 건국과 몰락을 배경으로 「초한지」와 「삼국지」가 저술되었다면 일본 전국시대 말기를 배경으로 소설 「대망」이 탄생하였다. 대망에는 권력을 다루는 다양한 모습이 담겨있다. 일례로 '새가 울지 않을 때 어떻게 반응하는가'와 관련하여, 오다는 다혈질에다 성미가 급하기 때문에 즉시 죽여 버리고, 도요토미는 꾀가 많고 적극적인 성격이기 때문에 새를 기어코 울게 만드는 반면에 도쿠가와는 울 때까지 느긋하게 기다린다고 한다. 그래서 일본인들은 오다의 떡살과 도요토미가 반죽한 천하라는 떡을 도쿠가와가 손쉽게 먹었다고 풍자한다.

발리에서 체험한 힐링과 성찰

❝신비로 가득한 환상의 섬❞

연구년을 맞이해 기획한 동남아시아 기행을 발리에서 시작하였다. '신비로 가득한 환상의 섬'이라는 휴양지의 이미지도 크게 작용하였지만 비교행정을 공부하는 학자로서 인도네시아의 실상을 직접 느껴보고 싶었다. 초가을 영종도를 이륙한 항공기는 태풍의 발상지 필리핀 상공을 지나며 아찔한 조명쇼에 직면하기도 했지만 무사히 응우라라이 공항에 도착하였다.

대다수 동남아시아 국가들과 마찬가지로 인도네시아도 서구의 식민통치와 일본의 전시점령을 경험하였다. 제2차 세계대전 직후 독립에 성공하였지만 아직 외세의 영향력이 강한 편이다. 알파벳을 차용한 문자표기, 영국식 차로와 일본식 신발, 동아시아 금융위기의 진원지, 다국적 기업이 장악한 시장과 농장 등이 대표적 사례이다.

물론 인도네시아 서민들의 일상에는 고유한 문화가 살아 숨쉬고 있다. 이는 세계적 관광지로 부상한 발리도 예외가 아니다. 화산과 다락논이 어우러진 고산휴양지 우붓의 풍광은 최근 슬로시티로 각광받는 남해안 섬과 지리산 자락을 연상시킨다. 고품격 리조트로 유명한 해변휴양지 쿠타나 짐바란과 차별화된 이곳의 안빈락도 분위기가 디지털 노마드나 배낭여행자를 유인하고 있다. 특히 우붓을 찾는 사람들은 '먹고 기도하고 사랑하라'는 영화속 줄리아 로버츠처럼 몸과 마음을 수련하기도 한다.

발리의 고산휴양지 우붓의 자연친화적 호텔

발리 쿠타 해변의 일몰

동남아시아 휴양지들과 마찬가지로 발리도 물가와 사람 모두 착한 편이다. 2002년 10월 발리에서 이슬람 원리주의자에 의한 폭탄테러가 발생해 202명이 사망하는 참사가 발생했다. 당시의 아픈 기억으로 인해 지금도 공공건물에 진입하려는 차량은 보안검색을 받아야 한다. 더불어 열악한 도로사정으로 인해 교통정체가 심하고 대중교통에 대한 투자도 미진한 편이다. 하지만 발리에는 승합차 버스나 도심지 호텔처럼 알뜰 여행의 노하우가 넘쳐 난다는 점이 매력적이다.

해외여행에서 해당 지역의 특급 리조트들을 둘러보는 것도 유용한 경험이다. 대부분의 리조트들이 지역을 대표하는 천혜의 절경에 자리하고 있을 뿐만 아니라 대중교통을 활용해 접근이 가능하기 때문이다. 나는 발리 방문시에 3일짜리 자유이용권을 구입한 쿠라쿠라(Kura Kura) 버스의 가장 인기있는 노선에 위치한 리조트를 임의로 골라서 둘러보았다. 각기 짐바란과 우붓 노선의 말단에 위치한 리조트는 아야나(Ayana)와 데사 비세사(Desa Visesa)였다.

물론 해당 리조트에 직접 묵지 않고 잠시 둘러본 관계로 보다 자세한 내용은 인터넷 검색을 활용하기를 권고한다. 다만 아야나 리조트의 경우 구내의 절벽에 조성한 락바(Rock Bar)에서 시원한 바다를 조망하거나 해변에 설치한 목재 데크에서 물고기들이 노니는 장면을 목격한 일이 인상적이었다. 또한 데사 비세사의 경우 우붓이 자랑하는 중산간의 라이스 테라스를 배경으로 조성하였기 때문에 주변경관이 수려하고 농사체험이 가능하다는 장점이 있다.

발리 짐바란에 위치한 해변 리조트

숙박과 교통 못지않게 중요한 음식은 발리도 유명한 편이다. 하지만 현지 음식이 주된 관심사도 아니고 발리행 비행기 안에서 공부한 인도네시아 단어가 '볶음밥'과 '산사람'을 의미하는 나시고랭과 오랑우탄 수준이라 험난한 주문의 장벽을 넘기 어려워 보여 식도락은 과감하게 포기했다.

그리고 침팬지, 보노보, 고릴라 등과 더불어 유인원으로 분류되는 오랑우탄을 만나기 위해서는 보르네오나 슈마트라 밀림 깊숙이 들어가야 하기 때문에 인근 공원에서 만난 원숭이와의 교감에 만족하였다. 아침 산책길에 만난 원숭이 가족들의 모습을 보고 있자니 이제는 문명을 향유하는 우리 인간들의 일상과 다르지 않아 보였다. 엄마 젖을 빨기 위해 가슴에 안긴 아기 원숭이, 엄마 근처에서 장난치는 작은형 원숭이, 좀 떨어져 큰 나뭇가지에서 점프하는 큰형과 누나 원숭이, 주위를 어슬렁거리며 영역을 경계하는 아빠 원숭이 등은 바로 우리네 가족의 오래된 일상인 것이다.

인도네시아 칼리만탄에 위치한 탄종푸틴국립공원은 서식지가 파괴되면서 판다처럼 멸종위기종으로 전락한 오랑우탄을 관람하는 생태공원으로 유명하다. 매년 1만명이 넘는 관광객이 찾아오는 이곳에서는 오랑우탄의 위계적 먹이활동이나 방어적 주거공간을 목격할 수 있다. 무리의 우두머리가 진귀한 음식을 독식하거나 큰 나뭇가지 위에 잠자리를 마련하는 그들의 생존전략은 현생 인류의 오래된 조상들과 매우 흡사하다.

한편 아마존에 필적하는 광활한 밀림의 축복인 고무, 팜유, 목재, 석탄 등이 인도네시아 경제를 지탱하고 있다. 이러한 자원의 혜택은 일자리 창출과 생활의 향상으로 이어진다는 점에서 베트남의 메콩델타나 미얀마의 대륙풍에 비견된다. 하지만 우리는 중동이나 남미의 경험이 시사하듯이 자원에 대한 과도한 몰입이 자원의 저주라는 부메랑으로 돌아온다는 점에도 유의해야 한다.

인도네시아는 적도를 따라 동서로 길게 늘어선 섬들로 이루어진 나라이다. 문화적으로 동서의 중간에 위치한 발리는 노천박물관으로 전락한 앙코르와트나 족자카르타와 달리 힌두교가 일상을 지배하고 있다. 주거지 곳곳에서 일본의 신사나 우리의 사당처럼 다양한 신을 모실 뿐만 아니라 해안과 산정을 망라한 명승지마다 힌두교 사원이 자리해 있다. 수마트라나 자바 같은 인도네시아 서부가 이슬람의 중심지라면 동부는 2002년 5월 독립을 회복한 동티모르를 비롯해 기독교 섬들이 다수이기 때문에 포용적 다문화 정책이 절실하다.

인도네시아의 크고 작은 섬들은 화산을 품고 있다. 2004년 12월에는 바닷속 불의 고리에서 초대형 쓰나미가 발생해 13만 명이 희생되기도 했다. 가는 날이 장날이라고 필자가 우붓에 체류한 며칠의 여정에는 지난 반세기 동안 잠잠하던 아궁산이 분화의 조짐을 보이면서 화산지진의 위력을 실감했다. 그리고 1963년 아궁산의 마지막 화산분출 당시 발생한 막대한 인명피해를 기억하는 인도네시아 방재청은 경보단계가 상승하자 주민들을 대피시켰다. 아마도 자연의 위력 앞에 신에게 의존하는 인간의 나약함이 신들의 천국 발리를 창조한 최고의 원동력이 아닐까 싶다.

전후 독립에 성공한 인도네시아도 냉전 구도에서 자유롭기는 어려웠다. 이에 대다수 아시아·아프리카 국가들은 미·소를 대리해 냉전의 첨병으로 전락한 동북아나 유럽을 반면교사로 상정하는 비동맹 노선을 추구하였다. 1955년 4월 반둥회의를 개최한 인도네시아의 열망도 진영논리의 타파를 표방한 것이다.

향후 인도네시아의 성패는 수카르노의 비동맹 노선과 수하르토의 종속적 발전을 넘어서는 새로운 발전전략의 창안과 직결된 문제이다. 1997년 발생한 금융위기의 여파로 군부독재자 수하르토가 실각한 이후에도 인도네시아는 부정부패, 인권유린, 빈부격차 등과 같은 적폐를 제대로 청산하지 못하고 있다. 또한 인도네시아의 자원과 시장을 노린 외세의 탐욕스런 눈길도 여전한 실정이다. 따라서 인도네시아의 미래는 2014년 출범한 친서민 개혁성향 조코위 정부의 역동적 거버넌스 역량이 좌우할 것이다.

싱가포르 혁신성장의 비결을 찾아서

❝ 싱가포르의 성공신화 ❞

발리에서 시작한 동남아시아 기행의 다음 목적지는 싱가포르다. 2016년 싱가포르 재도약의 스토리를 소개한 책 「역동적 거버넌스」를 번역하면서 궁금했던 혁신성장의 현장을 직접 확인하고 싶었기 때문이다. 1990년대 이후 지식기반경제를 표방하면서 본격화된 싱가포르의 혁신성장은 첨단기술산업과 서비스산업의 육성에 초점을 부여하였다.

나는 흔들리는 화산섬 발리를 떠나 안전하고 쾌적한 싱가포르로 향했다. 착륙하는 비행기 안에서 시원하게 펼쳐진 싱가포르 해협은 항만, 빌딩, 산업, 주거 등을 품고 있었다. 공항에서 멀지 않은 아파트 단지에 한인민박을 예약한 상태였지만 의욕이 과했던 나는 공항에서 택시를 타고 곧바로 싱가포르가 자랑하는 중수도 플랜트인 뉴워터 홍보관을 찾아갔다. 하지만 나의 기대와 달리 홍보관은 정수장 후미진 곳에 마치 폐관한 건물처럼 썰렁한 상태였다. 안내창구도 보이지 않고 돌아갈 교통편도 여의치 않아 고심 끝에 주변만 둘러보고 타고 갔던 택시를 이용해 돌아서야 했다. 아마도 사전예약한 단체관람이나 외국 손님들을 대상으로 홍보관을 운영하는 모양새다.

숙소에 여장을 푼 나는 싱가포르 명소를 산보하

기로 했다. 쇼핑이나 리조트에는 별다른 관심이 없는지라 도심 중심의 정부청사와 예술공연장을 경유해 각기 자연과 인공이 테마인 두 개의 공원을 찾아가 보았다. 늦은 오후였지만 주특기인 주마간산식 관람은 가능하다는 판단하에 보타닉가든으로 향했다. 시내버스에서 내려 상암동 하늘공원을 연상시키는 입구로 한참을 걸어 들어가자 매표소가 보였다. 청록빛으로 물든 보타닉가든은 아시아 식물원 중 유일하게 유네스코 문화유산으로 지정된 곳이다. 무려 160여년이나 된 이곳은 규모도 거대하다. 전부 돌아보는 데만 한나절 이상이 필수다. 하지만 나에게 허락된 시간은 많아야 한두 시간에 불과했다. 광활한 공원을 가로질러 핵심 시설인 유료 가든만 둘러보고 반대편 전철역으로 서둘러 나왔다. 영국식 공원에 프랑스식 정원을 절충한 실용주의적 사고가 성공의 비결인 것처럼 느껴졌다. 특히 주거단지와 인접한 우리의 올림픽 공원처럼 이른 저녁을 마친 시민들이 아이나 개들과 산보하러 들어오는 모습이 인상적이다.

해가 져서 어둑해진 상태에서 나는 지하철을 이용해 가든스바이더베이로 향했다. 진주 남강변이나 서울 청계천의 등불축제장을 연상시키는 공원 외곽을 가로지르자 거대한 규모의 열대 온실과 영화 아바타의 한 장면처럼 온실 밖 정원도 아름답다. 바오밥 나무와 유사한 슈퍼트리 조형물은 화려한 밤마다 조명쇼를 연출한다. 더불어 공원을 순회하는 관람차는 무인시스템으로 운영중이라고 한다.

다음날 시작된 나의 일정은 여행보다는 견학에 가까웠다. 어제의 실패를 거울삼아 도심에 위치한 하수처리장을 찾아가 보았다. 숙소와 반대편에 위치한 목적지를 찾아가는 버스 안에서 화려하게 치장한 상여차를 목격한 일이 인상적이었다. 군용트럭을 연상시키는 오픈카 형태의 상여차에는 많은 사람들이 탑승해 고인의 마지막 길을 배웅하고 있었다.

자연정원 보타닉가든

인공정원 가든스바이더베이

다시 찾아간 하수처리장도 소규모 홍보시설을 운영하고 있었다. 세계적인 경쟁력을 싱가포르 물관리 경쟁력을 영상으로 재생하고 있었다. 옆 사무실에는 물협회 사무실이 자리하고 있었고, 메인빌딩에는 물관리를 담당하는 공공시설원(PUB) 관계자들보다 산학협력에 참여하는 민간업체들이 입주해 있다는 점이 기술경쟁력의 원천으로 작용하고 있다는 생각이 들었다.

다음 방문지는 싱가포르 첨단산업의 메카 원노스였다. 전철을 이용해 도착한 원노스는 우리의 용산과 마찬가지로 영국군의 주둔지였다. 중동 지역에 전운이 고조되자 영국군은 전략적 요충지 스웨즈 운하를 지키기 위해 철수했다. 1960년대 동두천, 의정부, 문산 등 미군이 주둔한 경기북부지역이 귀한 달러 유입의 창구였듯이 영군의 철수도 싱가포르에 커다란 위협으로 작용하였다. 이에 싱가포르는 군대의 주둔지를 바이오나 정보통신과 같은 첨단산업단지로 조성해 세계적인 제약이나 정보통신 다국적기업을 유치했다.

싱가포르의 성공신화는 비슷한 문화와 거버넌스를 확립한 홍콩을 통해서도 재확인되고 있다. 우선 중국 남부와 지리적으로 근접한 홍콩에는 싱가포르와 마찬가지로 화교네트워크와 도교자본주의가 살아 있다. 또한 영국의 오랜 통치는 시장자율과 법치주의를 학습하는 주요 계기로 작용했다. 나아가 도시국가 특유의 역동성과 실용성 및 일관성은 국가경쟁력의 강화로 이어지고 있다.

홍콩은 반환 이후 '1국 2체제'라는 한계에도 불구하고 보수적인 해리티지 재단의 경제자유지수에서 1995년 이후 22년 연속 1위를 차지할 정도로 개방적이다. 또한 율정사(법무부)와 염정공서(부패방지청)가 주도하는 청렴한 공직사회의 기풍도 유지되고 있다. 나아가 예전에 공항이었던 주롱반도를 재개발해 기존의 센트럴에 필적하는 제2의 중앙산업지구나 영화산업을 재창조하는 신성장동력인 문화산업특구를 조성하는 일에도 열심이다.

싱가포르의 재도약과 역동적 거버넌스

**❝ 싱가포르의
명품행정 ❞**

1990년대 중반 이후 지식기반경제를 표방하면서 시작된 싱가포르의 재도약은 첨단기술산업과 서비스산업의 육성에 초점을 부여하였다. 저임금 공장 노동자에 의존해 조립산업이나 장치산업을 육성하던 시설의 싱가포르는 우리와 마찬가지로 권위주의 체제를 유지하면서 노동배제적 지배연합을 유지하였다. 하지만 민주화 요구가 분출하고 중국의 시장 개방이 확대되자 구체제를 계속 유지하기가 어려워졌다. 이에 싱가포르는 리콴유의 명예로운 퇴진을 계기로 고척동과 리센룽이 주도하는 새로운 체제의 출범을 준비하였다.

싱가포르는 선진국의 기술을 단순히 학습하던 시대에서 자생적 혁신이 요구되는 시대를 맞이하여 기초기반기술의 확보에 주력하였다. 특히 바이오폴리스의 경우 과거 경쟁력의 원천으로 작용했던 저임금 노동력이나 저금리 신용할당이 아니라 저명한 다국적기업과 해외의 초일류인재를 유치하는 방식으로 경쟁력을 배양하였다.* 일례로 고액 연봉을 받는 외

---

* 바이오폴리스 인근에는 연계 대상인 싱가포르국립대학교, 난양기술대학, 대학병원, 과학공원, 교육부, 융합폴리스 등이 위치한다.

원노스 지역의 바이오폴리스

원노스 지역의 퓨전폴리스

국의 연구진이 떠나도 그들의 지식이 싱가포르에 남을 수 있도록 모든 것을 매뉴얼화하도록 행정지도하고 있다.

싱가포르는 공원, 주택, 교통, 의료, 교육, 도서관 등 외국인들이 선호하는 매력적인 주거환경을 구축해 왔다는 점에서도 선진적이다. 다국적 기업들이 해외로 근무인력을 파견할 때 제공할 적절한 보상 수준을 결정하기 위해 활용하는 컨설팅기업 'Mercer'에서 매년 발간하는 도시별 삶의 질 순위에 따르면 싱가포르는 아시아 최상위권이다. 아일랜드 더블린이 구글을 비롯한 정보통신 기업의 브랜치를 대거 유치한 이면에는 영어가 가능하고 템플바 지역과 같이 매력적인 도시공간이 크게 작용하였다.

보다 거시적 맥락에서 싱가포르의 도시가꾸기는 국가공원청과 도시재개발국이 주도해 왔다. 국가공원청은 리콴유 총리가 캄보디아 수도 프놈펜을 벤치마킹해 창안한 "정원 도시"에서 "정원 속의 도시"로 개념을 확장했고, 정원 속에 도시가 있는 것처럼 상상하도록 싱가포르의 모든 공원들을 연결하는 공원 커넥터 구상을 추진했다. 그리고 최근에는 관광객이나 투자자들의 편의 제고를 위해 도심지 교통혼잡 문제에도 적극 대처하였다.

첨단기술산업에 부가해 고용창출에 유리하지만 규제개혁 부담을 수반하는 서비스산업의 유치사례로는 복합리조트를 들 수 있다. 싱가포르는 2006년에 마리나 베이 도심과 센토사섬 리조트에 카지노를 포함한 두 개의 복합리조트에 각각 50억 싱가포르 달러 이상의 투자를 제안받았다. 하지만 청정국가를 표방해 온 싱가포르에서 카지노를 허용하는 것이 쟁점으로 부상하였다. 이에 리센룽 총리는 리콴유의 반대에도 불구하고 '도박의 도시'에서 세계적인 '오락과 컨벤션 산업의 허브'로 변신한 라스베가스의 변신에 주목할 것을 제안하였다.

나아가 다문화 국가 싱가포르는 화합과 통합을 유도하기 위해 특정한 종교에 대한 몰입을 탈피하는 세속국가를 표방하였다. 이러한 사실은 싱가포르 도심에 산재한 사원들이 종교의 경연장을 연상케 한 정도로 이국적이라는 점에서 잘 나타난다. 하지만 종교가 다른 민족별로 거주 지역은 물론 아파트 단지까지 차별화되는 문제를 해결하기 위해 정부는 신규 공동주택 배정시 인종간 혼합을 유도하고 있다. 또한 소수종족 출신의 지도자를 국가의 상징인 대통령으로 옹립하고, 소수인종권익위원회를 두어 모든 법률이 이곳을 거치도록 제도화시켰다.

국경을 넘어선 자본과 인력의 이동이 일상화된 세계화 시대를 맞이하여 국가의 평판이나 매력이 지니는 중요성이 커지고 있다. 즉, 국가의 품격 향상은 해당 국가에 대한 존경심은 물론 방문, 이민, 투자가 증가함을 의미한다. 특히 싱가포르는 아시아에서 가장 경쟁력 있는 도시로 꼽혀 왔다. 외국인들에게 물가는 비싸지만 안전이나 환경 등 생활여건이나 공공서비스의 수준은 세계 최고를 자랑한다. 여기에는 1980년대 중반부터 성장 위주의 발전패러다임을 자제하는 대신에 지역주민 중심으로 지속가능발전을 추진한 전략도 일조하였다.

싱가포르의 교육은 전통적으로 경쟁을 중시하는 수월성에 초점을 부여해왔다. 하지만 최근들어 창의력 교육을 중시하고 있다. 학업보다는 문제해결능력에 더 중점을 두고 초·중 학생들의 수업시간을 1~30% 정도 줄였다. 수업시간 단축으로 인해 학생들은 수업을 마치고 미술, 탐사, 음악, 체육, 예체능 등 다양한 클럽활동을 향유한다. 이러한 싱가포르 교육의 힘은 산업구조의 변화에 부응하는 신축적 교육정책으로 요약할 수 있다.

그리고 영국의 전통을 계승한 싱가포르의 대학교육은 양적 팽창보다 질적 우위를 확보하는 일에 초점을 부여해 왔다. 이 점은 한국이나 말레이시아와 달리 대졸자 실업 문제가 심각하지 않을 뿐만 아니라 싱가포르국립대나 난양기술대학이 영국의 대학평가기관인 THE(Times Higher Education)가 발표한 2017년

차이나타운 설 풍경

싱가포르 다운타운의 오피스 빌딩군

아시아대학평가에서 각기 1위와 4위를 차지한 사실을 통해서도 잘 나타나고 있다. 더불어 싱가포르 대학에 유학한 졸업생들은 차별없는 취업이 가능할 뿐만 아니라 서구권 대학과의 긴밀한 연계로 대학원 진학도 활발한 편이다.

싱가포르 정부는 분야별 전문가를 조기에 채용해 장학금을 지급한 다음 졸업하면 정부부처나 공기업에 배치하는 인사행정 방식을 채택하고 있다. 행정직으로 지칭되는 고위직 공무원들은 일반 행정부처는 물론 분야별 전문조직을 망라해 배치된다. 또한 고위 행정직 근무자들은 다국적기업 파견근무와 주기적인 재교육 기회를 부여하는 방식으로 리더십과 전문성을 강화시키고 있다.

한편 싱가포르의 재도약 과정에서 정부는 완화된 산업정책의 논리에 따라 특급 도우미 역할을 수행하였다. 즉, 유능한 인재와 신속한 절차 및 강력한 문화가 어우러진 명품행정의 이미지를 대내외에 각인시키고 있는 것이다.* 특히 적합성과 효과성을 유지하는 굿거버넌스는 행정의 역동성을 시사한다. 따라서 정부는 미래의 발전을 예측하고, 지속적으로 학습하며, 제기된 현안에 대한 사고방식을 쇄신해 왔다. 다시 말해 정부 정책의 성공을 위해서는 미리 생각하기, 다시 생각하기, 두루 생각하기를 안정적으로 제도화시켜야 한다. 따라서 싱가포르 스타일 명품행정은 정부가 미래를 준비하기 위해서 미리 생각하는 것이고, 새로운 아이디어와 혁신이 기존 정책에 통합되도록 다시 생각하는 것이며, 해외의 우수사례를 국내의 정책요구에 반영하기 위해 차용하는 것이다.

결국 정부가 선도한 싱가포르의 차세대 발전전략은 국가경쟁력의 강화로 나타났다. 경제성과, 정부 효율성, 비즈니스 효율성, 인프라스트럭처 등을 반영하는 300개 이상의 지표를 바탕으로 순위를 정하는 IMD의 국가경쟁력 순위에서 싱가포르는 계속 상위권을 유지하고 있다.

---

* 싱가포르 정부의 성과를 좌우한 핵심 변수는 문화를 비롯해 사람(변혁적 리더십과 유능한 공무원), 절차(규제의 간소화와 업무의 정보화), 역량(다층적 문제해결과 순환적 정책과정) 등이다.

말레이시아의 혁신성장정책은
왜 실패하였는가?

❝ 혁신 인재가 Key ❞

최근 국내 신문에서 '말레이시아를 분양합니다'라는 제목 아래에 세금 없는 천국, 은퇴이민의 천국, 자녀 교육의 천국 등을 구현했다는 쿠알라룸푸르 아파트 분양광고를 목격하였다. 이슬람 국가의 수도지만 세계도시의 면모를 갖추고 있는 쿠알라룸푸르가 투자유치에 본격적으로 나서고 있는 것이다.

1990년대 이후 말레이시아는 인접한 싱가포르와 마찬가지로 지식기반경제로의 도약을 추구해 왔다. 혁신성장의 제도적 기반인 국가혁신체제(NIS: national innovation system)를 구축하려는 시도가 대표적 사례이다. 하지만 이에 부응하는 핵심적 정책수단인 기술인재의 양성 측면에서 많은 문제점을 노출하였다.

혁신성장정책에서 인적자본은 성패를 좌우하는 핵심적 요소이다. 하지만 말레이시아는 인적자본의 기능적 중요성보다는 교육체계, 연구기관, 대학 등과 같은 구조적 측면에 집착하는 실수를 범했다. 또한 혁신성장을 위해서는 양질의 노동력과 함께 전문기술이나 지식을 축적해야 한다는 명제에도 제대로 부응하지 못하고 있다.

쿠알라룸푸르 도심의 야경

말레이시아 행정수도 푸트라자야

　　그렇다면 말레이시아 혁신성장의 실패 원인은 무엇인가? 우선 말레이시아의 인력양성체계는 학교교육과 직업교육 모두에서 파편적이다. 또한 기업의 수요와 교육의 공급 간 부정합성으로 인해 고급인력 양성에 실패하였다. 실제로 말레이시아 교육체계는 대졸자의 70%인 2만 명이 실업상태라는 관련 통계가 말해주듯이 직업시장의 요구를 충족시키지 못했다.

　　말레이시아 정부는 말레이계, 인도계, 중국계 그리고 많은 다른 인종 집단이 평화롭고 조화롭게 사는 인종과 지역의 용광로를 추구해 왔다. 하지만 이러한 노력에도 불구하고 2009년 나자브 정부 출범 이후 인종 간의 긴장과 갈등이 고조되어 왔다. 일각에서는 200명이 사망한 1969년과 같은 인종갈등의 재발을 우려하기도 한다.

　　싱가포르의 적극적인 외국인재 활용과 달리 말레이시아는 토착민인 부미푸트라 우대정책으로 인해 그 효과가 제한적이다.* 일례로 인도출신 전문 인력을 유치하는 과정에서 비자법을 위반한 IT 전문가들을 체포해 물의를 빚기도 했다. 또한 말레이시아는 싱가포르와 달리 전문능력이 부족한 대졸 실업자가 높은 비중을 차지하고 있다.

---

* 말레이시아는 부미푸트라로 지칭되는 말레이계가 63%를 차지하고 있다. 그들에게는 사업보조금을 비롯해 특권이 주어진다. 부동산 구입시 의무적 할인과 교육기회에 있어서도 인종별 할당제도가 존재한다.

방콕이 동남아 최고의 관광도시로 부상한 이유

❝ 자유여행객들의 성지, 방콕 ❞

싱가포르 일정을 마무리한 나는 방콕 돈무앙 공항으로 이동해 한국에서 오는 지인과 합류해 단체관광을 시작하였다. 태국 여행의 적기는 현지의 건기이자 우리의 겨울에 해당하는 11월에서 3월까지이다. 우기인 5월부터 10월은 비가 자주 내려 후덥지근한 날씨가 계속된다.

방콕 인근을 비롯해 푸켓과 치앙마이가 세계적인 관광지로 부상한 이유는 해가 짧아지고 한파가 몰려오는 겨울철 서북부 유럽인들이 대거 동남아시아로 몰려오기 때문이다. 우리나라나 러시아의 경우도 겨울철 골프나 관광을 즐기는 여행자들이 태국의 매력에 빠지기 쉽다. 또한 태국 음식의 다양한 맛도 관광객들을 유인하는 매력적 요인이다.

방콕에서 유명한 관광의 테마는 사원 순례와 강변 유람이다. 동남아를 대표하는 불교국가 태국에는 다양한 사찰들이 존재한다. 방콕의 경우 왕실 사원이자 에메랄드 불상으로 유명한 왓 프라깨우를 비롯해 수변경관이 수려하고 새벽사원으로 알려진 왓 아룬, 대규모 와불과 마사지 학교로 유명한 왓포 등이 고유한 매력을 발산하면서 자웅을 겨루는 형세이다. 또한 짜오프라야 강변의 유람선은 무더위를 피하기에 유리할 뿐만 아니라 경관을 조망하기에 유용하다. 특히 일부 수상정거장은 도심의 명소와 바로 연결된다. 간선 수로를 따라 들어가면 주택지대나 수상시장을 만나는 이색적 경험도 가능하다.

방콕의 불교유적을 대표하는 새벽사원

방콕 짜오프라야 강변의 수상정거장과 빌딩군

나는 한교수님과 둘이서 유람선과 전철을 이용해 도심지 이곳저곳을 둘러보았다. 대규모 쇼핑타운의 경우 우리의 명동을 연상케 할 정도로 번화가이다. 한국계 치킨이나 화장품 브랜드의 진출도 활발한 편이다.

태국은 영국이나 일본처럼 왕실에 대한 국민적 신뢰가 강한 나라이다. 따라서 진보적인 정부를 전복시키는 쿠데타가 발생해도 국왕의 조정 의견을 묵살하기는 어렵다. 말레이시아와 접한 남부 지역은 이슬람 권역이기 때문에 불교기반의 중앙정부에 반대하는 무장투쟁이 발생하기도 한다. 하지만 기독교와 이슬람이 충돌하는 중동에 비해 종교분쟁의 강도는 약한 편이다.

한편 중국과 접한 북부 고산지대는 기후가 온화하기 때문에 발리에 필적하는 디지털 노마드의 메카로 부상하고 있다. 특히 치앙마이는 한국인 장기체류자들이 한달 살기에 도전하는 명소이기도 하다. 베트남의 사파나 중국의 쿤밍과 유사한 지리적 여건으로 인해 휴양지로 손색이 없다.

09

인도차이나의 발전에서 배우자

캄보디아를 횡단하고 베트남을 종단하는 인도차이나 일주를 했다. 여정에서 마주친 덜컹거리고 먼지 날리는 도로는 내 머릿속의 오랜 기억을 되살리는 방식으로 우리가 이룩한 근대화의 공과를 회고하고 앞으로 나아갈 참발전의 길을 성찰하는 계기가 됐다.

캄보디아의 현대사는 프랑스의 식민통치와 베트남의 무력침공 및 킬링필드의 아픔까지 간직하고 있다는 점에서 우리의 해방 전후기와 마찬가지로 주변부 국가의 비극을 대표하는 사례이다. 하지만 캄보디아인민당이 주도한 기존의 발전전략은 우리와 달리 산업화의 흐름과 동력을 좀처럼 포착하지 못했다는 점에서 회의적이다.

베트남은 외부의 위협에 대항하는 방식으로 독립국가의 기풍을 유지해 왔다. 중국의 삼국시대를 전후해 남만(南蠻) 공략이 본격화되자 베트남은 인도차이나 반도를 따라 남하하면서 지배권을 재정립했다. 또한 프랑스와 미국의 인도차이나 침탈에 맞서 독립투쟁을 성공리에 완수했을 뿐만 아니라 중국의 위협도 경계하고 있다. 베트남은 통일을 전후해 라오스에 대한 영향력을 확고히 유지하고 중국에 경도된 캄보디아를 침공하기도 했다. 이처럼 구 소련의 후원을 활용한 베트남의 팽창주의는 미국을 등에 업은 일본의 강경노선을 연상시킨다는 점에서 우리의 전략적인 대응을 요구해 본다.

베트남 북부와 남부를 대표하는 사파와 메콩델타 지역에 산재한 소수민족들을 포용하는 일은 다민족국가 베트남의 성공을 가늠하는 척도이다. 나아가 베트남은 남북분단과 통일전쟁을 경험했다는 점에서 지역 간 통합에도 유의해야 한다. 이에 베트남은 독립영웅 호찌민의 유지를 계승하는 방식으로 균형발전에 부응하고 있다. 하지만 우리 정부와 정계는 지역갈등과 남북분단을 방치하다 못해 집권을 위한 수단으로 악용해 왔다는 점에서 분발을 촉구해 본다.

3,000㎞가 넘는 해안선과 1억 명에 육박하는 인구를 보유한 베트남은 반도의 내륙부에 위치한 캄보디아나 라오스와 달리 근대화에 유리한 환경을 지니고 있다. 이 점은 혁신지향의 도이모이(doi moi)를 표방한 이래 베트남이 이룩한 초기 발전성과를 통해서도 확인된다. 하지만 우리는 주변부 국가들이 내부의 결집된 노력에도 불구하고 외부의 물결에 휩쓸리는 현상을 1997년과 2008년 경제위기의 여파에 시달리고 있는 베트남의 현실을 통해서도 재확인할 수 있다.

한편 낙후된 사회기반시설과 투자유치 역량을 강화하는 방식으로 베트남의 길을 채택한 캄보디아의 전략 변경은 향후 북한에 대한 우리의 정책 변화와 관련해 시사적이다. 일례로 캄보디아에 대한 우리의 공적개발원조가 산업화와 괴리된 채 지붕 고치고 우물 파주는 새마을운동 스타일로 제한될 경우 실질적 성과를 기대하기 어렵다. 따라서 북한에 대한 우리의 지원도 식량, 의료 등 일회성 이벤트 방식을 탈피해 도로, 공단 등 자립경제의 기반을 강화시키는 방식으로 전환해야 한다.

저발전 국가의 초기 도약을 좌우하는 핵심 변수는 한국의 고도성장 사례를 통해 알 수 있듯이 최고지도자의 변혁적 리더십과 정부의 거버넌스 역량이다. 국가 지도자나 관료들이 현실에 안주하며 이권에 몰입하는 지대추구자를 탈피하지 못한 상태에서 미래의 성과를 기약하기는 어렵다. 더불어 보다 장기적인 시야에서 갈수록 심화될 정부 역량의 한계를 시장이나 시민사회가 적절히 보완할 수 있어야 한다.

10

대양주의 중심 뉴질랜드와 호주 패키지

오세아니아(Oceania)로 지칭되는 대양주는 인류가 마지막으로 발견한 신대륙이다. 올림픽 깃발이 오대륙을 상징하는 5개의 원으로 구성되어 있지만 인문지리학자들이 마지막으로 추가한 육대주의 하나인 것이다. 대양주는 멜라네시아, 미크로네시아, 폴리네시아, 오스트레일리아, 뉴질랜드 등을 포함하는 섬과 대륙으로 이루어져 있다.

「제임스 쿡의 인데버 호 항해일지(The Endeavour Journal of James Cook)」는 1768년~1771년에 영국 범선인 인데버 호(HMB Endeavour)를 타고 태평양을 첫 항해한 제임스 쿡(James Cook, 1728~1779)이 친필로 남긴 문서이다. 그는 유럽 최초로 오스트레일리아의 동해 해도를 그렸고, 최초로 뉴질랜드 일주 항해를 했다. 이 문서는 1788년에 시작된 영국의 오스트레일리아 식민 지배의 징후를 보여 주고 있을 뿐만 아니라 애보리진(aborigine)으로 지칭되는 오스트레일리아 원주민의 권한 박탈을 시사한다.

나는 꽤나 오래전 지인과 패키지로 뉴질랜드와 호주를 다녀왔다. 작년에 세계일주를 기획하면서 일본에서 타이티와 이스터섬을 경유해 칠레 산티아고로 이동하는 계획을 세우기도 했다. 최종적으로 영국과 미국을 경유해 페루 리마를 남미일주의 출발지로 결정한 관계로 계획은 무산되었다. 하지만 남미에 다시 가는 그날이 오면 이 구상이 실현될 것이다. 더불어 파타고니아 트레킹이나 자전거 여행에도 도전하고자 한다.

뉴질랜드 북섬 오클랜드에서 시작한 여행에서 온천과 농장을 방문했던 일이 기억에 남는다. 헝가리나 아이슬란드의 노천온천을 연상시키는 북섬의 로투로아 관광단지에서는 온천연못 수영과 양털깎기 쇼를 경험할 수 있다. 화산지대의 증기로 찐 음식 항이도 특이했다. 하지만 뉴질랜드 여행의 백미는 남섬에서 체험하는 밀포드 트레킹과 피오르 유람선이다. 노르웨이나 알프스를 방문했던 사람들은 대자연의 위력을 재소환당하는 경험을 하게 될 것이다. 그리고 남섬 여행의 중심지 퀸즈타운에서는 번지점프의 발상지가 지척이다. 남섬 여정을 마치고 호주로 이동하기 위해 찾은 크리이스트처치는 영국식 정원과 석조 교회가 압권이다. 하지만 남섬의 고산지대와 인접한 크리이스트처치는 휘거와 판다로 유명한 쓰촨성 청두와 마찬가지로 지진의 위협에 취약한 편이다.

친환경적인 오클랜드 주택가   화산이 활동하는 북섬 로투루아

시드니로 항공이동한 패키지 팀은 시 외곽의 저가호텔에 여장을 풀었다. 시드니는 석호 형태의 항구가 미항으로 유명하다. 오페라하우스나 아쿠아리움도 관광객들이 들르는 명소이다. 항구 인근의 본다이 비치는 서핑과 선탠의 명소이자 일부 지구에서는 니스나 바르셀로나를 연상시키는 누드비치도 운영하고 있다. 시드니 인근에는 캥거루나 코알라 동물원은 물론 우리나라의 광명동굴처럼 폐광산을 재활용한 체험관광의 명소 블루마운틴도 여행자들의 인기를 끌고 있다.

뉴질랜드가 양모와 목축에 주력한 반면에 호주는 광산과 농업이 주력이다.

특히 노천 광산에서 생산되는 유연탄과 철광석은 굴뚝산업이 발전한 우리나라의 주요한 수입품이다. 호주산 유연탄이 한국산 무연탄을 대체하면서 우리나라의 광산업은 사양산업으로 전락했다. 다량의 휘발성분을 함유한 유연탄은 주로 발전용으로 사용된다. 하지만 독일의 습지에서 삽으로 파내는 난방용 갈탄과 마찬가지로 연소과정에서 오염물질을 많이 배출한다. 우리나라가 미세먼지 대책으로 석탄화력발전소를 천연가스발전소로 전환하려는 이유도 이와 무관하지 않다. 또한 원자력에서 태양광, 풍력, 조력 등 신재생에너지로의 패러다임 전환도 원전 마피아나 굴뚝 산업계의 조직적 반발로 애로를 경험하고 있다.

또한 최근에는 청정라거를 표방한 하이트진로의 뉴브랜드 테라(TERRA)가 호주에서도 청정지역으로 유명한 '골든트라이앵글' 지역의 맥아만을 100% 사용하고, 발효 공정에서 자연 발생하는 리얼 탄산만을 100% 담았다고 해서 인기를 끌고 있다. 내 생각으로는 강원도산 심층 암반수를 사용한다고 광고해서 히트했던 하이트 맥주의 업그레이드 버전이자 최근 유행하는 에일맥주의 진한 맛을 간접적으로 차용한 결과로 보인다.

Chapter 08

다시 국내로 향하는 사회탐구 여정

속초에서 진단한 공공부문 생태계

지방공기업 경영진단을 위해 속초에 다녀왔다. 태풍이 지나간 속초시와 동해안 일원은 청량했다. 설악동 소공원 입구에는 토왕성폭포의 시원한 물줄기를 감상하는 여행객들로 붐볐다. 하지만 설악동 소공원은 이윤을 추구하는 불교사찰 신흥사와 민간소유 케이블카의 무대로 전락한 상태였다. 설악동 등산로에 자리한 신흥사가 문화재 관람료를 빙자해 통행료를 징수하는 구태가 지속되고 있다.

설악산 관리는 우리나라 자치분권의 축소판이다. 민간의 소유권이나 권력자의 위세가 지방의 논리를 압도해 왔다. 공공의 역할은 국립공원 관리나 산림청 헬리콥터를 관장하는 중앙이 지방에 우선한다. 광역자치단체 강원도는 설악동 무료 주차장이나 육지의 산불진압 임무를 통해 존재감이 엿보인다. 하지만 설악동에서 속초시청이나 속초시시설관리공단의 흔적을 찾기는 어려웠다. 사천과 통영처럼 지방공기업이 케이블카를 운영하거나 관광시설을 관리하는 일과 구별된다. 지역의 대표 관광지에서 수익을 창출하지 못하는 속초시

설악동 입구에서 바라본 토왕성폭포의 물줄기

태풍이 지나간 설악산 인근 양양 해변의 풍광

시설관리공단은 경영수지의 악화로 인해 행정안전부의 경영진단 대상으로 선정되었다.

속초시는 거주인구가 8만 1천여 명이지만 유동인구가 곱절이나 많은 전형적 관광지다. 인구와 면적에서 발전의 동력이 약화된 속초시는 인근 양양군과의 도농통합을 추진했지만 자리보전에 급급하고 교부세에 의존하는 공무원들의 소극적 행태로 무산되었다. 최근에는 서울양양고속도로의 개통과 서울속초고속화철도사업 추진으로 재도약의 전기를 맞이하였다. 하지만 아직은 부동산 급등락과 고성·속초 산불의 후유증을 극복하지 못하고 있다. 동절기에는 개점휴업 상태인 양양국제공항이나 금강산 관광의 장기 중단은 지역관광의 침체를 대표하는 사례이다.

우리나라 동해안은 중남미와 마찬가지로 천혜의 항구인 석호를 품고 있다. 속초의 경우 설악산에 부가해 청초호와 영랑호라는 석호가 관광단지 구상의 핵심 자산이다. 하지만 체류형 휴양지로서의 매력을 배가시키는 단지시설이나 운영관리는 절대적으로 빈약하다. 제주도나 남부권 자치단체들이 생태마을, 박물관, 놀이동산 등을 확충한 일과 비교된다. 속초시시설관리공단은 해수욕장이나 포구 인근의 공영주차장 운영에 수입을 의존하고 있다.

중앙정부가 정점인 공공부문 생태계의 말단에는 지방공기업이 있다. 속초시시설관리공단의 사업구성은 환경, 체육, 청소년, 교통, 장묘 등 공공성 위주로 편재되어 있다. 하지만 효율성을 우선하는 속초시의 보수적 정책기조로 인해 근무여건 개선은 지연되고 있다. 인력의 노령화나 환자의 증가에 대한 시청의 배려도 기대하기 어렵다. 지방자치단체 공무원들이 아프면 상수도로 발령이 나지만 공단소속 환경미화원이 아프면 대처가 어렵다. 공단의 수지비율이 저조하다는 이유로 기능직의 일반직 전환은 물론 무기계약직과 환경미화원의 정규직

화도 지연되고 있다. 인건비 인상의 여파는 주차장 관재설비 도입, 청소차량 교체, 체육시설 유지보수 등에 대한 투자 감소로 이어졌다. 더욱이 산불 추경의 지연으로 악화된 속초시 재정은 공단의 중장기 발전역량이나 사회적 가치창출을 제한하고 있다.

결국 공공부문을 구성하는 조직들은 내부와 외부 모두에서 수직적 서열화를 좀처럼 탈피하지 못하고 있다. 따라서 자치분권과 협치의 시대를 맞이하여 기존에 유지된 생태계를 재편하려는 공공부문의 혁신이 강화되어야 한다.

안보에서 생태로 전환하는 강원도 접경지대

**❝ 안보관광
시대의 유산 ❞**

속초 일정을 마무리하고 서울로 돌아가는 길은 서울양양고속도로가 아니라 미시령터널을 관통해 양구와 화천에 산재한 안보관광지를 둘러보기로 했다. 속초에서 점심을 먹고 오후 1시에 출발한 바쁜 일정이었지만 결과적으로 탁월한 선택이었다. 한달 전 후배 홍교수와 함께 백담사와 화진포를 경유해 고성에서 숙박한 다음 한계령 필례약수와 인제 스피돔에 들렸다가 귀경한 코스가 선사했던 감동에 필적했다. 당시는 고속도로 귀경이 재미없다는 홍교수의 권유에 떠밀린 선택이었지만 한계령 등반로를 거닐고 필례약수 인근의 온천장을 찜해둔 일이 유익했다.

속초시 종합운동장에서 시작한 드라이브는 곧바로 울산바위의 시원한 풍광과 마주한다는 점에서 매력적이다. 어제 설악동에서 확인한 남쪽 방향의 화강암 울산바위가 요세미티 하프돔(Half Dome)이나 북한산 인수봉을 연상시킨다면 소나무와 어우러진 북쪽 봉우리 형상의 울산바위는 황산 연화봉이나 장가계 어필봉에 가깝다. 특히 교통량이 줄어든 미시령 터널 인근의 갓길에 차를 정차하고 풍경을 감상할 수 있다는 점이 좋았다.

미시령 터널을 지나면 선녀탕과 백담사 입구를

지나게 되고 오래지 않아 북쪽 양구 방향으로 향하는 표지판이 나온다. 오랜만에 만나는 초행길이라 다소 긴장했지만 계곡을 돌아가는 드라이브가 상쾌하다. 양구 초입에 진입했지만 특별한 목적지가 있는 것은 아니었다. 우연히 마주친 자연생태공원 이정표를 따라 올라가니 군부대에서 식재한 소나무 가로수가 사열을 위해 도열한 장병들을 연상시킨다.

동쪽에서 시작한 양구 여정에서 만난 자연생태공원은 분재원과 산책로가 테마이다. 하지만 여유가 없었던 나는 다음 목적지를 정하기 위해 관광지도 안내판에 응시했다. 언젠가 신문에서 본 시레기마을 펀치볼과 을지전망대의 위치를 확인한 순간이다. 을지전망대는 소정의 입장료와 신청서를 작성한 이후에 출입이 가능했는데 인근에 있는 제4땅굴도 패키지로 관람하는 경우가 많다고 한다. 시간도 없지만 철지난 안보관광은 내키지 않아 전망대 코스만 선택하였다. 전망대에 오르면 남북으로 고봉과 분지를 조망하지만 좌우에는 만리장성을 연상시키는 철책의 흔적이 이어진다. 특히 화채 그릇(punch bowl) 모양의 펀치볼 분지는 완만한 능선과 개간된 농지가 멋진 하모니를 연출한다는 점에서 인상적이다. 최근 남북의 합의로 몇몇의 GP가 철거되고 DMZ 관광이 시작되었지만 외세를 대리한 과거의 남북대결 구도를 청산하는 민족공조의 본격화에는 다소의 시간이 걸릴 것으로 보인다.

다음 여정은 북한의 수공에 대응한다는 명분을 앞세워 화천군 북단에 건설된 평화의 댐이다. 휴전선만큼이나 한심한 문제의 댐은 한적한 산골과 어울리지 않을 정도로 말끔한 모습을 하고 있었다. 전두환 정부가 추진한 평화의 댐은 한국전쟁사에 기록된 북한의 화천댐 방류사건과 연합군 부교의 전복 그리고 미군의 댐 여수로

양구 휴전선 을지전망대에서 바라본 펀치볼

폭파작전에 착안해 이루어진 것으로 추정된다. 하지만 결과적으로 실효성이 미약한 댐의 건설비용에 관리비용까지 감안하면 아마도 단군이래 최악의 예산낭비이자 국민선동 사례로 역사에 기록될 것이다. 다만 새로 건설된 댐에 막혀서 두 동강 나버린 비수구미 마을은 남쪽 방향만으로도 아름답다는 점에서 강변 생태길을 걸어보고 싶다는 생각이 들었다.

북한 금강산댐의 수공 대비용으로 건설된 평화의 댐

일제강점기 화천댐 건설로 조성된 파로호 선착장

평화의 댐에서 서울로 향하는 길에는 일제 강점기에 화천댐 건설로 조성된 파로호에 들렀다. 파로호 선착장 초입에는 지금은 한가해진 파로호 안보전시관이 자리해 있다. 낭만적 호수 대붕호를 '오랑캐 중공군을 궤멸시킨 호수'라는 전투적 장소로 둔갑시킨 파로호(破虜湖)라는 이름을 다시금 환기시키는 안보관광 시대의 유산인 것이다. 지도에서 살펴보면 동서로 늘어선 두 마리 용의 모습을 한 파로호와 소양호는 북한강 수계의 물 안보를 책임지는 파수꾼이라는 점에서 높은 가치를 지니고 있다. 다만 광활한 호수 면적이 지역발전을 제약해 왔다는 점에서 혜택을 입은 수도권의 재정적 배려가 강화되어야 한다.

화천에서 춘천으로 이어지는 북한강변은 푸근한 모습이다. 아마도 화천 산천어 축제가 성공한 최고의 비결은 축제장까지 이어지는 환상적인 강변드라이브가 아닐까하는 생각이 들 정도였다. 다음번 휴가나 주말에 춘천에서 화로구이 닭갈비와 막국수를 먹고 오늘 오후에 속성으로 일주한 코스를 역으로 올라가면서 한가한 힐링의 시간을 보내겠다는 다짐을 하면서 어둠이 내린 서울춘천 고속도로를 질주하였다.

슬로시티의 비상을 선도한 단양과 영월

**❝ 대한민국
대표 슬로시티 ❞**

지방공기업 경영평가를 위해 중부내륙 관광의 거점인 단양과 영월에 다녀왔다. 2019년 5월 마지막 주 목요일 단양으로 이동하며 충주호 상류에 산재한 비경들을 감상했다. 북한강 수계의 소양강댐과 마찬가지로 남한강 수계의 충주댐은 상류지역인 단양과 영월의 발전을 제약해 왔다. 한강수계관리기금이라는 당근책에도 수도권의 물 안보를 위해 희생해 왔다는 지역정서가 여전하다.

목요일 저녁 숙소에서 목격한 기다란 줄은 금요일 오전 관광특수에 힘입어 지역경제가 살아나고 있다는 단양관광관리공단 이사장과의 인터뷰를 통해 이해가 되었다. 한국 경제의 고도성장을 견인한 동남권 제조업 도시들의 쇠퇴를 보완하는 중부내륙권 서비스업 도시의 가능성을 확인할 수 있는 대목이다.

단양의 부상은 군청과 주민들이 헌신한 결과이다. 수도권을 위해 조절되던 댐수위가 단양 수중보 건설로 안정되자 유람선과 마리나 사업도 가능하게 되었다. 열악한 지방재정에도 단양군청이 투자한 만천하스카이워크나 다누리아쿠아리움은 고수동굴이나 단양 8경으로 대표되는 자연

소백산 페러글라이딩장에서 바라본 단양읍

경관과 시너지를 창출하고 있다.

최근에는 체류형 관광을 담보하는 자연휴양림이 각광받고 있다. 얼마 전 개장한 소백산 자연휴양림은 특유의 자연경관에 너와집, 십승지, 북카페, 승마장 등과 같은 테마를 구비했다. 청정한 휴양단지 어디서나 소백산을 병풍삼아 영춘면 벌판과 남한강 물길을 조망할 수 있다. 더불어 지역 명소인 구인사와 온달관광지가 지척인 점도 매력적이다.

단양 일정을 마치고 영월로 이동했다. 물길을 따라 상류로 올라가 보았다. 단양보다 먼저 지역특화발전을 표방한 영월은 이미 국제슬로시티로 지정된 상태이다. 영월 발전을 위한 관민의 헌신은 김삿갓계곡, 한반도면, 단종제, 박물관 고을, 별마로천문대 등과 같은 네이밍이나 시설 유치에서 잘 드러난다.

소백산맥 능선을 경계로 단양은 물론 영주, 봉화, 정선, 평창 등과 접한 영월은 오지의 길목이자 광산업의 보고였다. 1980년대 이후 석탄산업 합리화에 따른 지역경제의 타격을 만회하기 위해 지역공동체가 결속했던 것이다. 영월군 곳곳에 산재한 역사문화와 자연지리를 인문학적 상상력을 통해 재창조한 열정이 당시의 성공 비결이다. 지방 소멸을 막기 위한 대안으로 제시된 일본의 지방창생과 마찬가지로 영월의 분투는 우리나라 자치분권의 개막을 알리는 청신호였다.

하지만 인구 4만 명이 무너진 영월군의 장기 침체는 미래를 향한 열정까지 약화시키고 있다는 점에서 안타깝다. 영월군시설관리공단 직원들의 노력에도 불구하고 관광수지가 계속 악화되고 있을 뿐만 아니라 기존 시설의 보수나 신

체육시설과 녹지공간이 조화된
영월읍 주거지역

지하도를 활용한 영월의 외씨버선 갤러리

규 사업의 발굴도 부진하다.

영월이 슬로시티를 제대로 구현하기 위해서는 화려한 조연이 필요하다. 우선 인프라 투자를 촉진하기 위해 인접 자치단체들과 협업하거나 중앙의 지원을 유도해야 한다. 또한 동강시스타의 경우처럼 새로운 민간 투자자를 유인해 고갈된 활력을 보충해야 한다.

지역특화 발전을 추구하는 서부 경남

　자치분권의 시대를 맞이하여 지역특화 발전이 각광받고 있다. 일본에서는 지방소멸에 대응하는 자생적 대응전략인 지방창생이 주목을 받고 있다. 일례로 도시공원, 학교, 시장, 수변, 가로, 유휴지, 문화시설, 역 등과 같은 공공공간을 재활용한 창의적 혁신 사례들이 지역의 활성화를 선도하고 있다. 일본과 마찬가지로 사회적 가치를 표방한 우리나라의 유사 사례는 사회적 기업, 생활임금제, 주민참여예산제, 슬로시티 등이 있다.

　사회적 기업을 비롯해 협동조합, 소셜벤처, 마을기업 등 광의의 사회적 경제부분은 2018년 현재 2만 5천 개에 이르고 있으며, 취약계층에 일자리를 제공하거나 불평등·양극화·환경파괴와 같은 사회적 문제를 해결하며, 지역 주민의 삶의 질을 높이는 복지 및 사회서비스를 확대할 수 있다는 점에서 주목을 받아 왔다. 더불어 이는 2015년 UN이 발표한 글로벌 거버넌스인 지속가능발전목표(SDGs)와도 궤를 같이한다.

　산골을 대표하는 라다크와 부탄, 도서를 대표하는 바누아트와 하와이는 세계적인 슬로시티의 명소이다. 여기에 필적하는 한국형 슬로시티의 명소로는 하동 악양과 완도 청산을 들 수 있다. 슬로시티를 테마로 도시발전을 추구한 사례로는 진주와 사천 및 남해를 들 수 있다. 각기 지리산과 남강, 삼천포항과 남해바다케이블카 및 녹색성장과 귀향마을이 테마인 해당 지역은 휴양과 관광의 명소로 부상하고 있다.

서부 경남의 중심지 진주는 서울에서 접근하기 어렵다는 이유로 성장이 지연되어 왔다. 하지만 고속도로 개통과 혁신도시 이전을 계기로 새로운 활력을 보충하였다. 최근 예비타당성조사를 통과한 남부고속철도는 진주는 물론 통영, 거제, 사천 등 인근 도시의 발전을 촉진할 것이다. 특히 진주의 진정한 가치는 경제성장보다 문화유산과 자연환경에서 찾아볼 수 있다.

진주성에 바라본 남강변 이벤트장

불꺼진 삼천포항의 부활을 선도할 사천바다케이블카

2018년 4월부터 운행을 시작한 사천바다케이블카는 불꺼진 삼천포항을 되살린다는 취지하에 시작되었다. 바다와 산을 모두 경유하는 케이블카의 경관은 일품이다. 또한 연계관광이 가능한 삼천포 앞바다 유람선도 어르신들이 선호하는 나들이 패키지의 핵심적 구성요소이다.

남해군은 환경친화적 녹색성장의 선구적 사례이다. 남해군에서 녹색성장이 태동한 시점은 1995년 민선 자치시대의 개막으로 거슬러 올라간다. 무공해 관광휴양산업을 육성하기 위해 스포츠파크 조성을 추진하였고, 이에 필요한 잔디품종개발이 스포츠 경관산업 구상으로 이어진 것이다. 또한 경관을 훼손하고 악취를 유발하는 환경기초시설의 단지화 구상이 자원순환의 강화로 이어지게 되었다. 나아가 당초 잔디품종개량을 위해 시작한 독일과의 교류가 테마형 문화마을 구상과 결부되면서 독일동포 귀향마을로 나타났다.

세종시에서 연찬한 적극행정의 구현방안

법제처가 주관한 '정부 법제역량 강화 토론회'에 발제자로 참여하기 위해 세종시를 방문했다. 금강을 경계로 강남과 강북이 구분되는 세종시의 북쪽에는 호수공원과 정부청사가 밀집해 있다. 반면에 남쪽에는 국책연구소 단지와 세종특별자치시청이 포진해 있다. 더불어 2개의 업무지구를 연결하는 중간지대에는 수변 공원이 조성되고 있다. 무엇보다 다소 불안했던 세종시가 안정화 단계로 진입하고 있다는 점에서 고무적이지만 국회 분원의 설치라는 촉진정책이 조속히 실현되기를 기대해 본다.

이번 적극행정 토론회는 46개 중앙행정기관(18부, 2원, 4처, 5위원회, 17청)의 법무담당관과 지방자치단체 관계자를 대상으로 적극행정을 설명하고 독려하는 자리였다. 세종특별자치시 컨벤션센터에서 개최된 행사는 법제처장이 자리를 지키고 국무총리가 다녀갈 정도로 활기가 넘쳤다.

적극행정이란 공공부문 종사자가 공공의 이익을 위하여 창의성과 전문성을 바탕으로 적극적으로 업무를 처리하는 행위를 의미한다. 적극행정의 근거는 공무원의 봉사와 책임을 규정한 헌법 제7조를 비롯

세종시 북쪽 정부청사 인근의 호수공원

세종시 남쪽 연구단지 인근에 자리한 시청사

해 국가공무원법 제56조 성실 의무, 2009년 감사원의 적극행정 면책제도 운영 규정, 2019년 인사혁신처의 적극행정 운영규정, 2019년 법제처의 적극행정 법제 가이드라인 등이다.

우리나라의 적극행정은 그동안 국민적 기대와 여망에 제대로 부응하지 못해 왔다. 이는 적극행정을 규제개혁과 동일시하는 인식의 오류나 포괄적 제도개선보다 개별적 사후면책에 주력했던 일과 무관하지 않다. 국민적 불만을 유발한 소극행정의 주범인 '번잡한 절차(red-tape)'에 대한 사전적 혁신보다 사후적 처방에 주력했다는 것이다.

문재인 정부는 사후적 조치에 친숙한 감사원에 부가해 사전적 예방을 주도할 인사혁신처와 법제처도 적극행정을 주도하도록 추진체제를 재편했다. 공무원의 헌신적 행태와 법규의 신축적 해석을 병행하는 방식으로 문제해결을 유도한다는 것이다. 물론 이러한 노력이 가시적 제도개선이나 강력한 행정문화로 정착되기까지는 상당한 시간이 소요될 것이다.

우선 적극행정의 대상이 경제적 가치를 창출하는 규제개혁을 초월해 사회적 가치를 병행하는 방향으로 진화하고 있다. 적극행정의 추진과정에서 동반성장과 같은 약자우대조치나 저영향개발과 같은 환경보호장치가 늘어날 것이다. 또한 적극행정의 수단에는 적극행정 면책을 비롯해 사전컨설팅 감사, 우수사례 교육, 인센티브 강화 등이 포함된다.

우리나라는 산업화와 민주화 과정에서 적극행정의 모범사례로 대내외에 알려져 왔다. 경제성장과 사회복지라는 난제에 부응해 역대 정부가 헌신하였기 때문이다. 하지만 발전목표의 전환이나 갈등구조의 분출로 인해 행정의 활동공간은 갈수록 좁아지고 있다. 현대 민주주의 국가에서 정책형성의 주도권을 국회가 행사하는 것은 바람직하다. 그러나 관료적 전문성에 기초해 정책품질을 확보했던 한국적 전통과는 상이한 대목이다. 행정입법과 의원입법의 비중이 역전된 상태에서 과도기의 정책품질도 의문시되고 있다.

적극행정을 위해서는 적극적 법령해석과 병행하여 창의적 정책형성도 필요하다. 중앙행정기관의 정책부서들이 제안하는 법률안은 소속기관 규제개혁법무담당관실의 지원을 받아 행정부 내부의 조율을 거친다. 법률안의 산파 역할을 수행하는 규제개혁위원회나 법제처 심사를 통과해야 국회 이송의 마지막 단계인 국무회의로 넘어가기 때문이다. 역으로 행정입법이나 의원입법을 막론하고 국회통과 법률의 시행령과 시행규칙을 만드는 일에도 산파들이 관여한다.

한편 적극행정이 관료사회의 호응을 넘어 서민사회의 인정을 받기 위해서는 사회적 가치 창출이나 경제활성화 유도같은 범국가적 사명완수와 직결되어야 한다. 나아가 행정개혁 패러다임이나 확고한 행정문화로 자리잡기 위해서는 뒤이어 제시할 5가지 전략이 필요하다.

첫째, 공공 마인드의 강화이다. 공무원 신분보장과 처우개선을 전제로 이기적 대리인에서 이타적 청지기로 전환시킨다. 이때 청지기는 자본의 대리인을 탈피해 약자의 보호자를 표방한다.

둘째, 협치 마인드의 강화이다. 시장이나 시민사회에 대한 공무원 파견근무를 활용해 거버넌스 기반을 구축한다. 역지사지 관점에서 진정한 소통과 공감이 가능하기 때문이다.

셋째, 인문 마인드의 강화이다. 과학(science)적 합리성보다 인문학(art)적 상상력을 중시한다. 역동적 창의행정을 촉진하는 일은 미래의 국가경쟁력을 확보하는 첩경이다.

넷째, 성과 마인드의 강화이다. 공무원에 대한 권한부여를 전제로 성과평가를 강화한다. 인사평가와 성과평가를 혼합하는 방식으로 연공서열과 연줄승진 관행도 타파한다.

다섯째, 현장 마인드의 강화이다. 문서행정보다 현장행정을 우선한다. 인허가 서류를 검토하는 사무행정을 탈피해 현장에서 신속하고 실용적인 해결방안을 찾아내야 한다.

전주에서 숙의한 자치경찰제의 미래

**" 혁신적
포용국가 "**

2019년 겨울 전주에 다녀올 일이 생겼다. 평소 존경하던 송선배님이 이번 학기를 마지막으로 은퇴하시기 때문이다. 지인들과 간단한 기념모임을 준비하다가 비슷한 시기에 열리는 학회에서 논문을 발표하고 토론하는 것도 의미가 있겠다는 생각이 들었다. 학술대회를 전후해서는 전주 한옥마을도 둘러보고 맛있는 한정식도 같이했다. 인근에 위치한 진안 가위박물관도 다녀올 예정이었지만 시간이 촉박해 포기하고 말았다.

전주의 명소로 탈바꿈한 한옥마을 주변은 국내외 관광객으로 붐비고 있었다. 하지만 나의 관심은 조금은 한적한 곳에 위치한 전주향교였다. 최근 대구 달성군의 도동서원을 방문해 느낀 감동을 재연하고 싶었기 때문이다. 각기 관학과 사학을 대표하는 조선시대의 교육기관인 향교와 서원은 풍수가 좋은 곳에 위치한 관계로 산보를 즐기는 나로서는 더없이 소중한 장소이다.

자치분권이 주제인 이번 세미나에서는 자치경찰제에 대한 토론이 활발하게 진행되었다. 나도 관심이 많은 주제라 열심히 경청했다. 지난해 말 내가 소속된 학과는 경쟁력 강화를 위해 자치경찰론, 소방행정

낙동강변에 자리한 달성 도동서원의 전경

론, 도시안전실무, 공기업회계, 토지정보체계론 등을 신설하였다. 그리고 나는 자치경찰론을 강의해야 한다.

그동안 경찰행정과 거리가 멀었던 일반행정 전공자가 자치경찰론 강의를 자원한 이유는 자치분권 강화와 경찰행정 개혁에 대한 시대적 요구에 동의하고 개인적 열망이 있었기 때문이다. 일제의 식민통치와 미군정 이후에도 억압적 통치의 과오를 청산하지 못한 경찰에 과도하게 의존한 이승만 정부는 치안국가의 전형이다. 또한 치안국가를 강화하는 방식으로 병영국가를 표방한 박정희 정부는 억압적 규율을 산업현장은 물론 사회 전반으로 확산시켰다.

그간 우리가 경험으로 체득한 권력의 본산은 청와대를 비롯해 군대, 검찰, 경찰, 국회, 법원, 정보, 감사, 징세, 예산, 조직, 인사 등이다. 하지만 이러한 조직·기능들의 폐해는 최근 성취한 반복적 정권교체를 통해 상당부분 해소된 상태이다. 그러나 경찰-검찰-법원이 연계된 폐쇄적 권력기구 개편의 전망은 불투명하다.

지방에서 이루어지는 행정은 민주적 통제나 보충성의 원칙에 입각해 주민들이 단체장을 선출하는 보통지방자치단체가 담당해야 한다. 하지만 우리는 강력한 중앙집권의 전통으로 인해 특별지방행정기관으로 지칭되는 중앙정부의 일선기관들이 건재한 모습이다. 제주특별자치도나 세종특별자치시를 통해 중앙사무의 지방 이양을 시도하였지만 실험으로 제한된 것이 지금의 현실이다.

자치경찰제의 기대효과는 중앙집권적 경찰조직의 지역적 분산, 주민밀착형 경찰서비스 제공, 가외성을 구현한 협업체계의 지향, 독점적 경찰조직에 경쟁과 성과 도입, 검경 수사권 조정을 통해 권력기구 개편 자극 등이다. 하지만 자치경찰의 법제화를 위해서는 직제, 권한, 예산, 인원 등에 대한 이해관계자들의 이견을 적극 조정해야 한다. 또한 소방공무원 국가직화나 특별사법경찰 실효성 논란을 통해 알 수 있듯이 신분 전환이나 역할 혼란을 우려하는 일선 경찰관들의 불안에도 응답해야 한다. 나아가 지방정치의 영향권으로 편입되는 자치경찰의 독립성도 보장해야 한다.

상수도보다 절실한 하수도의 혁신

서울 남부터미널에서 하루에 한 번 출발하는 구천동행 시외버스에 탑승했다. 국회물포럼과 환경타임즈가 주최하고 한국수자원공사가 후원하는 '물산업 중소기업 혁신성장 포럼'에 참석하기 위해서였다. 나는 무주로 떠나는 여정에서 습관처럼 나의 카카오톡 계정에 떠오른 생각들을 엄지손가락으로 입력하는 칼럼 작업을 시작하였다.

수도권을 강타한 붉은 수돗물 사태는 우라늄 수돗물 쇼크를 만나 전국적으로 번지는 모양새다. 땅속에 묻힌 상수도는 좀처럼 자치단체장의 관심을 끌기 어렵다. 낙동강 페놀이나 알루미늄 응집제 누출 같은 대형 사고가 터져야 자치단체장이나 환경부 장관이 움직인다. 사고가 나야 조명을 받고 누적된 부실을 털어내는 혁신이 시작되는 것이다. 최근 일단락된 환경부로의 물관리 일원화도 1991년 페놀 사태의 수습대책으로 시작되었다.

우리에게 현대식 상하수도를 전파한 일본에서는 맨 밑에 매설하는 관망과 그 위에 매설하는 관망이라는 의미로 하수도와 상수도의 개념을 구분했다. 개항장에서 시작된 상수도보다 조금 늦은 일제강점기에 보급된 하수도는 비가 오면 진창으로 변하는 진고개와 딸깍발이 서생을 사라지게 만들 정도로 대단했다. 오늘날 하수도 냄새와 분출 여부는 선후진국 도시를 구분하는 대표적 척도로 활용되고 있다.

상수도 사고는 시민들이 인식하지만 하수도 사고는 물고기가 알려준다. 물고기 기형이나 호우시 떼죽음은 하수도의 취약성을 상징적으로 대변하는 사례이다. 하지만 하수도 사고의 파급효과나 처리방식은 상수도에 비해 절대적으로 미약한 실정이다. 이에 우리나라의 하수도 행정은 침체와 소외의 구렁텅이에서 좀처럼 헤어나지 못하고 있다.

하수도 특별회계의 재정상태가 양호한 서울특별시도 운영체제는 부실하다. 상수도 공기업이 30년 전에 본부를 출범시키고 공사발족을 타진한 반면에 하수도는 광역시보다 늦은 작년부터 공기업으로 전환하였고 주관부서는 물순환안전국의 2개 과에 불과하다. 더욱이 하수도는 처리장과 관로 모두에서 이원화라는 문제점을 극복하지 못하고 있다. 가칭 서울환경공단 출범이 지연된 처리장은 직영과 민간위탁으로, 하수사업소 조직이 부재한 관로는 본청과 구청으로 이원화되어 통합운영에 따른 시너지를 창출하지 못하고 있다.

내가 탑승한 버스가 구천동에 다다르자 계곡 하류에 하수처리장이 보인다. 무주군이 전북권 광역상수원인 용담댐 수질보호를 위해 전문적 물 관리 역량을 보유한 한국수자원공사에 소규모 하수처리장들을 일괄해 공공위탁한 일은 고무적이다. 구천동 터미널에 도착해 계곡을 따라 상류로 올라가자 이번에는 정수장과 조우했다. 구천동 계곡물을 취수하는 아담한 정수장이지만 홍수나 가뭄을 대비한 가외성 확보 차원에서 지하수 관정을 구비한 점이 인상적이다.

서울에 산재한 통치의 흔적

2018년 8월부터 시작해 지난 1년여 동안 서울시 하수도 혁신방안에 관한 연구용역에 참여했다. 덕수궁 옆 서울시청 별관에 자리한 물순환안전국이 용역 발주처인 관계로 자연스럽게 덕수궁 주변의 근대문화유산을 둘러볼 기회가 많았다. 특히 커피를 마시러 올라간 시청별관 전망대에서는 정동 일원은 물론 경복궁과 청와대까지 조망이 가능했다. 더불어 용역수행을 위해 서울시 25개 구청 하수도 담당자들을 면담하고 중랑, 난지, 서남, 탄천 등 4개 물재생센터를 살펴본 일도 서울시 공공서비스의 현실을 이해하는 유용한 기회였다.

조선왕조 500년과 근대한국 100년의 영욕을 경험한 수도 서울의 곳곳에는 다양한 통치유산이 남아 있다. 특히 왕조시대 권력의 중심이었던 조선의 5대 궁궐(경복궁 · 창경궁 · 창덕궁 · 덕수궁 · 경희궁)과 공화국의 정점인 청와대 주변에서 변화무쌍한 통치의 흔적을 발견할 수 있다. 또한 왕릉과 종묘, 국립묘지와 대통령 기념관에서는 지나간 지도자들의 리더십을 회고하거나 성찰하기에 유용하다.

서울에 거주하는 시민이나 여행자들은 꽃, 녹음, 단풍, 눈 등과 같은 계절의 변화와 어우러져 멋

덕수궁 석조전

덕수궁 돌담길

진 풍광을 연출하는 통치의 현장을 사랑해 왔다. 조선 최초의 궁궐인 경복궁은 왜군을 피해 도성을 비운 임금에 분노한 시민들의 방화로 사라졌지만 세도정치로 피폐해진 왕실의 권위를 되찾겠다는 흥선대원군의 열망으로 부활에 성공하였다. 하지만 을미사변으로 노골화된 일본의 위협을 피해 고종이 아관파천을 단행하자 경복궁은 권력의 무대라는 정체성을 상실하였다.

　덕수궁도 경복궁 못지않은 고난과 역경의 장소이다. 임진왜란으로 파괴된 경복궁을 대신해 대군의 사저에서 왕국으로 변신에 성공했지만 아관파천이 이후까지 별다른 역할을 수행하지 못했다. 독립협회의 요구로 환궁한 고종의 거처로 자리했지만 국권상실이라는 비운을 목격하였다. 지금도 가을철이면 덕수궁 정문인 대한문 옆으로 이어진 돌담길의 운치를 찾아오는 이들이 많다. 그리고 돌담길 넘어는 정동교회, 이화여고, 예원학교, 러시아공사관터, 경향신문 등이 자리하고 있다.

　이 밖에 태종대에 건축한 창덕궁은 조선의 5대 궁궐 중에서도 가장 아름다운 궁궐로 손꼽힌다. 그래서 1997년 유네스코 세계 문화유산에 등재되기도 했다. 창덕궁은 1610년 광해군이 정궁으로 지정한 이래 1868년 고종이 경복궁으로 떠날 때까지 258년 동안 왕이 머무른 궁궐이다. 또한 태종이 세종에게 양위한 이후 지은 창경궁은 성종이 중건했지만 식민통치 기간에 동물원으로 사용되는 치욕을 경험하기도 했다. 그리고 광해군이 건립한 경희궁은 이후 여러 임금의 거처로 쓰이기도 했지만 식민통치를 거치며 다른 용도로 전환되었다가 최근에야 복원사업이 이루어졌다.

09

쇠퇴하는 제조업 도시들의 창의적 부활전략

" 도시의 변신은 무죄 "

2019년부터는 전국 각지의 지방자치단체를 순회하며 진행하는 자치분권대학 강의에 참여하면서 제조업 도시를 둘러볼 기회가 많았다. 봄에는 수도권을 대표하는 제조업 지대인 광명시와 부평구에 다녀왔다. 기아자동차 소하리공장과 구로공단 배후도시로 성장한 광명시는 고속철도 역사유치를 전후해 관광이나 서비스산업의 육성에 주목하기 시작했다. 폐광산을 재활용해 광명동굴을 개발하고 배후부지에 대한 투자유치도 추진하고 있다. 광명동굴 인근에는 서울시(구로구) 서남하수처리장과 환경시설 빅딜을 위해 건설한 대형 쓰레기소각장 건물도 보인다. 더불어 노후 아파트단지의 재생을 통해 수도권을 대표하는 명품 주거단지로 부상하는 일에도 공을 들이고 있다. 특히 주차시설이 부족한 도심의 열악한 교통사정을 개선하기 위해 아파트 부지를 활용한다는 계획이 참신했다.

부평의 경우 인천을 대표하는 자동차 산업단지로 유명하다. 하지만 대우자동차가 GM에 인수된 이후로는 예전의 활력을 더 이상 찾아보기 어려운 실정이다. 급기야 최근에는 GM의 세계화 전략과 결부된 신차배정이 난항을 거듭하면서 자동차 공장이 폐

쇄된 군산의 전철을 밟을지도 모른다는 지역의 우려가 증폭되고 있다. 부평 구
도심의 경우 떨어진 활력을 증진하기 위해 상업지역의 활성화를 추구하였지만
가시적 성과는 제한적이다. 따라서 부평의 재도약을 위해서는 인천광역시와 연
계하는 광역행정이나 송도스타일 국제화 전략을 적극적으로 학습하는 전략수립
이 요구된다.

명품 주거지와 신성장동력의 거점인 송도신도시

여름에는 시정자문 기회가 생겨서 동남
권 제조업 도시를 대표하는 울산과 포항에도
다녀왔다. 인구 110만의 울산광역시는 산업
지대인 동구를 중심으로 제조업 침체의 여파
가 나타나고 있다. 인구가 줄어들고 부동산
이 하락세가 지속되고 있다는 점이 시민들의
불안을 자극하고 있다. 전통적인 제조업을
대치하는 수소경제, 해상플랜트, 바이오 등 신성장동력의 육성은 미진한 실정이
다. 다만 태화강 국가정원이 지정되고 울산－포항 고속도로 개통된 일이 지역
의 호재이다.

울산은 지역발전을 촉진하기 위해 본청은 물론 구군 공무원들이 다양한 규
제개혁 과제를 발굴하고 있다. 올해에는 전통주 유통기한을 확대하기 위한 산
도 규제를 완화한 일이 전국적인 관심을 끌었다. 주세법에 따라 술은 크게 4가
지로 나뉜다. 소주를 만드는 주정, 탁주·양주 등 발효주류, 소주·위스키 같은
증류주류, 그리고 기타주류가 있다. 하지만 '총산도' 제한으로 국내 전통주의 다
양화가 가로막혀 있었던 것이다.

포항의 경우 최근에 제철소 오염물질의 과다배출과 지열발전소 지진의 여
파로 고전하고 있다. 전국적인 경기침체에 부가해 지역적 특수요인까지 결부되
면서 지역경제가 장기침체 국면을 좀처럼 탈피하지 못하고 있다. 제조업을 대
치하는 창조도시 구상을 추진해 왔지만 암초에 직면한 것이다. 포항은 산업화
이전부터 호미반도와 내연산을 비롯해 해수욕장, 운하, 강, 절, 서원 등 우수한
관광자원을 많이 가지고 있다는 점에서 관광산업의 잠재력이 우수하다.

10

혁신도시로 내려간
공공기관의 사회적 가치창출

**❝혁신도시의
원조, 경주❞**

이 책의 원고를 마무리하는 과정에서 경주에 다녀올 기회가 있었다. 한번은 2019년 7월 국립경주박물관의 적극행정 특강이고, 다른 한번은 2019년 9월 한국수력원자력의 사회적 가치 특강이었다. 이전에도 수차례 방문했던 경주지만 여행기를 작성하는 와중이라 경주에 산재한 유적들이 남달라 보였다. 7월 방문에서는 국립경주박물관 전시실은 물론 수장고까지 살펴보았다. 영국 런던과 마찬가지로 보편적 공공서비스 강화 차원에서 박물관 요금이 무료라는 점이 달라진 우리의 국격을 대내외에 알리는 계기로 작용한다는 점에서 흡족했다. 박물관 옆의 샛길로 접어들었다가 월영교를 발견했다. 다리 건너에는 한옥마을과 반월성도 보인다. 내친김에 시작한 산보에서 최부잣집과 경주법주로 유명한 교촌한옥마을을 둘러보고 반월성에 올라서는 석빙고를 살펴보고 첨성대를 조망했다. 경산의 학교로 돌아오는 길에는 건천 IC에서 국도로 접어들었는데 마애불상군과 화랑수련터로 유명한 단석산 지구의 산세와 운문댐 드라이브의 파노라마 경관이 일품이었다.

9월에는 한화콘도에서 강의를 마치고 정원을 산보하가 금령총에서 발굴된 기마인물형 토기를 실물 크기로 확대한 동상과 조우했다. 신라 김씨 왕족의 기원이 유목민족과 연결된다는 점을 알려주는 증거인 말잔등의 큼직한 동복이 인상적이다. 유목민족의 솥단지에 해당하는 동복이지만 해당 토기는 주전자 용도로 제작되었기 때문에 동복은 주전자의 입구에 해당한다. 보문단지를 나와 시내로 접어들다, 이번에는 분황사와 황룡사지에 들어가 보았다. 몽골의 침입으로 소실된 황룡사 9층 목탑과 금당의 주춧돌을 바라보면서 조속한 복원을 기대해 보았다. 원효의 무대로 유명한 분황사 경내에는 불타지 않는 모전석탑이 신라 불교의 영광을 대변하고 있었다. 영천 방향으로 돌아오는 길에는 태종무열왕릉에도 잠시 들었다. 대릉원을 비롯한 신라 무덤들이 그러하듯이 이곳도 소나무 조경과 커다란 무덤의 군집이 인상적이다.

유목의 상징 동복을 휴대한
신라의 기마인물형 토기

황룡사 9층 목탑과 금당의
주춧돌 넘어 분황사

삼국통일을 선도한
무열왕릉의 위용

　　우리나라에서 가장 먼저 조성된 혁신도시의 원조가 경주이다. 경주방폐장 신설과 연계하여 한국수력원자력, 원자력환경공단, 한국원자력연구원 양성자과학연구단 등이 경주에 자리를 잡았기 때문이다. 혁신도시의 선발주자인 관계로 해당 기관들이 단지로 조성되지 못한 점은 아쉽지만 쇠락하는 역사도시 경주를 지키는 보루라는 점을 부인하기는 어렵다. 이러한 이유로 사회적 가치 특강에서는 지역사회공헌을 위해 원자력 관련 이해관계자들이 보다 적극적으로 협력하는 방안을 강구해 달라고 주문하기도 했다.

　　'공공기관의 운영에 관한 법률'에 따라 중앙정부의 공공기관으로 지정된 기관은 2019년 기준 339개이다. 2017년 기준 우리나라의 공공기관 종사자는 310,357명으로 중앙정부의 정원 638,611명의 절반에 불과하지만 예산은 570조원으로 중앙정부 예산 400조원보다 크다. 공공기관에 대한 관리는 기획재정부에서 공기업과 준정부기관을 관리·평가하고, 각 부처가 기타공공기관에 대한 관리·평가를 담당하도록 이원화되어 있다.

사회적 가치에 대한 공공기관의 관심은 중앙정부의 정책정향과 밀접한 관련성을 지닌다. 보수적인 정부의 집권시기에는 효율성을 중시하는 반면에 진보적인 정부가 등장하면 공공성을 우선하기 때문이다. 공공기관의 신설과 관련해서도 보수 정부는 공공서비스의 민간위탁이나 민영화를 중시하는 반면에 진보 정부는 공공기관의 신설이나 고용보장에 적극적인 편이다.

문재인 정부 출범 이후 공공기관들은 외부 경영평가에서 사회적 가치 배점이 강화되자 추진체계를 정비하고 다양한 정책수단을 고안하였다. 대부분의 공공기관들이 사회적 가치를 창출하는 내부 전담조직과 외부 전문가로 구성된 위원회 및 대국민 소통채벌을 마련하여, 로드맵을 공유하고 실행성과를 점검하였다.

공공기관의 사회적 가치창출을 촉진하기 위해서는 기관의 사명과 특성에 부합하는 상시적 추진체계를 확립하는 한편 외부 경영평가와 마찬가지로 내부 평가 지표에 사회적 가치 지표를 반영해야 한다. 그리고 사회적 가치 추진체제와 병행하여 해커톤(부서별 분임토의)을 활용한 구성원들의 인식전환과 문화혁신도 유도해야 한다. 나아가 직원들의 역량강화와 조직혁신을 유도하는 릴레이 독서학습, 체험과 봉사활동, 제안 유도 등도 유용한 수단이다.

2014년 10월 본사를 대구 혁신도시로 이전한 가스공사는 지역사회 요구에 부응하는 지역협력 사업을 펼치고 있다. 2018년 대구 이전 공공기관 중 최대 규모인 36억원을 지역사회공헌 사업으로 집행했다. 2016년부터 '노숙인 일자리 마련을 위한 건축 아카데미'를 운영하고 있으며, 행복둥지 사업과 열효율개선 연료전지 설치사업 등 에너지 복지사업도 진행하였다.

도로교통공단은 면허, 교통 등 국민의 삶에 밀접한 서비스를 제공하는 만큼 안전과 환경을 최우선 사회적 가치로 선정했다. 공단은 무면허 카쉐어링 사고가 급증하는 문제상황에 대처하기 위해 차량을 대여할 때마다 운전면허를 자동으로 검증하는 '운전면허정보 자동검증시스템'을 구축했다. 2018년 1315만 건을 조회해 33만 건의 부정 대여를 차단하자 카쉐어링 무면허 운전 사고는 사라졌다(미디어SR, 2019.07.19자).

도시경쟁력의 강화가 국가발전의 원동력이다

마이클 포터의 다이아몬드 모형에 따르면 기업의 국제경쟁력은 요소 조건, 수요 조건, 관련 및 지원산업 조건, 기업 전략·구조 및 경쟁여건 등에 의해 결정된다. 하지만 총체적 국가경쟁력은 기업이 선도하는 국부는 물론 사회가 선호하는 국질과 정부가 책임지는 국격을 포괄한다. 더불어 도시경쟁력은 국제경쟁력과 국가경쟁력을 매개하는 연결핀의 역할을 담당한다. 따라서 정부는 도시경쟁력 강화를 위해 기업이나 시민들의 요구에 적극 대응해야 한다.

1960년대 이후 본격화된 산업화 과정에서 우리나라의 도시발전은 기반시설 확충과 산업단지 조성이라는 정부 주도의 하향적·외생적 전략에 치중했다. 하지만 부유한 지역의 성장이 가난한 지역으로 확산되는 불균형 발전론이 지방의 공동화라는 역류효과(backwash effects)를 초래하자 시민 주도의 상향적·내생적 발전전략이 부상하였다. 내생적 발전전략은 시민의 복지 증진과 지역 내부의 모순 제거를 추구한다는 점에서 혁신적이다. 그리고 농촌과 도시를 합성한 농도지구(agropolitan)나 전원도시(garden city) 구상도 창의적이다.

미국 실리콘벨리나 싱가포르 과학단지처럼 테크

노폴리스(techno-polis)는 대학과 연구소가 연구개발을 담당하고, 제조업체는 생산기능을 담당하며 시너지를 창출한다. 생산과 주거, 일과 휴식을 병행하는 패턴이 확산된 일도 고무적이다. 보스턴, 니스, 헬싱키, 스트라스부르 등이 첨단산업클러스터로 성공한 이유는 비용절감과 최대이윤을 보장하는 '최적의 입지'와 더불어 어메니티(amenity)라는 '쾌적한 환경'이 크게 작용하였다. 1990년대 중반 시작된 서유럽 농촌의 어메니티 운동을 첨단기술도시가 차용하면서 도시경쟁력이 증진된 것이다.

우리나라의 첨단산업도시는 대덕밸리와 혁신도시를 비롯해 판교, 광교, 송도 등이 있다. 하지만 보다 독창적 방식으로 세계의 관심을 끌기 위해서는 싱가포르와 더블린을 넘어서는 감동적 스토리를 장착해야 한다. 한국전쟁의 휴전을 중립국감독위원회가 관리한 것처럼 남북을 포함한 다자간 협력체제의 구성도 필요하다. 분단의 장벽 휴전선과 남북을 넘나드는 임진강을 테마로 국제평화지대를 건설한다면 저렴한 토지와 편리한 교통을 앞세워 도시경쟁력을 확보할 것이다.

기술과 자연이 혼합된 국제평화지대에는 우리나라의 강점인 스마트 시티 구상도 접맥시켜야 한다. 정보기술의 역량을 생태적 도시공간에 융합해 원스톱 서비스, 자동화, 쾌적한 주거환경 등이 가능해지는 U-Eco City(Ubiquitous-Ecology City)를 구현할 경우 국내외 인재나 기업의 유치에 유리하게 작용할 것이다. 더불어 세계적인 창조도시인 아테네, 빌바오, 피렌체, 런던, 비엔나, 파리, 베를린 등이 주는 교훈도 학습해야 한다.

Epilogue
여행의 고수들에게 배운 노하우

나의 장거리 해외여행은 2010년 7월 가족과 함께 미국 플로리다주립대로 연구년을 떠나며 본격화되었다. 하지만 내가 세계일주를 표방한 보다 직접적인 계기는 2013년 6월 후배들과 함께 북유럽에 다녀오면서부터이다. 이후 혼자 떠났던 2014년 1월의 동남아시아 세계도시기행과 2014년 7월의 서유럽 배낭여행을 비롯해 이 책에서 소개한 다양한 여행들을 준비하고 실천했다.

40대 후반부터 본격화된 세계일주 과정에서 나는 많은 지인들과 함께했다. 혼자 떠나는 해외여행도 좋았지만 선후배들과 교류하며 외로움을 달랬기에 여정이 지속되었던 것이다. 특히 해외여행 과정에서 학습한 고수들의 노하우는 이 책을 자극하고 살찌우는 기반으로 작용하였다.

수도권 대학에 근무하는 후배 김교수는 학문과 여행을 효과적으로 병행하는 스타일이다. 우리 세대에게 선진적인 에어비앤비나 렌트카 일주를 추진하는 모습에서 공부나 여행 모두 최고의 성공비결은 치밀한 준비와 성실한 실천이라는 생각이 들었다.

2015년 6월 유라시아 일주를 다녀온 후배 홍교수는 감성이 풍부한 낭만적 여행자다. 산사나이를 연상시키는 강한 외모의 소유자이지만 여행의 흥을 최대한 느끼자는 인문학자 스타일이다. 한살 차이로 사회 친구나 다름없지만 상대를 공경하는 인품이 고마울 따름이다.

나는 가끔 선배와도 여행도 떠난다. 일본과 동남아 여행의 파트너인 전교수님은 사람과 물건을 망라한 무궁무진한 호기심의 소유자이시다. 쇼핑의 품목도 주방용품에서 문화예술에 이르기까지 다양하다. 전교수님이 쇼핑에 나서면 우리는 각자의 취향을 존중해 잠시 헤어졌다 식사시간에 재회한다. 여행경비를 절감하기 위하여 같이 방을 쓰지만 각자 방에 체류하는 시간대를 달리하는 방식으로 객실점유율을 극대화시킨다.

현직 동료이자 2017년 6월에 서유럽을 함께 누볐던 박교수님은 지리학 전공자답게 여행에 대한 열정이 넘치는 분이다. 우리는 음주습관이나 종교생활의 차이를 제외하면 대체로 비슷해서 갈등의 소지를 찾아보기 어렵다. 실제로 미지의 세계를 개척했던 여행의 선구자였던 이븐 바투타, 마르코 폴로, 제임스 쿡 등은 지리학에 정통한 경우가 많았다.

　　서점이나 도서관에 가면 각종 여행기가 넘쳐난다. 과거에는 대륙을 망라한 패키지 스타일 책자가 주류를 형성했다. 하지만 최근에는 자유여행이 부상하면서 특정 국가나 도시에 머무는 체류형 여행기가 각광받고 있다. 나아가 단순한 정보제공을 탈피해 자신만의 이야기를 전달하는 여행기도 자주 발견된다.

　　더불어 방송이나 신문에서 여행의 고수들이 전하는 정보도 유용하다. 뉴욕타임스나 매일경제신문의 여행 소개는 유용한 정보원이다. 소매치기를 피하기 위해 돈과 여권은 목걸이형 행사 인식표나 복대에 보관한다. 지리교사로 여행서적을 출간한 이화득 씨는 렌트카와 에어비앤비를 병행한 장기 가족여행을 떠날 때마다 이민가방에 전기밥솥·전기주전자·휴대용 정수기를 챙겨간다고 한다. 나의 경우도 2010년 12월에 가족과 함께 2주간 렌터카로 미서부를 여행하면서 유사한 경험을 했다. 비좁은 모텔에서 전기밥솥으로 밥하는 모습이 궁색하게 보였지만 겨울철 피곤한 몸을 이끌고 온가족이 매번 식당을 찾는 수고를 덜어서 유용했다.

　　해외여행에서 좀처럼 떨치기 어려운 한식에 대한 갈증해소를 위해서는 한국식당이나 한인마트가 유용하다. 하지만 중소도시의 경우 한인 업소가 존재하지 않는 경우가 다반사다. 이러한 경우에는 이미 익숙한 일본과 중국음식에 부가해 동남아 계통 식당이나 마트를 이용하는 것이 유용하다. 아시아 계열 식당이나 마트에서 볶음밥이나 컵라면 정도는 쉽게 접할 수 있기 때문이다.

　　오지로 여행을 떠나면 건강과 안전에 유의해야 한다. 우선 말라리아, 지카, 댕기열 등 모기가 옮기는 바이러스 질환에 유의해야 한다. 또한 황열로 대표되는 풍토병에 대비해 예방접종도 필요하다. 아프리카나 중남미 일부 국가의 경우 황열 접종증명서가 없으면 입국을 불허한다. 더불어 해발 4,000미터에 육박하는 티베트나 중남미 고산지대에서는 쾌적하고 안전한 여행을 위해 고산병 예방약을 복용해야 한다. 나아가 대도시의 슬럼가나 빈민가는 여행자의 안전을 담보하기 어렵다는 점에서 진입을 자제하거나 단체이동이 필수적이다.

내가 2017년 12월 합류한 남미 배낭여행 팀의 분위기 메이커는 70대 중반의 노신사 커플이다. 은행 입사동기로 만나 퇴직 이후에도 20년 이상 매주 거르지 않고 만나는 두 분의 우정은 형제가 부럽지 않다. 이분들은 IMF 구제금융 직후 몰아닥친 은행권 구조조정의 여파를 넘지 못하고 50대 초반에 은퇴하신 사오정 세대의 원조이시다. 그래도 다행인 것은 은행 지점장으로 여기저기를 떠도는 와중에 강남권 거주를 고수했다는 점이다. 아마도 결속력 있는 친구나 동향의 힘이 강남발 부동산 신화의 원동력일 것이다.

정년퇴직 2년차인 치과대학 교수님은 작년에 아프리카 단체버스 일주를 마치고 전문지에 여행기를 연재할 정도의 고수이다. 내게 보내주신 아프리카 여행기를 독파하는 그날 나도 새로운 도전을 시작할 것이다. 제약회사에서 수출 업무를 담당하다 40대 초반에 조기 퇴사한 이선생은 여행을 마치는 브라질에서 잔류해 새로운 일거리를 개척할 예정이라고 한다. 상하수도 업무를 담당하다 49세에 명퇴한 안선생은 여행을 마치면 고향인 제주도로 귀농해 부모님이 물려주신 농지를 경작한다고 한다. 60대 초반의 손여사님은 남편을 따라 해외 주재원 생활을 오래 하신 관계로 영어도 유창하고 자칭 마당발이라 봉사정신이 탁월하다. 이번 여행에는 이전 여행에서 만난 70대 후반의 최고령 부부를 섭외하여 같이 참여할 정도로 보스기질이 강한 분이다.

남미여행에서 나에게 최고의 학습기회를 제공한 분은 사교성 없는 퇴직공무원 남편과 같이 오신 이여사님이다. 그녀는 환갑을 넘겼지만 친화력을 발휘하며 여행팀을 종횡무진 하신다. 영어가 서투른 상태에서 50대 초반에 유럽 배낭여행을 시작으로 인도, 아프리카, 안나푸르나 트레킹 등 오지 여행에서 타의 추종을 불허한다. 특히 부부가 챙겨온 캐리어는 움직이는 식당을 방불케 한다. 수동 전기포트와 소형 전기밥솥은 물론 쌀, 잡곡, 누룽지, 고두밥, 건조 김치, 장아찌, 된장가루, 건조 매실, 김 등이 대표적이다.

여행의 고수들은 가족이나 친구를 동반하지 않더라도 길을 나선다. 사실 생면부지의 사람과 만나 오랫동안 한방을 쓰려면 약간의 용기가 필요하다. 사실 나도 남미 여행을 떠나기 전에 홍교수를 비롯해 동반자 섭외에 주력했지만 결국 실패하고 말았다. 다행히 나는 비슷한 성격과 경력을 소유한 미술 선생님을 만나 서로 존중하고 배려하는 모범 커플로 등극했다. 아무리 작더라도 공동체 유지에 필수적인 갈등관리는 어디서나 필요한 덕목인 것이다.

내가 사회탐구에 부가해 여행으로 얻는 부가적인 효용은 최대의 약점인 운동과 사교를 보완한다는 점이다. 직업상 홀로 지내는 경우가 많기 때문에 여행은 내게 육체와 정신의 건강을 촉진한다. 우선 별다른 운동을 하지 않는 나로서는 여행이 오십대 이후 기하급수적으로 증가하는 뱃살을 통제하는 다이어트 수단으로 유용하다. 또한 좀처럼 사교 활동에 참석하지 않은 나에게 여행은 사람들을 만나는 유용한 교류의 장이다. 참고로 자립정신이 뛰어난 서양 젊은이들은 학업과 진학까지 미루고 자신만의 여행과 인생을 추구한다는 점에서 우리의 소극적 자세를 반성해야 한다.

세계일주에 관한 책을 마무리 하는 와중에도 나는 다음 여행을 기획하고 있다. 인도에서 시작해 중앙아시아, 중동, 사하라이남의 아프리카 등이 미완의 숙제이다. 우리에게 관심이 덜한 지역이지만 보다 많은 관심과 애정이 필요한 지역이기도 하다. 정면교사하는 학습자세와 더불어 반면교사하는 지원노력을 병행해야 한다. 물론 우리는 제3세계의 비극에 대한 책임이 덜한 편이다. 하지만 오존층 파괴와 같은 불편한 진실을 회피하거나 차등적 교역조건을 해소하는 공정무역 운동을 수수방관하지 말아야 한다.

서구 열강은 제국주의 시절 제3세계의 분할과 분쟁을 조장한 책임에서 자유롭지 못하기 때문에 보다 적극적인 국제공헌활동이 요구된다. 인도의 경우 종교를 빙자한 영국의 분할통치가 핵무기 확산은 물론 최근 발생한 로힝야족 사태의 오래된 원인이다. 종족 간 살육과 전쟁이 일상화된 아프리카의 비극도 부족의 특수성을 무시하고 제국주의 국가들끼리 임의로 국경선을 재단했던 1884년 베를린 회의로 귀인이 가능하다. 결국 제2차 세계대전 이후 독립한 대다수의 제3세계 국가들은 최근까지도 과대성장국가라는 식민통치의 유령인 경찰국가와 군부구테타 및 계층간 격차를 경험하고 있다.

인도에서 시작해 아프리카에서 마무리할 차기 여행의 주제는 공동체의 재발견이다. 종교의 전시장으로 비유되는 인도는 수행자의 나라로 유명하다. 힌두교가 득세한 지금의 인도와 달리 동파키스탄(방글라데시)과 서파키스탄 및 스리랑카가 분리되기 이전의 통일 인도에는 다양한 종교가 공존했다. 하지만 영국의 식민지 전략으로 분할통치가 시작되자 종교 간 대립이 격화되었다. 기원전 7세기를 전후해 인도에는 중국의 제자백가를 연상시키는 다양한 종교가 출현했다. 특히 인도 북부에서는 수행자의 산실로 알려진 자이나교의 영향으로 불교가 탄생했다.

보리수나무 아래에서 고행한 수도자 석가모니의 깨달음을 따르는 불교는 기원전 2세기에서 7세기까지 전성기에 히말라야 산악지대를 넘어 동서로 전파되었다. 이후 동아시아 중국과 서아시아 중동이 불교의 영향권에 포함되었다. 하지만 권위주의와 민주주의를 앞세운 동서양의 협공이 시작되자 불교의 영향력은 급속히 약화되었다. 중국을 통치한 전제왕조는 불교보다 중앙집권에 유리한 유교를 선호하기 시작하였고, 그리스 알렉산더의 동방원정을 계기로 간다라 미술이라는 그리스 조각의 영향으로 깡마른 불상이 푸근한 불상으로 변모했다. 나아가 7세기 이후 이슬람이 불교지대를 잠식하자 지금은 본고장 히말라야 고산지대에서 석불에 총질까지 당하는 고초를 겪고 있다. 물론 인도 북부의 라다크나 은둔의 왕국 부탄 및 중국 티베트 자치주는 포용적인 불교문화로 인해 가난하지만 행복한 공동체 생활을 영위하고 있다. 공동체가 살아있는 아프리카의 부족생활도 권력지향적인 국가주의가 득세하면서 수난을 당하고 있다. 따라서 이러한 문제를 해결하고 지구촌의 행복을 증진하는 내부와 외부의 노력을 다각도로 탐구하는 일이 내가 도전할 다음번 여행의 과제이다.

여행 일정표

66일 간의 세미 세계일주

2017년 11월 22일 오전 11시 인천에서 런던 히드로 → 시외버스로 바스 이동
2017년 11월 23일 오후에 버스로 맨체스터 이동
2017년 11월 24일 저녁에 저가항공으로 브뤼셀 이동
2017년 11월 25일 브뤼셀
2017년 11월 26일 고속열차로 런던 이동
2017년 11월 27일 런던 시내 여행
2017년 11월 28일 오후에 런던서 뉴욕이동 → 공항인근 퀸스 플러싱 숙박
2017년 11월 29일-12월 02일 뉴욕 맨해튼
2017년 12월 03일-12월 05일 보스턴
2017년 12월 06일 오후 5시 뉴욕 항공이동 → 야간 비행기로 페루 리마
2017년 12월 07일 오전 6시 리마 도착 민박이동
2017년 12월 08일 리마 시내 여행

2017년 12월 09일 인도로 가는 길 여행사가 주관한 단체 배낭여행팀 조인
2017년 12월 10일 이카와 나스카, 잉카 등 남미 전역 배낭여행 수행
2018년 01월 08일 리우에서 배낭여행 종결
2018년 01월 09일 리우에서 상파울루 버스 이동
2018년 01월 10일 상파울루 시내관광
2018년 01월 11일 오후에 상파울루에서 마드리드 이동

2018년 1월 12일 오전 7시 남미에서 마드리드 도착 → 오후에 그라나다로 이동
2018년 1월 13일 그라나다
2018년 1월 14일 오전에 그라나다에서 론다를 경유 세비야 이동
2018년 1월 15일 오후 5시에 세비야에서 취리히 이동 숙박
2018년 1월 16일 오후 12시 40분에 버스로 취리히에서 뮌헨 이동
2018년 1월 17일 뮌헨

2018년 1월 18일 뮌헨에서 사라예보(항공) 이동

2018년 1월 19일 모스타르 → 드부로브니크

2018년 1월 20일 드부로브니크 → 오후에 자그레브 항공 이동

2018년 1월 21일 플리트비체

2018년 1월 22일 자그레브에서 류블랴냐 이동

2018년 1월 23일 류블랴냐에서 베니스로

2018년 1월 24일 베니스에서 밀라노 이동

2018년 1월 25일 밀라노에서 오후 5시 40분 비행기로 마드리드 이동

2018년 1월 26일 오전에 마드리드에서 런던을 경유해 인천으로 귀국

하와이에서 카리브까지 휴양벨트 탐방기

2017년 1월 4일 인천 출발 호노룰루 와이키키 해변에 숙박

2017년 1월 8일 마우이 항공이동

2017년 1월 11일 마우이에서 센프란시스코 이동

2017년 1월 12일 데스밸리 경유해 라스베가스 이동

2017년 1월 13일 그랜드캐니언 경유해 세도나 이동

2017년 1월 14일 세도나

2017년 1월 15일 애리조나 피닉스

2017년 1월 16일 뉴올리언스

2017년 1월 17일 플로리다 주도 탈라하시 이동

2017년 1월 20일 마이애미 경유해 쿠바 시엔쿠에바스 이동

2017년 1월 21일 트리니다드

2017년 1월 22일 쿠바의 수도 아바나

2017년 1월 24일 멕시코 칸쿤

2017년 1월 26일 칸쿤에서 샌프란시스코를 경유해 귀국

유라시아의 동서남북을 넘나들며 유랑하기

2015년 6월 29일 인천출발 저녁 10시 30분 몽골 도착 호스텔 투숙

2015년 6월 30일 테를지 이동 → 승마와 산보후 게르 숙박

2015년 7월 2일 울란바토르 이동 후에 시내관광

2015년 7월 3일-4일 오후 3시경에 바이칼 기차이동

2015년 7월 5일-7일 알혼섬 2박 3일 현지패키지 조인

2015년 7월 7일 오후 이르쿠츠크

2015년 7월 8일 오전 11시 모스크바 출발

2015년 7월 9일 저녁에 상트페테르부르크로 기차이동

2015년 7월 10일 전일 관광

2015년 7월 11일 저녁 배로 헬싱키 이동

2015년 7월 12일 헬싱키 전일 관광

2015년 7월 13일 오후 5시경 헬싱키에서 마드리드 도착

2015년 7월 14일 톨레도

2015년 7월 15일 세고비아

2015년 7월 16일 마드리드 시내

2015년 7월 16-18일 바르셀로나

2015년 7월 19일 바르셀로나 → 남프랑스로 님으로 기차 이동

2015년 7월 20일 기차로 고흐의 무대인 아를로 이동

2015년 7월 21일 마르세이유를 경유하여 니스 이동

2015년 7월 22일 니스 휴양

2015년 7월 23일 니스에서 항공으로 제네바 경유 샤모니 이동

2015년 7월 24-25일 렌트카 이용 알프스 터널 반대편 스키리조트 숙박

2015년 7월 26-27일 고속철도 이용 파리로 이동 → 야경과 휴식

2015년 7월 28일 파리 시내 관광후 인천공항 도착

저자소개

김정렬(jykim@daegu.ac.kr)

김정렬은 2001년부터 대구대학교 도시행정학과 교수로 재직하고 있다. 그동안 「공공파이만들기」, 「참발전이야기」, 「비교발전행정론」, 「행정개혁론」, 「정부기업관계론」 등의 책과 더불어 다수의 논문을 발표하였다. 이러한 실적을 토대로 동아일보가 선정한 행정학 분야 '논문 영향력'에서 상위권을 기록하기도 했다. 대구대학교에서 '세계화와 국가경쟁력', '국민국가와 제국 그리고 민주주의', '도시와 행정' 등과 같은 과목을 강의하고 있다. 필자의 교양강의는 세계일주에서 확보한 사진과 동영상, 여행칼럼 읽기와 토론을 병행한다. 이러한 노력의 결과 대구대학교가 선정한 베스트 티칭 프로페서를 수상하기도 했다. 주요 경력으로는 고려대학교 노동문제연구소 책임연구원, 규제개혁위원회 전문위원, 지방공기업평가원 책임전문위원, 5급과 7급 및 9급 시험위원 등을 역임하였다. 최근에는 자치분권대학에 출강하는 한편 경향신문을 비롯한 주요 일간지에 여행기 형식의 칼럼을 기고하고 있다.

세계일주로 배우는 사회탐구

초판발행	2019년 11월 25일
중판발행	2021년 9월 30일
지은이	김정렬
펴낸이	안종만 · 안상준
편 집	전채린
기획/마케팅	장규식
표지디자인	이미연
제 작	고철민 · 조영환
펴낸곳	(주) 박영사
	서울특별시 금천구 가산디지털2로 53, 210호(가산동, 한라시그마밸리)
	등록 1959. 3. 11. 제300-1959-1호(倫)
전 화	02)733-6771
f a x	02)736-4818
e-mail	pys@pybook.co.kr
homepage	www.pybook.co.kr
ISBN	979-11-303-0872-2 03300

copyright©김정렬, 2019, Printed in Korea

정 가   18,000원